대화 혁명

대화 혁명
내 아이 잠재력을 깨우는 K-DISC 하브루타 질문법

초판 1쇄 인쇄 2025년 4월 22일
초판 1쇄 발행 2025년 4월 27일

글	홍광수
펴낸곳	(주)거북이북스
펴낸이	강인선
등록	2008년 1월 29일(제395-3870000251002008000002호)
주소	10543 고양시 덕양구 청초로 66 덕은 리버워크 A동 309호
전화	02.713.8895
팩스	02.706.8893
홈페이지	www.gobook2.com
이메일	gobookibooks@naver.com
편집	오원영, 류현수
디자인	김그림
디지털콘텐츠	이승연
경영지원	이혜련
인쇄	(주)지에스테크

ISBN 978-89-6607-490-7 03590

• 이 책에 실린 글과 그림은 저작권자와 맺은 계약에 따라 일부 또는 전부를 무단으로 싣거나 복제할 수 없습니다.
• 한국인의 체질과 정서를 반영한 홍광수 박사의 K-DISC를 본문에서는 DISC로 통칭합니다.

대화 혁명

내 아이 잠재력을 깨우는 K-DISC 하브루타 질문법

홍광수 지음

북소울

책을 펴며

아이를 큰 인재로 키우려면
부모는 무엇을 해야 할까?

이 책 《대화 혁명: 내 아이 잠재력을 깨우는 K-DISC 하브루타 질문법》은 절판된 《기질에 맞게 하브루타 하라!》가 기반이다. 그간 재출간 요구가 많았다. 《관계 혁명: 홍광수의 K-DISC》를 출간한 북소울 강인선 대표와 의논했고, 새롭게 내기로 했다. 다섯 달 동안 원고를 보완하고 추가했다.

먼저 세계적인 인물들을 배출하는 유대인의 역사를 다뤘다. 나는 기독교 환경에서 성장했고, 신학을 공부한 덕분에 유대인 역사를 잘 알고 있었다. 하지만 《홍익희의 유대인 경제사》를 읽으면서 유대인의 성공을 다른 관점에서 보게 되었다. '생존'과 '돈'과 '교육'이라는 피할 수 없는 3대 절대가치를 몸에 익혀야만 살아남을 수 있었던 유대인은 돈 버는 법을 배워야 했다. 남의 나라에 살면서 땅도 집도 돈도 다 빼앗긴 까닭에 모든 걸 빼앗겨도 머리에 들어 있는 지식만큼은 빼앗기지 않으려 감췄다. 어디로 쫓겨 가든지 그 나라에서 돈이 되는 것을 파악했다. 탈무드로 돈 버는 지혜를, 토라로 돈 나누는 법을 자녀들에게 가르쳤다.

종교적인 3대 절기는 그들의 부를 축적하는 정보시장이었다. 유월절, 오순절, 초막절에 예루살렘에 모여든 동족은 정보를 교환하며 성공적인 무역을 했다. 부유한 유대 사회를 만들며 남의 나라에서 부를 축적해 가는 유대인을 유럽인은 미워하고 증오했다. 셰익스피어마저 그들을 수전노라고 부르며 비난했다.

하지만 지금 그들의 후예는 어떤가? 지구의 식량, 석유, 금 같은 자원과 소프트웨어, 정보로 세계를 장악했다. 우리가 고통받는 금리도 유대인이 쥐락펴락한다. 수천 년간 지켜 온 교육 시스템으로 세계적인 인재들을 배출한다. 이런 인재를 만드는 교육법이 바로 '하브루타'다. 종교에서 교육으로 패러다임을 전환한 것이다.

하브루타는 유대인의 전통적 학습 방법이다. 나이와 성별, 신분에 차별을 두지 않고 두 명씩 짝을 이뤄 토론하면서, 질문과 대답을 통해 진리를 찾아간다. 마음껏 질문하고 거침없이 답을 찾는 과정은 새로운 관점과 아이디어를 제시하면서 자기주도적 학습 능력을 향상시킨다. 논리적인 논쟁은 창의력과 분석력 그리고 명확성을 담보한다. 서로 존중하고 소통하는 과정에서 새로운 통찰을 얻는다. 정작 유대인은 하브루타라고 부르지는 않는다. 자녀에 대한 부모의 헌신은 몸에 배어 있는 전통이라 굳이 명명할 이유가 없기 때문이다.

미국 아이비리그 대학의 학생 중 30%, 노벨상 수상자의 20% 이상이 유대인이다. 이렇게 인재들이 끝없이 배출되는 이유는 뭘까? 자녀 교육을 학교와 학원에 넘기고, 가정 교육을 잃어버린 대한민국은 이제 달라져야 한다. 부모들은 지금부터라도 천년대계를 위해 자녀 교육을 다시 시작해야 한다. 이 책을 통해 DISC로 자녀의 재능을 발견하고, 하브루타로 자녀의 창의력을 지혜롭게 키울 수 있기를 바란다.

아이를 큰 인재로 키우려면 부모는 무엇을 해야 할까? 왜 그 답이 DISC와 하브루타인지 탐구를 시작하자. DISC와 하브루타가 만나 행복한 자녀 코칭의 새로운 통로를 만들었다. 아이를 세계적인 인재로 키우고 싶은 모든 부모에게 이 책을 권한다.

홍광수

차례

책을 펴며 아이를 큰 인재로 키우려면 부모는 무엇을 해야 할까? 4
시작하며 빛나는 아이를 위하여 K-DISC와 하브루타가 만났다 10
마치며 이제 더 좋은 세상이 열린다 질문을 현실로 만드는 아이로 성장시키자 268

1부 세계를 지배하는 유대인

01 왜 유대인은 서로 돕는가? 24
로스차일드 가문 | 미국의 유대인 | 유대인 축복의 근원, 야훼 | 화 속의 복, 디아스포라 | 박해 속에 숨겨진 축복의 비밀 | 유대인을 하나로 묶는 영적 자산, 율법서 | 돈 보는 눈, 돈 버는 행동 | 요셉의 돈 버는 DNA | 유대인의 독과점 경영 능력 | 세계를 지배하는 소프트웨어의 천재들 | 유대인 마피아들이 세운 도시 라스베이거스 | 젖과 꿀이 흐르는 땅의 숨겨진 비밀

2부 세상을 창조하는 하브루타

02 유대인 성공 신화의 비결 48
유대인 교육의 핵심은 토론 | 시끄러운 도서관 예시바 | 위대한 인물을 만드는 하브루타 | 랍비들의 창의 수업 | 상상력의 근원 스토리텔링 하브루타 | 베갯머리 스토리텔링 | 한국인이 하브루타를 하기 어려운 이유 | 왜 한국인은 하브루타를 해야 하는가

3부
DISC 4유형 원리 이해가 행복의 시작

03 DISC 4유형 61

DISC 상호 기대치 | K-DISC 행동 유형 설문지(자녀용) | K-DISC 행동 유형 설문지(부모용)

04 열정적인 사람 D형 68

탁월한 직관력 | 결과가 중요해 | 멀티 능력의 큰 스케일 | 권위가 상실되면 화가 치밀어 | 내로남불 기대치 | 결론이 뭐야? | 영광은 내가, 비난은 네가

05 재밌는 사람 I형 73

밝고 상냥해 | 긍정언어의 달인 | 덜렁덜렁 실수가 잦아 | 기대치가 낮아서 미안 | 엉뚱한 상상은 미래의 동력 | 흉내는 내가 잘 내지 | 네가 좋아야 내가 좋아 | 혼자는 못 살아 | 요란한 표정

06 편안한 사람 S형 80

땅의 주인 | 안빈낙도 | 말하는 것보다 듣는 게 편해 | 갈등이 싫어 | 외길 인생, 고집쟁이 | 결정은 나중에 | 꿈에도 소원, 아무것도 안 하기 | 핵심을 피하는 것이 핵심 | 너를 따를게 | 한마디 툭 던져 놓고 끝 | 누가 이렇게 말하던데? | 식사 같이 하자 | 함께 일해야 편해 | 재촉하면 역효과

07 차분한 사람 C형 90

항상 정확해야 해 | 복잡하고 어려울수록 끌려 | 질문 있습니다 | 전하, 그리하시지 마옵소서 | 인생의 짐이 너무 많아 | 혼자 있는 것이 좋아 | 모범시민

4부
자녀에게 주는 최고의 선물은?

08 D형 자녀에게는 리더의 사고를 넓히는 질문을 101
D형 아이의 특징 | 다이아몬드 같은 D형 아이 | D형 아이의 자기 결정 능력을 허용하라 | D형 아이의 미래 | 인공지능 시대 D형 아이의 유망직업군 | D형 아이를 위한 하브루타 질문 연습

09 I형 자녀에게는 상상을 뛰어넘는 질문을 115
I형 아이의 특징 | 루비 같은 I형 아이 | I형 아이의 창의적인 연결 능력에 주목하라 | 인공지능 시대 I형 유망직업군 | I형 아이를 위한 하브루타 질문 연습

10 S형 자녀에게는 생존에 관한 편안한 질문을 128
S형 아이의 특징 | 옥 같은 S형 아이 | S형은 어떻게 살아남을까? | S형이 미래에 성공할 분야는? | S형 아이는 음식으로 동기 부여하라 | 인공지능 시대 S형 유망직업군 | S형 아이를 위한 하브루타 질문 연습

11 C형 자녀에게는 사고력을 키우는 깊은 질문을 142
C형 아이의 특징 | 자수정 같은 C형 아이 | 훔볼트대학교의 C형 연구자들 | 토사구팽하는 C형의 미래 성공 분야는? | 인공지능 시대 C형 유망직업군 | C형 아이를 위한 하브루타 질문 연습

5부
부모가 바로 하브루타 코치

6부
성격 유형별 자녀 양육법
갈등 해결과 보완

12 자녀를 경청하라   162
아이의 작은 몸짓도 경청하라 | 걸림돌을 제거하고 경청하라 | 아이의 의도를 경청하라 | 아이의 감정을 경청하라 | 아이에게 공감하며 경청하라

13 하브루타 코치 되기 질문 연습   184
iGROW 하브루타 | 5W1H 하브루타 | VISION 하브루타 | 거꾸로 학습 하브루타 | 3D 프린팅 하브루타 | 감정 하브루타 | 언어 하브루타 | 소크라테스 하브루타

14 하브루타로 D형 자녀 코칭하기   233
D형 자녀와 D형 부모 | D형 자녀와 I형 부모 | D형 자녀와 S형 부모 | D형 자녀와 C형 부모

15 하브루타로 I형 자녀 코칭하기   242
I형 자녀와 D형 부모 | I형 자녀와 I형 부모 | I형 자녀와 S형 부모 | I형 자녀와 C형 부모

16 하브루타로 S형 자녀 코칭하기   249
S형 자녀와 D형 부모 | S형 자녀와 I형 부모 | S형 자녀와 S형 부모 | S형 자녀와 C형 부모

17 하브루타로 C형 자녀 코칭하기   259
C형 자녀와 D형 부모 | C형 자녀와 I형 부모 | C형 자녀와 S형 부모 | C형 자녀와 C형 부모

시작하며

빛나는 아이를 위하여
K-DISC와 하브루타가 만났다

인류가 걱정하는 운명적 미래는 AI가 주도하는 4차 산업이다. 인공지능은 반드시 인간의 자리를 대신할 것이다. 이미 바둑 프로기사들도 인공지능이 제시하는 해답을 모범답안으로 받아들인다. 로봇 상사로부터 업무 지시를 받을 날도 머지않았다. 그나마 사람의 마음을 만져 주고 영적인 영역을 다루는 직업들이 제일 오래 갈 것이라고 미래학자들은 예견한다.

문제는 우리 아이들이다. 지금 자라나는 아이들은 어떤 미래를 보게 될까? 과학이 만들어 준 파라다이스에서 로봇이 일을 대신해 주고 돈 걱정 없이 편하게 사는 세상이 올까? 아니면 상상도 못할 재앙으로 종말을 맞을까?

정답은 모른다. 이제는 모든 인류가 싸우지 말고 함께 사는 법을 연구해야 한다. 함께 살려면 서로 연결되어야 한다. 연결되려면 상대를 잘 알아야 한다. 상대를 잘 알려면 상대가 가진 탁월성과 부족한 점을 깊이 이해하여, 장점을 극대화하고 단점을 보완해 주는 관계 능력이 필요하다. 이러한 관계 능력은 인류의 미래 운명을 결정짓는 요소다.

그러나 이런 급변하는 시대의 요구에도 불구하고 우리는 단절되어 있다. 아직도 국가 간 전쟁을 치르고, 기업은 서로를 삼키고, 정치인은 여전히 지역을 나누고 세대를 나눈다. 심지어 가족끼리도 정치적 성향으로 분열한다. 가정은 소통하지 않고 개인은 정신적으로 황폐하다. 이 모든 고통은 관계의 단절에서 온다. 영적으로는 하나님과의 단절, 정신적으로는 사람과의 단절, 육체적으로는 자기 몸과의 단절이다. 이대로는 미래 사회에서 살아남을 수 없다. 사람과 사람, 사람과 사물, 사물과 사물, 사람과 정보 등 모든 것이 하나로 연결된 무시무시한 사회가 이미 시작되었기 때문이다. 이제부터는 아이들에게 연결하는 법을 가르쳐야 한다. 서로 연결하기 위해서 관계 맺기를 배워야 한다. 관계의 회복은 인간 존중의 회복이며 사랑의 회복이다.

우리는 관계하는 법을 배우지 못했다. 좋은 대학에 들어가고, 대기업에 취직해서 돈 많이 벌고, 큰 집에 살며 좋은 차를 타는 것이 인생의 본질이라 여긴 탓이다. 성공 모델을 잘못 그려 놓았기에 모두가 그릇된 길로 들어섰다. 무엇이 인간을 이렇게 만들었을까? 성공이 곧 행복이라고 착각했기 때문이다. 이렇게 착각하고 살아 온 한 세대가 지나가고 있다. 그렇다면 다음 세대는 어떻게 살아야 할까? 물질 중심의 가치관을 더는 물려 주어서는 안 된다. 전혀 다른 차원의 사고방식을 가르쳐야 한다. 이 새로운 패러다임의 전환에 대한 인류사적 과업을 지금 자라나는 아이들이 이루려면 부모의 역할이 중요하다.

인간에 대한 인식, 성공에 대한 인식, 가정에 대한 인식부터 자녀에게 무엇을 가르치고 자녀는 어떻게 자기 삶을 살아야 할지까지 전부 다시 시작해야 한다. 그것은 관계이며 연결이다. 자신의 단점과 싸우지 말자. 자신에게는 단점이지만, 이 단점을 장점으로 가진 사람과 만나야 한다.

상상력을 구체화하여 물건을 만들어 내는 사람은 그것을 팔 수 있는 사람과 연결되어 서로 도와야 한다. 나 혼자 잘 먹고 잘 살면 된다는 이기적인 사고를 하는 사람은 망한다. 서로 도와야 잘 살 수 있다는 의식 구조로 전환하지 않는 사람은 미래가 없다.

보이지 않는 신을 이해하는 상상력이, 보이는 현실을 이해하는 상상력으로

수천 년 동안이나 고난 속에서도 빛을 잃지 않고 인류를 이끌어 온 한 민족이 있다. 유대 민족이다. 나는 신학을 전공한 사람으로 일찍이 유대인의 역사와 율법, 교육 시스템을 배웠다. 인류의 0.2%밖에 안 되는 유대인은 세계의 정치, 경제, 군사, 농업, 과학, 의학, 정신병리학, 심리학, 화장품, 패션, 정보 등 엄청난 분야에서 선구자로 살아간다. 단순히 노벨상 수상자의 20% 이상을 차지하는 머리 좋은 민족이 아니라 그들의 끝없는 노력과 관계 중심의 협력 시스템이 이런 인재들을 배출한다. 이것이 그들이 생존하는 하브루타적 시스템이다.

물론 하브루타 교육을 모든 유대인이 행하지는 않는다. 그러나 하브루타 정신은 이미 그들의 교육 시스템 전체에 녹아 있다. 하브루타 정신은 자유로운 질문에서 비롯된다. 끊임없이 질문하는 것, 그것이 유대인의 의식 구조다. 반면에 우리는 잘 몰라도 귀찮아서, 혹은 친구들 눈치가 보여서 질문하지 않는다. 똑똑한데도 질문하는 것을 꺼리고, 모르면서도 대충 넘어가는 것은 유교적 집단 무의식 때문이다.

유대인은 하나님의 말씀인 토라를 조하르로 재해석한다. 조하르란 유대교 신비주의인 카발라의 가장 중요한 경전인데, 이 조하르에 유대인의 창의성이 들어 있다. 조하르는 우주의 기원과 구조, 인간의 영혼, 죄와 선악의 문제를 다루는 '창조의 책'이다. 그 속에서 유대인은 수많은 질문을 만들어 낸다.

유대인은 몇천 년 동안 소외당하며 살아 왔다. 어디에 가나 '개와 유대인 출입금지'라는 팻말을 보았고, 삶과 죽음의 경계선에서 살아야만 했다. 이런 위협 속에서도 유대인은 자신들의 역사와 야훼의 섭리, 모세와 다윗 이야기와 함께 아이들에게 어떻게 살아야 하는지를 가르쳤다. 이러한 삶의 방식이 유대인을 스토리텔링에 탁월한 민족으로 만들었다. 그 대표적인 유대인이 스티븐 스필버그다.

유대인은 아이에게 상상하게 만드는 질문을 장려한다. 아이가 색다른 해석을 말하거나 놀라운 상상을 말하면 칭찬과 보상을 준다. 유대인에게 상상력은 곧 돈이고 생존하는 힘이다. 잡종 끈 이론의 창안자이며 2004년도 노벨 물리학상을 받은 데이비드 그로스David Gross는 "유대인이 우수한 것은 그들의 유전자 때문이 아니라 저녁밥을 먹는 자리에서 아이에게 질문을 던지고, 궁금증을 풀어 준 부모와의 대화 때문이다. 질문하는 것을 존중하고 격려하는 문화가 유대인이 세계적으로 뛰어난 성과를 내게 한다."라고 말했다. 이것이 하브루타 교육의 핵심 정신이다.

우리는 어떠한가? 대화는커녕 "밥 먹을 때는 조용히!"라는 예절 교육으로 아이의 입을 막는다. 아이의 궁금증을 풀어 주고 인생을 살아가는 지혜를 나눌 기회를 없애 버린다. 유대인의 천재성은 하루아침에 만들어진 것이 아니다. 이처럼 식사하는 자리를 이용해야 한다. 부모는 이러한 교육 자리를 마련하기 위해서라도 아이에게 맛있는 음식을 제공해야 한다. 혀로 음미하는 음식과 궁금증을 풀어 주는 토론 시간은 아이에게 토론은 맛있는 음식과 같다는 인식을 준다. 이때 만들어진 도파민은 토론 시간마다 흥분과 즐거움을 준다. 그렇게 자라난 아이는 자신의 상상력을 존중받는다. 가정과 학교, 사회와 회사는 이들의 상상력을 현실화하도록 돕고, 바로 이러한 협력 시스템이 세계를 쥐락펴락하는 인재를 만든다.

나는 유대인의 밥상머리 교육을 보면서 "빨리 먹어라, 조용히 해라, 밥 먹을 땐 밥만 먹어라, 밥알 튄다, 뭔 말이 그렇게 많냐?"라며 잘못 가르친 나 자신을 반성했다. 부모는 아이가 제일 쉽게 할 수 있는 것, 제일 좋아하는 일, 제일 잘할 수 있는 분야가 무엇인지를 찾아 주고 아이가 가지고 태어난 은사Karisma대로 살게 도와야 한다. 아이가 자신과 미래의 동료, 자신과 미래의 정보 사회, 자신과 미래의 직업을 연결해 가며 다가올 상상도 못할 세계에서 인류를 구하는 슈퍼맨이 되게 해야 한다. 아직 자신이 가진 보석을 모르는 아이는 부모와 함께 보석을 찾아야 한다. 상상력이 뛰어난 아이들에게 암기나 받아쓰기만 시키면 상상력이라는 보석을 사용할 수 없다. 상상력은 미래 사회가 존립하는 큰 자산이다.

만약 우리 교육에 새로운 혁명적 장이 열린다면 그 희망은 하브루타에 있을 것이다. 새로운 교육 모델로 모범이 되는 멋진 나라를 만들 수도 있다. 단지 질문과 토론을 잘하는 아이들을 만들려는 것이 아니다. 스스로 생각하고, 거침없이 묻고, 과감하게 상상력을 실현할 수 있는 미래형 아이들을 만들려는 것이다. 미래 사회의 관계와 연결이라는 협력 시스템은 인간이 비로소 서로 사랑하게 되는 영적인 에덴 동산을 회복시킬 수도 있다. 하브루타를 통해 인류의 소망을 볼 수 있다.

강점과 약점을 알고 행복한 인생과 성공 분야를 예측하라

나는 DISC 전문가로서 오랜 세월 동안 어린이들의 성향을 깊이 연구했다. 아이들은 원석이다. 그런데 다이아몬드가 될 아이가 탄소 덩어리로, 루비가 되어야 할 아이가 산화알루미늄으로 살다가 그냥 그렇게 어른이 된다. 자신이 얼마나 귀하고 빛나는 보석인지 모르는 채로 살아가는 것이 너무 안타깝다. 이는 우리 사회가 아이들을 모두 다이아몬드로만 키우려는 빗나간 의식을 가졌기 때문이다. 부모는 아이의 탁월성을 찾아 주고 위대한 모습으로 만개하도록 양육해야 한다. 바로 아이의 무의식에 잠재된 능력을 의식과 연결하는 것이다. DISC는 미국 컬럼비아대학교 윌리엄 말스톤 교수에 의하여 탄생했지만, DISC로 박사 과정을 거치며 새로운 진단 방식을 개발했다. '홍광수의 K-DISC'의 시작인 셈이다. 이 새로운 방식은 한국과 중국에서 사용했다. 여러 설문지도 만들었지만 설문 진단은 '생각'이라는 한계로 정확한 진단을 내리기가 어렵다. 인간의 생각은 수시로 변하기 때문이다.

자아의 기질에 관한 연구를 거듭한 끝에 인체 내부의 폐장, 비장, 간장, 신장은 고유한 파동을 가지고 있음을 알게 됐다. 이 신체 진단으로 선천적 기질을 찾아냈다. 진단은 동양의 체질 의학에서 설명하는 4가지 체질과 상응한다. 특히 미국의 뇌과학자들에 의하여 연구된 뇌의 4가지 측면, 즉 두정엽, 전두엽, 측두엽, 후두엽에서 생성되는 뇌 화학 물질들이 인간의 기질을 만드는 데에 일조하는 것을 발견했다. 신체 진단법과 동일 방식으로 임상한 결과 또 하나의 선천적 성향을 찾아낸 것이다. 마지막으로 4개의 손가락에 금반지를 활용하는 동양의학 경락으로 DISC의 4기질을 진단하는 쾌거도 이루었다. 미국에서 DISC 진단은 단순한 설문지와 간단한 대응 방식을 이론화했지만 학문적으로는 상당히 부족했다. 도리어 정론화 작업이 잘된 MBTI가 그 이해도의 어려움에도 불구하고 교육적인 호응을 받았다. '홍광수의 K-DISC'를 더욱 연구하고 체계화해야 했다.

나는 DISC 연구자로서 유형별 얼굴에 드러나는 외향성과 내향성을 풀어 냈고, 걸음걸이나 눈동자의 위치, 옷을 입는 패턴, 대화 방식과 업무 스타일도 연구했다. 나아가서는 가정과 학교 그리고 회사에서 서로 행복한 관계의 연결고리가 되는 대응 전략을 유형별로 정리했다. 훗날 아이들이 가장 잘할 수 있는 분야에서 강점을 발휘하도록 교육하는 사회가 도래했을 때, 이런 진단 방식들은 큰 도움이 될 수 있다. 사람은 자신이 무엇에 강점이 있는지 잘 모르기 때문이다.

우리는 어려운 사람이나 약한 사람이 역경을 이겨 내고 성공한 사례에 감동한다. 그러곤 '우리 아이도 저렇게 길러야지.'라며 아이의 강점에는 주목하지 않고, 약점과 싸우도록 하여 모든 에너지를 고갈시킨다. "네가 수학만 잘한다면 너는 서울대를 가고 결국은 성공할 수 있다."라며 아이를 괴롭히고 엉뚱한 분야에서 일생을 소진하게 만든다. 일찌감치 아이의 탁월성을 눈여겨보았다면 아이가 가장 잘하고, 가장 좋아하고, 가장 쉽게 할 수 있는 분야에서 세계적인 인물이 될 수도 있었다.

KBS 〈아침마당〉 목요 특강에 출연한 후 PD가 다른 프로그램 출연을 요청했다. 한 주제를 놓고 서로 이야기를 나누는 프로였다. 나는 정중히 거절했다. 나는 그런 프로그램에 나가면 강점 발휘가 안 된다. 여러 사람이 말하는 자리에서 나처럼 생각을 정리해서 말해야 하는 사람은 말할 기회가 없다. 빠른 사람들이 치고 들어오기 때문이다. 이런 프로그램은 머리 회전이 빠르고 소통에 강점을 가진 사람들의 자리인데, 주로 개그맨들이 그렇다. 이런저런 프로그램에 출연해 보면 개그맨들의 임기응변은 단연 압권이다. 그러나 학문적으로 하나의 주제를 가지고 깊게 풀어 가는 것은 그들에게는 어려운 일이다. 그러므로 사람은 자기 자신이 무엇을 잘하는지 알고, 어디서 자기 날개를 펴야 할지 미리 준비해야 한다. 각자 그곳에서 최고가 되는 것이 DISC 교육의 목표다. 자신의 강점이 약점 때문에 발휘되지 못할 때는, 자신의 약점을 강점으로 가진 사람과 연결하여 보완하면 된다.

서로가 강점으로 연결되면 같이 사는 길이 열린다. 혼자서 아무리 노력해도 강점을 실현하는 도구가 약점과 관련 있을 때는 실력을 발휘하지 못하기 때문이다. 수학과 물리학에 강점이 있는 아이가 유학을 간다. 그런데 잘하는 수학을 못하는 영어로 시험을 봐야 하니 고통을 겪는다. 문제를 풀 능력이 있어도 영어 때문에 문제 안으로 들어가지 못한다. 수학을 하기 위해서는 영어 문제를 해결해야 한다는 이야기다. 이런 방식으로 아이들을 기르면 안 된다. 수학을 잘하는 아이에겐 고도의 심오한 수학 문제를 풀게 하고, 그것을 물리로 연결해서 위대한 물리학자를 만들어야 한다. 하브루타 교육에서는 영어와 수학을 각각 잘하는 아이들에게 영어로 된 수학 시험을 서로 토론하며 풀게 한다. 강점을 연결하고 서로 돕는 법을 왜 가르치지 않는가?

한 개인의 능력을 시험이라는 저열한 방식으로 가리는 몇천 년 동안 얼마나 많은 인재가 빛을 못 본 채 세상을 떠났을까? 참으로 가슴 아픈 일이다. 이제는 머리가 좋다, 나쁘다는 등식을 지워야 한다. 사자하고 굼벵이하고 올림픽에서 구르기 경기를 하면 금메달은 굼벵이 몫이다. 머리는 좋고 나쁨이 없다. 어느 분야의 기억과 활동 능력이 발달했는가를 구분할 뿐이다.

DISC는 아이들의 성향에 대한 이해이다. DISC를 알면 자연스럽게 아이들의 강점과 약점을 모두 알 수 있다. 아이들의 행복한 인생과 성공 분야도 예측할 수 있다. 그러나 아이 혼자서 강점을 개발하기는 힘들다. 어려서부터 부모와 함께 강점을 찾아야 한다.

하브루타 교육이 아이 성장에 탁월한 효과를 내는 것은 이미 주지의 사실이다. 그러나 한국 사람에게는 하브루타가 피부에 쉽게 달라붙지 않는다. 하브루타는 근본적인 교육 패러다임을 질문과 자유 토론에 두고 있기 때문이다. 우리나라에서는 아직 자유 토론을 하기가 어렵다. 익숙하지 않은 토론 문화와 쉽게 상처받는 감정적 구조 때문이다. 토론하자고 하고선 결국은 싸우고 영원히 만나지 않는 사람들이 많다. 대통령 선거부터 심지어는 동네 이장 선거에서도 보았다. 토론을 할 때는 자기의 의견을 고집하는 것이 아니라, 상대의 의견을 듣고 '아, 너는 그렇게 생각하는구나!', '그런 방법도 있구나!' 존중해 주며 자신의 사고 세계를 넓히면 그만이다.

이제는 미래 사회에서 살아남기 위해서라도 부모가 아이와 하브루타를 해야 한다. 우리는 스필버그나 저커버그와 같은 성공한 유대인을 보면서 내 아이가 저렇게 멋진 위인이 될 수 있다면 얼마나 좋을까 부러워한다. 오죽하면 우유까지도 아인슈타인 우유를 먹일까? 그 정도로 아이들을 잘 길러 내고 싶은 열정은 지구 최고다. 그러나 막상 스필버그의 창의성이 어떻게 만들어졌는지는 모른다. 유대인의 창의력 교육은 하브루타 정신이 만들어 냈다. 왜 유대인은 가능한데 우리는 어려울까?

자녀 교육에 성공한 누군가의 방식을 그대로 적용하는 데서 문제가 발생한다. 모든 사람은 좋아하는 것이 다르고, 표현하는 방법이 다르다. 그러므로 아이들에게 동일 모델을 적용하여 훌륭한 인재로 키우기는 힘들다. 어쩌면 아이가 질문을 받거나 대답하기를 싫어할 수도 있다. 사고하는 능력보다 몸으로 움직이는 것을 좋아하는 아이가 있고, 매사가 귀찮은데 매일 "네 생각은 어떠니?"라고 묻는 부모가 지겨운 아이도 있다. 또 어떤 부모는 이런 질문법을 싫어할 수도 있다. 아이들이 질문하거나 알려 달라고 해도 "하늘은 스스로 돕는 자를 돕는다고 했어, 옛날의 모든 성현도 다 혼자서 공부했단다."라고 교묘하게 빠져나가는 부모도 있을 것이다. 부모와 자녀가 함께 하브루타를 쉽게 할 수 있는 방법은 없을까?

DISC와 하브루타로 아이가 어떤 존재인지 들여다보라

나는 DISC와 하브루타의 접목을 연구했다. 부모가 자신의 성향과 아이의 성향을 깊이 이해하면 하브루타를 아이에게 적용할 수 있다. 부모가 먼저 자신 있게 하브루타를 시작하면 된다. DISC를 통해서 하브루타에 접근한다면 자신과 아이의 성향을 잘 파악하여 하브루타를 쉽게 적용할 수 있다.

일하면서 창의력을 계발하는 아이(D형), 놀면서 스스로 질문하고 또 다른 놀이를 개발하는 아이(I형), 게으름 때문에 쉽고 편하게 사는 도구를 만드는 아이(S형), 순수한 통찰로 사물을 관찰하며 더 깊은 학문적 경험을 만들어 가는 아이(C형)에게 각기 다른 방식으로 하브루타를 적용해야 한다. 이러한 하브루타의 DISC 적용은 부모 자신이 먼저 자기 성향을 알고 실행하기 때문에 대화하기가 쉽다. 아이들도 자신이 잘하는 분야에서 대화하기 때문에 하브루타를 어려워하지 않고 즐길 수 있다. 부모 자녀가 강점으로 만나기 때문에 재미있는 관계가 만들어진다.

이제는 상상하는 것마다 현실이 되는 사회가 도래했다. 모든 것이 자산이다. 아이들이 순수하면서 막힘이 없는 무한 세계를 향하여 더 넓은 나래를 펼치도록 도와야 한다. 그리고 현대 과학 문명의 최대 이점인 빅데이터의 도움을 받아 서로 연결해 가면 된다. 그러면 우리 아이들은 더는 외롭지 않아도 된다. 인류의 미래를 걱정하지 않아도 된다. 이것이 이 책을 쓴 목적이다.

1부에서는 유대인이 어떻게 세계의 소프트웨어인 문화와 금융을 지배했는가에 답한다. 역사적인 사건 속에서 그 정신적 DNA를 찾는다. 하브루타 교육으로 어떻게 세계를 변화시키고, 세계적인 인물들을 배출했는지를 다룬다.

2부에서는 유대인의 성공 신화 비결인 가정 교육을 다룬다. 상상력의 근원인 스토리텔링 하브루타를 소개하면서 한국인에게 적용할 하브루타 방법을 살펴본다.

3부에서는 하브루타를 활용한 성공적인 자녀 코칭을 위하여 DISC 성향을 진단한다. 부모와 자녀가 함께 시행하면서 자신의 유형을 찾는다.

4부에서는 DISC 각 유형에 맞는 희망 직업이나 능력, 장점, 가치관을 살펴본다. 하브루타 교육을 위해 자녀의 DISC 유형별 맞춤 질문을 활용한다.

5부에서는 DISC를 바탕으로 한 부모와 자녀 간의 다양한 하브루타 코칭 실습 자료를 소개한다. 이 책의 핵심이 되는 창의력을 기르는 질문부터 내면의 지혜를 밝히도록 묻고 또 묻는 소크라테스 하브루타까지 다룬다.

6부에서는 부모와 자녀 사이의 DISC 유형별 충돌에 대한 해결 방법을 제시한다.

위대한 인물을 만드는 하브루타와 개인의 DNA에서 비롯된 DISC의 접목은 쉽지 않다. 특히 한국형 하브루타 교육을 위한 유형별 질문 자료와 예화를 엮는 일은 더욱 그렇다. 첫 길을 여는 사람들에겐 항상 모자람에 대해 반성하는 고통이 따르지만, 시대적 요청이 이 책을 만들게 했다고 생각한다. 유대인의 탁월한 상상력과 성공담을 부러워하지만 말고, 우리 부모들이 자녀가 강점으로 빛나도록 도와주어야 한다. 앞으로 사회는 기존의 교육 패러다임을 완전히 벗어나게 된다. 혼자서도 충분히 사물을 제작하는 시대이기 때문에 지식의 습득을 위해 학교에 다니는 시대는 끝났다는 이야기다.

옛날에는 전화번호를 다 외웠다. 지금은 가족 전화번호도 잘 모른다. 외울 필요가 없기 때문이다. 지형지물을 보려고 구태여 산에 오르지 않는다. 드론을 날려서 다 들여다본다. 이제 사람만이 할 수 있는 일에 관한 통찰이 필요하다. 그것은 우리 아이가 갖고 태어난 성향과 능력에 달려 있다. 공부를 시킨다는 개념도 버려라. 못하는 것을 고치려고 시간을 낭비하지 마라. 거침없이 상상하고 자유롭게 질문하게 하라. 아이가 어떤 존재인지 들여다보기 시작하면 빛나는 보석을 보게 될 것이다. DISC와 하브루타는 이렇게 아이를 빛나게 해 주려고 서로 만났다.

1부

세계를 지배하는 유대인

언제부터인가 대한민국에 리더가 사라졌다. 가난한 사람들은 더 늘어났고, 노인들은 아무런 희망이 없는 삶을 산다. 한민족 전통의 평화와 존중 문화가 사라지고 분열과 다툼뿐이다. 모든 문제의 근본적인 이유는 뭘까? 바로 국가에 철학이 없기 때문이다. 원래 우리나라를 지탱하는 철학은 어른 공경과 약자 돌봄이었다. 시인 이호우의 〈살구꽃 핀 마을〉을 보자.

살구꽃 핀 마을은 어디나 고향 같다
만나는 사람마다 등이라도 치고지고
뉘 집을 들어서면은 반겨 아니 맞으리
바람 없는 밤을 꽃 그늘에 달이 오면
술 익는 초당마다 정이 더욱 익으리니
나그네 저무는 날에도 마음 아니 바빠라

등을 치며 서로 반기고, 아무 집이나 들어서도 좋았던 이들이 우리 민족이었다. 지식 대신 예의를 배웠고, 기술 대신 마음가짐을 배웠다. 성공을 출세하는 세상으로 나갔다는 말로 경계하였고, 항상 삼가고 또 삼가라는 교육을 받았다. 슬프게도 지금은 이런 말을 해 주는 부모도 없고 학교는 어떤 마음가짐도 가르치지 않는다. 고난을 견디지 못하는 것도 서로 함께하는 마음이 사라졌기 때문이다.

01
왜 유대인은 서로 돕는가?

유대인은 지금도 전쟁을 치른다. 이 지독한 유대인에 대한 호불호는 나라마다 사람마다 다르다. 그러나 모두가 인정하는 것은 그들의 민족 정신과 동포 사랑이다. 아무리 그들의 경제적 수완이 뛰어나고 재능이 탁월해도 그것만으로 그들을 평가할 수 없다. 그들의 능력 뒤에 숨은 가장 위대한 정신은 유대인이라는 이름이다.

　유대인이라는 이름에는 핍박 공동체라는 주홍 글씨가 새겨져 있다. 유대인은 수천 년의 박해 속에서 살아남아야 한다는 공동체 정신을 만들었고, 이 정신이 독특한 공동체 문화를 창조했다. 미국 최고 사업가인 록펠러, 에디슨, 제이피 모건, 리먼 브러더스, 조지 소로스 뒤엔 세계 최고의 거부 가문인 로스차일드 가문이 있었다. 로스차일드 가문이 도와주지 않았다면 이들의 성공은 불가능했다. 스티븐 스필버그가 〈인디아나 존스〉의 해리슨 포드를 스타로 만들어 놓은 것도 서로 성공하도록 뒷받침해 주었기 때문이다.

로스차일드 가문

현재 세계 최고의 부자 가문인(히틀러가 로스차일드 가문의 재산을 강제 압류한 이후로 자신들의 재산을 숨겨서 추산할 뿐, 정확한 자산 규모는 알 수 없음) 로스차일드 가문은 유대 건국의 일등 공신이다.

1897년 8월 29일 스위스 바젤에서 시오니즘(유대인의 민족 국가 건설을 목표로 한 민족주의 운동)의 첫 모임이 시작되었다. 유대계 오스트리아의 기자 테오도어 헤르츨이 주도하여 '유대인 국가를 세운다.'라는 역사적인 결의문을 채택했다. 팔레스타인을 통치하던 영국은 1차 세계 대전 당시 독일을 항복시키고자 했다. 그러기 위해서는 미국 워싱턴을 장악하고 있던 유대인의 도움이 필요했다. 미국 윌슨 대통령이 1917년 1차 세계 대전에 참전하자, 영국의 외무장관이었던 밸푸어가 로스차일드 가문의 리오엘 로스차일드에게 편지를 보냈다. 이른바 '밸푸어 선언'이다. 영국 국왕과 정부는 "유대인이 팔레스타인에 유대 민족의 국가를 세우는 일에 찬성하고, 총력을 기울여 도와줄 것이다."라고 약속하며, 전쟁에 필요한 자금을 확보했다.

1905년경 러시아 혁명이 실패하고 유대인 대학살이 일어났다. 많은 러시아 출신 유대인이 팔레스타인으로 이주를 감행했다. 1914년까지 팔레스타인으로 이주한 유대인은 모두 9만 명에 이르렀다. 이들은 거의 빈손이었는데, 이때 이들을 도운 사람이 로스차일드 가문의 막내아들 에드몽 제임스 로스차일드였다. 그는 약 170만 파운드의 돈으로 땅을 사서 유대인을 이주시켰다. 그중 160만 파운드는 에드몽의 개인 돈이었다. 에드몽이 예루살렘의 땅을 계속 사들이자 이슬람 도시였던 예루살렘은 유대인 도시로 바뀌기 시작했다. 그 뒤에도 로스차일드 가문은 이스라엘 건국에 막대한 자금을 지원했다. 이스라엘의 초대 총리를 지낸 다비드 벤구리온은 에드몽에 대해 이렇게 말했다.

"2,000년 유대인 유랑 기간에서 에드몽 로스차일드에 버금가는 인물이 다시 나타나기란 불가능하다."

돈 버는 데 탁월한 안목을 가진 유대인은 단순한 부의 축적만이 목표가 아니었다. 그들에게는 철저한 동족 사랑의 정신이 살아 있었다.

미국의 유대인

AIPAC American Israel Public Affairs Committee 은 미국 내 유대인이 이스라엘을 돕기 위해 결성한 시민 로비 단체다. 미국 상하원도 AIPAC의 연례 모임 때는 회의를 열지 않는다. AIPAC 모임에 참석하여 유대인 지지 선언을 하며 눈도장을 찍어야 하기 때문이다.

유대인은 수억 달러의 정치 자금을 모아 미국 정치인을 후원하며 이스라엘을 돕도록 유도한다. 미국 대통령이나 부통령, 차기 대통령으로 출마하고자 하는 후보는 무조건 참석한다. 이스라엘을 돕지 않으려는 의원은 유대인이 반드시 낙선시키기 때문이다. 그만큼 유대인의 고국 사랑은 노골적이다.

유대인 가정의 아이들은 돈이 없어서 공부를 못 하는 아이가 없다. 어떻게든 서로 도와 공부시킨다. 최근 10년간 미국 아이비리그 10개 대학 학생의 20~30%가 유대인이고, 교수진의 25~30%가 유대인이라면 믿을 수 있겠는가? 그들에게 자녀 교육은 목숨만큼 중하다. 세계적으로 뛰어난 인재를 양성하는 미국 최고의 대학들이 세계를 지배하는 유대인의 생산 공장인 셈이다.

유대인 축복의 근원, 야훼

구약성경 창세기를 보면, 야훼 하나님은 유대인의 조상인 아브라함과 언약을 맺는다.

  유대인이 유럽 사회에 끼친 경제 성장의 역사를 보자. 하나님의 약속이 실현되는 놀라운 비밀이 숨어 있다. 로마의 베네치아부터 스페인, 네덜란드의 암스테르담 번영의 역사에는 유대인의 금융과 자본이 있었다. 영국 자본주의와 오늘날 미국의 경제적 번영의 뒷면에도 유대인의 자본이 존재한다. 스페인, 네덜란드, 영국이 유대인을 귀하게 여겼을 때 경제가 더 부흥했다. 하지만 유대인이 떠난 후엔 경제가 기울고 도시도 황폐해졌다. 유대인은 그들이 가는 곳마다 경제적 호황을 이룬 것은 단순한 자본이나 수완 때문이 아니라 성경에 기록된 하나님의 약속 때문이라고 믿는다. "너를 축복하는 자에게는 내가 복을 내리고 너를 저주하는 자에게는 내가 저주하리니"(창세기 12장 3절)라는 신의 약속 실현이 오늘날의 세계사를 관통한다고 믿는다.

화 속의 복, 디아스포라

디아스포라^{Diaspora}는 '흩어진 유대인'이라는 말이다. 유대인은 세계에서 가장 오랜 세월, 가장 많은 박해를 당한 민족이다.

  BC 722년, 아시리아에 의해 북 왕국 이스라엘이 침공당했다. 그 뒤 12지파 중 르우벤, 갓, 므낫세, 납달리, 에브라임 지파의 영토가 초토화되었다. BC 720년에는 유다 지파와 베냐민 지파를 제외한 10지파가 완전히 멸망했고, 약 2만 7천 명이 포로로 끌려갔다. 유다 지파와 베냐민 지파가 지키던 남 왕국 유다는 BC 609년 아시리아를 멸망시켰고, BC 586년 세계 최강대국이 된 신 바빌론에 의해 멸망했다.

바빌론의 왕인 네부카드네자르 2세는 예루살렘을 완전히 함락시키며 파괴했다. 왕과 귀족들을 포함한 국민 대부분은 줄에 묶여 포로로 끌려갔다. 독일 팝 그룹 보니 엠은 자메이카 레게 그룹 멜로디언스의 〈바빌론의 강〉이라는 노래를 리메이크해서 유명해졌는데, 유대인 포로들이 바빌론에서 지구라트를 지으면서 고국 예루살렘을 그리워한다는 내용이다. 이처럼 유대인은 시온으로 돌아갈 날을 꿈꾸며 고된 포로 생활을 이어 갔다. 결국 이들은 명군으로 불리는 페르시아의 키루스에 의해 고국으로 돌아가게 된다.

하지만 바빌론에서 살아남은 유대인은 여러 가지 이유로 라인강 변으로 이주하고, 이들이 오늘날 아슈케나짐^{Ashkenazim}(유대인의 주류 분파)의 원류다. 이 아슈케나짐은 동부 유럽, 러시아와의 통혼으로 백인 유대인이 된다. 이렇게 바빌론 포로로 끌려간 유대인들이 디아스포라, 곧 '흩어진 유대인'의 원조다.

그 뒤 알렉산더의 마케도니아 통치 기간에도 유대인의 헬라 지역 이주는 계속 이어졌다. AD 66~70년에는 남아 있던 유대인이 로마와의 유다 전쟁을 일으켰다. 화가 난 로마 황제는 예루살렘의 서쪽 벽만 남겨 놓고 모두 허물어 버렸는데, 이것이 바로 '통곡의 벽'이다.

AD 132년 또다시 유대인의 독립 전쟁이 일어났다. 이때 이스라엘 땅에 살던 모든 유대인은 내쫓겨 로마 제국의 모든 영토로 흩어졌다. 이스라엘 땅에는 아랍인이 살게 되었다. 이 아랍인의 후예는 지금도 팔레스타인 전쟁으로 고통받고 있다. 이들은 유대인이 사라진 땅에서 2,000년 가까이 살았는데, 갑자기 이주하기 시작한 유대인에 의하여 영토를 빼앗겼다. 아랍인은 하마스 전쟁을 치르고 있는 가자 지구와 갈릴리 서안 지역에 갇혀 살고 있다. 이스라엘과 하마스의 전쟁은 유대인과 아랍인의 전쟁이다. 2,000년 동안 잃었던 나라를 되찾으려 하는 유대인과 2,000년 동안 잘 살고 있다가 박해받게 된 아랍인의 대립이다.

박해 속에 숨겨진 축복의 비밀

유대인은 구약성경의 율법에 따라 1년에 세 차례 예루살렘 성전을 방문하여 절기를 지켜야 한다. 이집트로부터 탈출한 유월절, 밀 농사의 수확을 기뻐하는 오순절(맥추감사절), 가을 농사를 수확한 후 지키는 수장절(추수감사절)이다. 신약성경 사도행전을 보면 오순절을 지키기 위해 전 세계에서 몰려든 유대인을 볼 수 있다.

> **그때 경건한 유대인이 천하 각국으로부터 와서 예루살렘에 머물러 있더니**
>
> -사도행전 2장 5절

> **우리가 우리 각 사람이 난 곳 방언으로 듣게 됨이 어찌 됨이냐? 우리는 바대인과 메대인과 엘람인과 메소포타미아, 유대와 갑바도기아, 본도와 아시아, 브루기아와 밤빌리아, 애굽과 및 구레네에 가까운 리비야 여러 지방에 사는 사람들과 로마에서 온 나그네 곧 유대인과 유대교에 들어온 사람들과 그레데인과 아라비아인들이라. 우리의 각 언어로 하나님의 큰일을 말함을 듣는도다.**
>
> -사도행전 2장 8~11절

바대는 파르티아로 오늘날의 이란 북동부 지역이다. 메대는 다리우스의 고대 메디아 왕국으로 이란 카스피해에 인접한 산악 지대를 말한다. 엘람은 이란 남부 후제스탄 지역을 말한다. 이들은 BC 3,000년 전부터 발달한 왕국의 후손이다. 메소포타미아는 유프라테스강과 티그리스강의 한가운데 평야 지역이다. 바빌론 문명의 중심지이며, 오늘의 이라크와 시리아에 걸쳐 있다. 갑바도기아는 꼬깔콘 모양의 동굴 관광지로 유명한 튀르키에 동북부 지역에 있다. 본도는 갑바도기아 북쪽 경계 지역이다. 지금의 이스탄불, 에배소, 트로이 목마로 유명한 트로이 등 보스포루스 해협까지는 유럽으로 가는 마지막 관문이다. 브루기아는 튀르키예의 중북부 지역이며, 밤빌리아는 튀르키예의 중남부 지역이다. 애굽은 아프리카의 이집트이며, 구레네는 리비아 북부 유대인이 세운 도시 키레네이다. 리비야는 지금의 리비아다. 그레데는 그리스 남부의 유명한 관광지인 크레타섬을 말한다. 아라비아는 지금의 사우디아라비아로 이스라엘 동남부 지역을 말한다. 여기에 로마에서 온 사람들도 있었다.

이 지역들을 종합해서 지도로 그려 보면, 예루살렘을 중심으로 동서남북에 흩어져 살던 유대인 지역을 볼 수 있다. 강대국들의 박해 속에 나라가 멸망하고 포로가 되면서도 유대인은 3대 절기를 지켰다. 민족의 정통성과 율법이라는 영적 자산을 지키는 큰 행사이기 때문이다. 지금도 메카로 몰려드는 이슬람 교도의 행렬처럼, 세계에 흩어져 살던 유대인은 절기만 되면 예루살렘으로 몰려든다.

유대인은 절기를 지키는 긴 시간, 무엇을 하며 보냈을까? 자기들이 사는 각 나라의 정보를 교환했다. 각 나라의 주요 생산품과 원가를 계산하여 싸게 사서 비싸게 팔 수 있는 정보를 나누고, 무역 교통편을 공유하고, 판매 계약을 맺고 약속 어음을 미리 주는 식으로 긴밀히 무역을 시작했다.

유대인은 자녀가 어릴 때부터 현지어와 함께 히브리어를 가르칠 뿐만 아니라 고대 히브리어인 이디시어도 배우게 했다. 그들은 글을 읽고 쓸 줄 알며, 서로 다른 나라에 살다가 만나도 모두 히브리어로 대화를 나누었다. 무역할 때도 자기들만의 언어를 사용했기 때문에 정보가 새 나가지 않았다. 또한 유대인은 현금을 들고 강도 위험이 있는 먼 거리를 오가지 않았다.

'동족'이라는 정체성 하나로 유대 율법의 가르침인 "형제를 사랑하고 신뢰하라."라는 계명을 철저히 지켰다. 유대인에게 3대 절기는 세계의 돈을 쓸어 모으는 무역 정보의 플랫폼이었다.

유대인을 하나로 묶는 영적 자산, 율법서

유대인이 하나가 되는 주제는 언제나 율법이다. 그 핵심은 토라^{Torah}라고 불리는 모세 5경이다. 모세가 기록한 것으로 알려진 5편은 창세기, 출애굽기, 레위기, 민수기, 신명기다. 모세 5경은 문자로 기록된 성문법이고, 미쉬나는 구전 율법을 말한다. 미쉬나는 구전 토라로 전승해 온 내용을 최초로 기록으로 옮긴 것이다. 훗날 미쉬나는 율법, 제례 의식, 관습, 상법, 민간전승 등 다양한 주제를 재미있고 쉬운 예화로 발전되었다. 미쉬나 63권은 3,000년 넘게 교육용 율법 교재로 확장되었다. 이것이 탈무드다.

유대인은 탈무드를 깊이 공부하고, 지혜로운 결정을 내리는 랍비들을 존경한다. 공부를 많이 한 랍비일수록 더 많은 존경을 받는다. 미국의 유대인 학생들은 미국 학제에 따라 공부하지만, 방과 후에는 반드시 랍비들로부터 탈무드나 미쉬나 교육을 받는다. 오늘날 우리가 흔하게 듣는 지혜로운 동화는 거의 탈무드에서 나왔다. 아이들에게 들려주는 동화나 격언이지만 그 속에는 유대 정신인 율법이 숨어 있다. 유대 정신은 하나님 사랑과 이웃 사랑이다. 이것이 미쉬나의 핵심인 신명기의 신학이다.

너는 마음을 다하고 뜻을 다하고 힘을 다하여 네 하나님 여호와를 사랑하라

-신명기 6장 5절

너는 또 그것을 네 손목에 매어 기호로 삼으며 네 미간에 붙여 표로 삼고

-신명기 6장 8절

이 말씀에 따라 유대인은 가죽으로 된 토라 상자 테필린^{Tefillin}을 이마와 왼팔에

묶고 기도한다. 문설주 오른쪽 기둥에도 메주자^{Mezuzah}라는 축복 상자를 부착하여 자녀에게 항상 기도하고 말씀대로 살 것을 가르친다. 어려서부터 성경 말씀과 탈무드 교육을 받은 유대인은 동족 모두가 하나님의 자녀이며 하나의 영적 공동체로 인식한다. 이것은 유대인이 미움을 산 동기도 되지만, 그들이 살아갈 힘이기도 하다. 영적인 민족을 이길 나라는 없다.

나라를 잃고 2,000년 만에 다시 찾은 나라는 지구상에 이스라엘뿐이다. 중국의 진, 당, 명 원, 청도 사라졌고 로마, 인도까지 점령한 알렉산더 대제국과 바빌론, 칭기즈칸의 몽골 제국도 모두 사라졌다. 로마는 이탈리아의 수도로, 마케도니아는 동유럽의 작은 국가로 전락했지만, 유대인은 사라진 나라를 다시 세웠다. 한시도 잊지 않고 성전이 있던 예루살렘과 고향인 팔레스타인으로 돌아가야 한다고 생각했기 때문이다. 이러한 영적 동질성은 그들을 상호 신뢰로 묶는 동력이며, 동족을 버리지 않는 상호 보호의 정신이다. 위대한 종교가 있는 나라가 위대한 나라이다.

유대인은 금요일 저녁부터 토요일 저녁까지 안식일을 지키며 지금도 모든 가게가 문을 닫는다. 안식일은 집 밖을 나가지 않으며 종일 기도하고 책을 읽는다. 그들에게 율법은 삶의 목적이며, 자신을 지탱하는 가장 위대한 힘이다.

돈 보는 눈, 돈 버는 행동

지구상의 모든 종교는 돈을 죄악시한다. 그러나 유대인과 막스 베버가 말한 자본주의 중심의 개신교는 열심히 일하고 부자가 되어, 약자를 돕고 선을 행하는 사람이 되라고 가르친다. 특히 유대인의 율법은 가난을 도리어 죄라고 생각한다. 그러므로 그들에게 자본주의적 경제 관념은 도덕적으로 권유하고 발전시켜야 할 덕목이지 금욕적 덕목이 아니다. 물론 로마 치하에서는 에세네파와 같은 극단적인 금욕주의 공동체도 존재했지만, 보편적 율법 정신은 가난을 권장하지 않는다.

하버드대학을 졸업한 4명의 친구가 있었다. 그중에 중국인 친구가 세상을 떠났다. 미국인 친구가 문상을 왔다. 그는 관 위에 현금 1천 달러를 조의금으로 놓았다. 일본인 친구는 어음 1천 달러를 써서 관 위에 놓았다. 유대인 친구는 어음 1만 달러를 써서 관 위에 놓은 후에 슬픈 얼굴로 죽은 친구에게 말했다.

"친구야, 너무 마음이 아프다. 내가 네게 줄 수 있는 것을 전부 주다 보니 돌아갈 여비가 없다. 여기 있는 현금 1천 달러를 내 여비로 사용할 테니 이해해 줘."

유대인은 돈을 상품으로 생각한 지구상 최초의 민족이다. 유대인은 장거리 무역 도중에 발생할 위험들을 제거하기 위해 현금을 소유하지 않는다. 종이에 물품과 거래 대금을 기록하여 신용거래를 한다. 약속을 지키지 않는 사람은 동족으로부터 버림받는다. 율법에도 동족 간 고리대금을 금지했다. 이런 상술은 그들에게 독과점이라는 탁월한 장사의 지혜를 발달시켰다.

요셉의 돈 버는 DNA

구약성경 창세기가 이런 독과점의 원류를 설명한다. 창세기의 인물 중에 가장 드라마틱하며 위대한 인물은 단연코 요셉이다. 이스라엘 12지파의 시조가 되는 야곱은 4명의 부인으로부터 12명의 아들을 얻었다. 야곱은 가장 사랑하는 아내 라헬이 낳은 열한 번째 아들 요셉을 제일 아꼈고, 형들은 그런 요셉을 시기했다. 어느 날, 요셉은 아버지의 심부름으로 들에서 양을 치는 형들에게 안부를 물으러 갔다. 하지만 형들은 요셉을 이집트로 가는 상인에게 노예로 팔아 버린다. 아버지 야곱에게는 피 묻은 옷으로 요셉의 죽음을 알렸고, 야곱은 큰 슬픔에 빠진다.

요셉을 노예로 산 이집트인은 보디발이라는 바로 왕의 경호 대장이었다. 그는 지혜로운 요셉에게 모든 살림을 맡겼다. 경호 대장의 부인은 준수한 외모의 요셉을 유혹했다. 하지만 요셉이 유혹에 넘어오지 않자, 요셉을 모함하여 감옥에 집어 넣는다. 요셉은 감옥에서 두 사람을 만난다. 한 사람은 왕의 빵을 굽는 관원이고, 다른 한 사람은 왕의 술을 따르는 관원이었다.

어느 날 이 두 사람이 각자 꿈을 꾸었다. 빵을 굽는 관원은 머리에 빵이 든 광주리 3개를 이고 있었는데, 새들이 그 빵을 쪼아먹는 꿈이었다. 술을 따르는 관원은 포도나무 3개의 가지에서 싹이 나고 꽃이 피더니 포도송이가 익었고, 그 포도즙을 짜서 바로 왕의 손에 잔을 드리는 꿈이었다. 요셉은 즉시 두 사람의 꿈을 해몽했다. 빵을 굽는 관원은 사흘 후 처형당할 것이고, 술을 따르는 관원은 사흘 후에 복직될 것이라고 말했다. 복직하면 바로 왕에게 꼭 자기 이야기를 해 달라고 간청했다. 요셉의 해몽대로 빵을 굽는 관원은 처형당했고, 술을 따르던 관원은 복직했다. 하지만 술을 따르는 관원은 요셉의 일을 까맣게 잊었다. 그러던 어느 날, 바로 왕은 괴이한 꿈을 꾼다.

자기가 나일강 강가에 서 있는데 아름답고 살진 일곱 암소가 강가에서 올라와 갈대밭에서 뜯어먹고, 그 뒤에 흉하고 파리한 일곱 암소가 나일강 강가에서 올라와 그 소와 함께 나일강 강가에 서 있더니 그 흉하고 파리한 소가 그 아름답고 살진 일곱 소를 먹은지라 바로 왕이 곧 깨었다가 다시 잠이 들어 꿈을 꾸니 한줄기에 무성하고 충실한 일곱 이삭이 나오고 그 후에 또 가늘고 동풍에 마른 일곱 이삭이 나오더니 그 가는 일곱 이삭이 무성하고 충실한 일곱 이삭을 삼킨지라

-창세기 41장 1~7절

기괴한 꿈을 꾼 바로 왕은 이집트의 모든 점술가와 현인을 불러서 꿈 해석을 명했으나 아무도 해석하지 못했다. 그때 술을 따르는 관원이 요셉의 이야기를 전했다. 그 즉시 요셉을 부르니 요셉은 수염을 깎고 의복을 갈아입은 후 바로 왕에게 나아갔다. 요셉은 명쾌하게 꿈을 풀어 주고 대안까지 알려 준다. 앞으로 이 나라에 7년 동안 대풍년이 일어나고 그 후 유례없는 대흉년이 일어날 것이니 지혜로운 관리자를 택해서 풍년 7년에 곡식을 저장해 흉년 7년에 대비하라고 말했다. 바로 왕은 요셉에게 "너는 신의 사람이다. 네가 이 나라의 총리가 되어 이 모든 일을 처리하라."라고 하였다.

바로는 이집트를 108년 동안 통치한 왕조인 힉소스인인데, 셈족인 요셉에게 호의적이었다. 호전적인 힉소스인 바로는 노예 출신의 요셉을 단번에 일국의 총리대신에 앉히는 대범함으로 야훼의 축복을 얻는다. 야훼의 축복대로 이집트는 당대 가장 번성한 나라가 된다. 이것이 유대인 경제사의 시작이다. 죄수에서 총리에 오른 요셉은 바로 왕의 꿈처럼 7년의 대풍년이 시작되자, 곡식 저장고를 짓고 해마다 이집트 곡식의 5분의 1을 거두어 저장했다. 이때 요셉의 나이가 30세였다. 구약성경 창세기는 쌓아 둔 곡식이 바닷모래같이 심히 많아 수량을 셀 수 없었다고 말한다.

7년의 대풍년 후 7년의 대흉년이 오자 모든 나라의 식량이 떨어졌다. 오직 많은 곡식을 축적해 놓은 이집트에만 곡식이 남아돌았다. 사람들은 이집트로 몰려들었고, 곡식을 파니 돈이 쌓여 갔다. 그래도 흉년이 계속되자 사람들은 가축을 바치면서 식량을 구하기 시작했다. 바로 왕의 들판에는 온갖 동물로 가득하게 되었다. 그 이후 요셉은 이집트에 찾아온 형제들과 재회하면서 그들에게 바로 왕의 목축을 맡겼다. 그렇게 요셉의 가족은 부를 축적하기 시작했다. 그래도 가뭄이 계속되자 사람들은 땅을 팔아 곡식을 사게 되었다. 바로 왕의 토지는 갈수록 넓어졌다. 지혜로운 경영자 요셉은 사들인 토지를 "5분의 1은 왕에게 상납하고, 5분의 4는 도로 가져가서 가족을 먹여 살려라. 그 대신 수확의 5분의 1을 바로 왕에게 상납하라."라고 명했다.

요셉 덕분에 바로 왕은 큰 부자가 되었다. 약관의 나이 30세에 이러한 천재적인 경영 기법을 보이는 것은 요셉 한 사람에게 내린 축복이 아니라, 유대인 피 속에 흐르는 야훼의 축복인 돈 버는 DNA 덕분이다.

유대인의 독과점 경영 능력

중세 북부 이탈리아 도시국가 시절은 유대인에게 혹독한 시기였다. 하지만 그들은 면직물 산업에서 '생산-수입-제조-수출'이라는 독과점 프로세스를 만들어 상당 기간 부를 쌓았다. 당시 유대인이 상권을 쥔 도시는 베네치아다. 유대인은 이탈리아로부터 쫓겨나자 스페인과 아프리카 북부 지역으로 이주했다. 스페인에 유대인이 들어오기 시작하자 경제는 활황을 누리기 시작했다.

오랜 세월 이슬람 문화 속에서 부를 누리던 유대인은 기독교가 스페인을 탈환하자 혹독한 시련을 맞았다. 그들은 이번에는 소금기 많은 버림받은 땅 네덜란드로 이주했다. 그리고 네덜란드에서 질 좋은 스페인 소금으로 만든 절임 청어를 팔았고, 큰 성공을 이루었다. 지금도 북부 유럽에는 절임 청어를 먹는 축제일이 있을 정도다.

유대인은 평저선처럼 밑창이 넓은 형태의 배를 직접 만들었다. 갑판을 좁게 만들어 통관세를 적게 내고 하부는 넓게 만들어 갯벌이 많은 네덜란드 연안 진입을 쉽게 하여 막대한 부를 얻었다. 이것이 암스테르담 부흥의 시작이다. 이런 경영 마인드는 나폴레옹과 영국의 마지막 전투인 워털루 전쟁에서도 빛난다. 로스차일드 가문은 당시 영국의 모든 주식을 사들여 영국 경제를 장악했다. 영국 중앙은행을 움켜쥔 로스차일드 가문은 은행권 발행을 독점하면서 지방은행의 은행권 발행을 제한했다. 돈을 찍는 권한을 독점한 그들의 돈 버는 기술은 요셉이 흉년 때 부자가 되는 과정과 똑같다. 화폐의 총량은 국가가 보유한 금의 양과 정비례해야 한다는 '금본위제'를 명시했고, 영국 중앙은행은 명실상부한 세계 최고 은행이 되었다.

1913년 제이피 모건을 주축으로 설립한 미국의 유명한 연방준비은행도 이때의 영국 중앙은행이 모델이다. 민간 소유의 미국 중앙은행이 미국에서 발행하는 모든 달러를 찍는다. 지금 세계 은행의 모든 금리가 여기서 조절된다. 우리가 아는 그린스펀 같은 연방준비이사회 의장과 미국의 재무성 장관에는 유대인이 있었다. 이들이 세계의 금융을 손에 쥐고 있다. 이러한 유대인의 창조적 경제 능력은 오늘날까지 계속되어 마크 저커버그는 19세에 페이스북을, 래리 페이지는 25세에 구글을 창업했다. 그들 모두의 공통점은 정보의 독과점이다.

《폴 존슨 유대인의 역사》에서는 유대인이 상업을 잘하는 이유를 5가지로 파악했다. 혁신, 판매, 넓은 시장, 낮은 상품 가격, 정보 수집과 활용이다.

유대인이 사업에 뛰어난 수완을 갖게 된 배경은 뭘까? 아시리아와 바빌론에 포로로 끌려간 유대인은 예루살렘에서 1년에 3번 종교적 행사 때 서로 만났다. 그렇게 만난 유대인들은 상업의 절대적 요소인 정보를 공유했다. 이런 정보력으로 무역 거래를 일으켰고, 동족 신뢰를 바탕으로 어음과 같은 신용 거래를 발달시켜 현대적인 통상 체제를 만들었다.

세계를 지배하는 소프트웨어의 천재들

미국 사회를 지탱하는 힘은 국가의 기간산업뿐 아니라 먹고 사는 모든 생필품 속에도 드러난다. 바로 소프트웨어다. 소프트웨어의 힘은 문화이며 생활이다. 유대인의 혈관에는 오랜 세월 내려온 조상들의 경영 DNA가 흐르고 있다. 요셉이 왕이 필요로 하는 것이 무엇인지 정확히 간파하고 왕의 창고를 채워 준 것처럼 모든 유대인 사업가는 소비자의 욕구를 항상 정확하게 파악한다.

세계적인 영화감독 스티븐 스필버그
스티븐 스필버그는 유대인이라는 이유로 친구들에게 따돌림과 멸시를 받으며 외로운 유년 시절을 보냈다. 그는 친구가 없는 대신 자기 방에서 아버지가 사 준 8mm 무비 카메라로 온갖 상상의 나래를 펼쳤다. 스티븐 스필버그는 아버지와 함께 상상력을 자극하는 토론을 자주 했다. 결국 그의 상상력은 〈E.T.〉, 〈죠스〉, 〈쥬라기 공원〉, 〈인디아나 존스〉, 〈쉰들러 리스트〉, 〈A.I.〉, 〈우주 전쟁〉, 〈마이너리티 리포트〉, 〈라이언 일병 구하기〉 등의 영화로 발현되었고, 상상력이 얼마나 큰돈이 되는지를 알게 했다.

구글을 만든 래리 페이지
1973년에 미국 미시간주에서 태어난 래리 페이지는 조용하고 내성적이었다. 어린 시절 친구들과 어울려 노는 것보다 혼자 하는 블록 놀이를 더 좋아했다. 래리 페이지가 창의적인 블록 작품을 만들 때마다 미시간대학교 컴퓨터과학 교수였던 아버지는 아낌없이 칭찬했다. 자신감을 얻은 래리 페이지는 전자 제품과 컴퓨터로 관심을 넓혀 나갔다. 그의 부모는 어린 아들에게 자신만의 컴퓨터를 선물했다. 컴퓨터가 일반 가정에 보급되기도 전인 1978년에 말이다.

1998년 인터넷 벤처 창업의 열기가 최고조에 이를 때, 그는 스탠퍼드대학 박사과정의 공동연구자인 세르게이 브린과 함께 검색 알고리즘의 기초인 페이지 순위를 창안해 구글을 창업했다. 그는 개인용 항공기 개발과 X프라이즈 재단의 이사로서 공학, 기술, 의료 등 혁신적인 아이디어를 장려하고 보상하는 것을 목표로 활동한다. 래리 페이지의 시대를 보는 통찰력과 지배력은 지금도 기술 분야에 큰 영향을 미치고 있다. 그의 시대정신은 빌 게이츠나 스티브 잡스를 뛰어넘는 혁신의 아이콘으로 자리매김했다.

던킨 도넛의 윌리엄 로젠버그

1937년 버논 루돌프가 도넛 가게를 처음으로 오픈한 뒤 미국 내에서는 드라이빙 도넛 가게가 많이 생겼다. 윌리엄 로젠버그는 1948년 '오픈 케틀Open Kettle'이라는 레스토랑을 열고 도넛과 커피를 팔기 시작했다. 그러다 1950년에 던킨 도넛Dunkin' Donuts으로 브랜드 이름을 바꿨다. 던킨 도넛은 커피와 함께 먹는 아침 식사로 유명해졌다. 영화에서 도넛을 먹는 경찰들의 모습을 많이 볼 수 있다. 던킨 도넛은 팔다 남은 도넛을 경찰들에게 제공했는데, 가게 앞에 경찰들이 자주 머무른 덕분에 던킨 도넛은 안전을 확보할 수 있었다.

윌리엄 로젠버그는 미국 내에 다섯 종류에 불과했던 도넛을 52개의 맛과 디자인으로 확대해 세계 도넛의 지배자가 되었다. 그는 유대인뿐 아니라 비유대인에게도 자선 활동을 많이 벌였다. 윌리엄 로젠버그는 프랜차이즈 시스템의 개척자로 평가받으며, 국제 프랜차이즈 협회의 공동 설립자이자 초대 회장을 맡을 정도로 영향력이 대단했다.

리바이스의 리바이 스트라우스

1847년 독일계 유대인 리바이 스트라우스는 미국 켄터키에 정착했다. 사람들이 황금을 찾아 서부로 몰려들던 골드러시 시대였다. 1853년 시민권을 취득한 리바이 스트라우스는 당시 골드러시의 중심지였던 샌프란시스코로 이주하면서 서부 개척자들을 위한 다양한 직물과 텐트를 팔았다. 그러다 1871년에 잘 찢어지는 노동자들의 바지를 보고 말 안장을 덮는 질긴 천막 천으로 바지를 만들었다. 그것이 청바지의 시작이다.

1890년대에 출시한 '리바이스 501'이 선풍적인 인기를 끌면서 급성장을 이루었으나, 주로 광부나 목동이 입는 경박스러운 옷이라는 인식이 있었다. 리바이 스트라우스는 다양한 장식과 디자인으로 동부 지역 사람들에게 청바지를 필수 의류로 인식시키면서 전 국민의 옷, 세계인의 옷으로 만들었다. 청바지는 1960~1970년에 록 문화와 히피 세대들에 의해 청년들의 옷으로 자리매김했다. 누구나 청바지를 입어야 하는 청바지 세상을 열었다. 말 안장에서 세계적인 바지를 만들어 내는 아이디어는 그들의 창의성 덕분이다.

성공한 유대인 사업가들은 안목과 창의성이라는 중요한 덕목을 일깨워 준다. 우리나라에서도 도심 한복판을 지나면 수많은 외국 브랜드를 만난다. 창업자가 유대인인 회사는 의외로 많다. 우리는 에스티 로더 화장품을 바르고, 캘빈클라인 향수를 뿌리고, 스타벅스에서 커피를 마시고, 던킨 도넛과 배스킨라빈스 아이스크림을 먹는다. 구글로 정보를 검색하고, 페이스북에 글을 올리고, 유튜브로 영상을 보고, 챗GPT의 도움을 받는다.

유대인 마피아들이 세운 도시 라스베이거스

유럽에서 동부 뉴욕으로 대거 이주해 온 유대인은 뉴욕의 저지대에 몰려 살았다. 그들은 하루 12시간 이상 봉제 일을 했다. 그러다 동부를 장악한 유대인은 유대인 마피아 조직을 결성했다. 그들은 벅시 시걸이라는 마피아 한 명을 서부로 보냈다. 미국 서부로 가려면 네바다주의 사막을 거쳐야 한다. 여행객들은 이곳을 지날 때 은광촌 주변의 싸구려 모텔에서 잠을 자야만 했다. 서부 LA의 마피아를 장악한 벅시 시걸은 뉴욕의 보스들에게 보고하러 사막 길을 달리던 중 라스베이거스에 이르렀다. 라스베이거스는 목초 지대를 뜻하는 스페인어 베가^{vega}에서 유래한 명칭이다. 라스베이거스에서 잠을 청하던 벅시 시걸은 한 가지 생각이 떠올랐다. '어차

피 여기에서 잠을 잘 수밖에 없으니 호텔 하나를 크게 짓고, 카지노도 만들어 여행객들이 쉬면서 놀게 하면 어떨까?' 이 생각이 매일 천문학적인 돈이 날아다니는 라스베이거스의 시작이다. 벅시 시걸은 뉴욕 보스들에게 돈을 빌려 라스베이거스 최초의 호텔을 짓는다. 바로 지금도 존재하는 플라밍고 호텔이다. 그러나 벅시 시걸은 생각만큼 돈을 벌지 못했고, 결국 의문의 죽음을 맞았다.

라스베이거스에 두 번째로 등장하는 인물은 커크 커코리언이다. 그는 LA 경비행기 회사 사장으로, LA에서 라스베이거스 카지노까지 손님들을 운송했다. 그러던 어느 날 하늘에서 라스베이거스를 내려다보며 대형 프로젝트를 계획한다. 먼저 전 재산을 다 처분해 미국에서 가장 큰 호텔을 지었다. 그러고는 당시 미국 최고의 인기 가수인 엘비스 프레슬리와 유대인 디바 바바라 스트라이샌드를 초청해서 매일 저녁 공연을 했다. 그러자 미국 전역에서 매일 40만 명씩 라스베이거스로 몰려들었다. 커크 커코리언은 막대한 부를 쌓으면서 기존 호텔을 팔고, 그 옆에 더 큰 호텔을 지었다. 이런 식의 사업 확장으로 오늘의 호텔 천국 라스베이거스를 만들어 갔다.

그 뒤 라스베이거스에는 세 번째 인물이 등장한다. 바로 사업가 셸던 아델슨이다. 그는 뉴욕이나 대규모 도시에서 열리던 전시회를 라스베이거스에서 열었다. 회의^{Meeting}, 포상 관광^{Incentives}, 컨벤션^{Convention}, 전시^{Exhibition}를 말하는 MICE 산업을 라스베이거스에서 시작한 것이다. 라스베이거스를 카지노뿐 아니라 복합 관광 도시로 변모시켰다. 셸던 아델슨은 후에 한국계 일본 기업인인 손정의에게 이 사업을 팔았다.

사막에 호텔을 짓고, 카지노를 만들고, 카지노가 있는 곳에 국제회의와 전시회를 유치하면서 MICE 산업을 일으킨 사람들이 바로 유대인이다. 유대인은 아프리카나 몽골처럼 방대한 사막을 버려진 땅이라고 생각하지 않았다. 창의력과 상상력으로 모래 위에 원하는 세상을 만들었다.

젖과 꿀이 흐르는 땅의 숨겨진 비밀

유대인의 신 야훼는 모세에게 나타나 자기 백성들을 데리고 가나안 땅으로 돌아가라고 명한다. 성경은 그 땅을 '젖과 꿀이 흐르는 땅'이라고 이야기한다(출애굽기 3장 8절). 그러나 그곳은 우유와 꿀이 흐르기는커녕 풀조차도 보기 어려운 곳이다. 실제로 가나안 땅은 유대 광야이다. 땅의 70%가 사막일 뿐만 아니라, 수개월 동안 비 한 방울도 내리지 않는다. 그럼에도 가나안 땅에 나라를 세운 이스라엘은 중동에서 가장 앞선 반도체 기술을 보유한 국가이며, 인텔, 엔비디아, 애플 등 글로벌 기업들이 R&D 거점으로 삼는 최고의 반도체 연구 허브 중 하나다.

1974년 유대인 도브 프로만은 이스라엘 하이파에 미국 최초의 R&D센터를 설립했다. 이 회사가 바로 인텔이다. 인텔은 MS 운영체계를 기반으로 세계 최초의 IBM 개인용 컴퓨터와 펜티엄 CPU, TI의 블루투스 칩을 탄생시켰다. 이스라엘 내 반도체 회사 수는 2백여 개가 넘고, 반도체 엔지니어만 3만 명이 넘는다. 인텔이 이스라엘이고, 이스라엘이 인텔이라고 말할 정도다.

왜 성경은 모래밖에 없는 가나안 땅을 젖과 꿀이 흐르는 곳이라고 표현했을까? 젖과 꿀이 흐르는 곳이라면 강물이 흘러야 하고, 숲이 우거지고 토지가 비옥하며, 사시사철 적당한 비가 오는 자원이 풍부한 땅이어야 한다. 그러나 가나안 땅은 북부 갈릴리 지역을 제외하면 척박하다. 이곳에 가장 많은 것은 모래다.

그런데 이 흔하디흔한 모래에 젖과 꿀이 흐르고 있었다. 모래를 녹여 순도 높은 실리콘 용액으로 굳히면 잉곳이라는 실리콘 기둥이 된다. 잉곳을 얇게 썰면 반도체를 만드는 웨이퍼라는 원형 판이 완성된다. 이렇게 유대인은 모래에서 PC의 핵심 두뇌인 마이크로프로세서 펜티엄 칩을 만들었다. 세계 최고의 컴퓨터 회사들은 모두 유대인 소유다. 세계 최첨단의 기술 연구단지 이름도 실리콘밸리이다.

모래밖에 없는 이 가나안 땅에 야훼가 내린 축복의 비밀이 숨어 있다. 신명기

33장 19절을 보면, 모세는 세상을 떠나기 전 이스라엘 백성들에게 신비한 축복을 내린다.

"바다의 풍부한 것과 모래에 감추어진 보배를 흡수하리로다."

쓸모없는 광야의 모래에서 유리가 나오고 안경이 나온다. 모래로 만든 현미경과 망원경으로 미세물질과 먼 우주를 관찰할 수 있다. 모래는 가장 먼 곳으로부터 가장 미세한 곳까지 관찰하는 것의 원료가 되고, 최첨단의 마이크로 칩을 만드는 원료가 된다. 이것이 바로 야훼가 약속한 젖과 꿀이다. 현대 사회에 이보다 더 부가가치가 높은 산업은 없다. 이스라엘은 모래 광야에 세워진 나라이다. 이들에게 무한대로 펼쳐진 모래 광야는 전부 돈이 되는 셈이다.

2부

세상을 창조하는 하브루타

2010년 한국에서 열린 G20 폐회식에서 미국 대통령 오바마는 연설 후 한국의 기자들에게 질문 우선권을 주었다. 자신에게 질문하라고 세 차례나 권유했지만 아무도 질문을 하지 않았다. 참다못한 중국 기자가 능숙한 영어로 자기가 아시아 대표로 질문하겠다고 했으나, 오바마는 다시 한국 기자들에게 질문할 기회를 주었다. 통역이 가능한 상황이었지만, 여전히 아무도 질문하지 않았다.

한국인들은 왜 질문하지 않는가? 나는 중국 베이징대학에서 중국과 대만의 청년 CEO들을 대상으로 강연한 적이 있다. 강연장엔 한국 학생들도 있었다. 강연이 끝나자 중국 학생들은 서로 질문하겠다고 손을 들고 떠들어 대는데, 우리나라 학생들은 오히려 질문을 받을까 봐 애써 고개를 숙였다. 그저 빨리 끝나기만을 바라는 눈치였다. 한국에서도 마찬가지다. 강의를 끝낸 후, 간혹 누군가가 질문을 해도 다들 강의실을 빠져나가기 바쁘다.

이렇게 질문을 못 하니 답도 잘 못한다. 바로 가정 교육과 창의력의 부재 때문 아닐까? 질문은 창의력을 생산하는 공장이다. 묻지 않으면 답을 할 수 없다. 위대한 생각을 하게 하는 위대한 질문을 받아 본 적이 있는가? 질문의 종류에 따라 다양한 답이 나오고, 질문의 깊이에 따라 깊은 대답이 나오고, 질문의 크기에 따라 넓은 대답이 나온다. 이것이 한 나라의 산업을 이끌어 가는 창의력이다.

유대인이라면 이런 일대일 질문의 기회를 절대 놓치지 않았을 것이다. 어려서부터 하브루타 교육으로 질문에 익숙한 환경을 만들었기 때문이다.

02

유대인 성공 신화의 비결

유대인은 2,000년 동안 세계에 흩어져 살았다. 그런데도 그들은 영속적으로 하나로 묶여 있다. 토라의 가르침 덕분이다. 토라는 모세가 기록한 5편의 구약성경을 말한다. 로마의 유대 파괴 이후 예루살렘 성전이 사라지고 나라가 없어졌다. 유대인의 제사장들은 소멸했고, 바리새파 사람들이 율법서들을 기록하고 번역했다. 제사에서 교육으로 유대인의 신앙 형태가 바뀐 것이다.

유대교 회당인 시너고그Synagogue 중심의 토라와 탈무드 교육은 곧 하나님을 섬기는 제사와 동일시된다. 탈무드에도 "하나님은 1천 개의 제물보다도 1시간의 배움을 기뻐하신다."라고 가르치고 있다. 유대인은 자신들의 존재 목적이 '하나님의 빛을 온 세상에 비추고자 함이다.'라고 믿는데, 빛의 전달자가 되기 위해서는 교육을 받아야 한다. '소경이 소경을 인도할 수 없다.'라는 유명한 예수의 말씀은 교육

받지 않으면 백성들을 빛으로 인도할 수 없다는 말씀이다. 그들을 빛으로 인도할 수 있는 대표적인 사람은 바리새파 랍비들이었다. 이들은 질문과 토론으로 율법을 해석하고 사람들을 교육했다. 예수도 12세에 예루살렘 성전에서 성경학자들과 토론했다고 성경에 나와 있다.

사흘 후 성전에서 만난즉 그가 선생 중에 앉으사 그들에게 듣기도 하시며 묻기도 하시니

-누가복음 2장 46절

질문과 경청으로 이루어진 어린 예수의 토론은 그들에게는 전혀 이상하지 않은 학문적 문화이다. 내 돈 내고 내가 배우지만, 몰라도 묻지 않고 묵묵히 숙제나 한 보따리 하는 한국 교육의 현실이 갑자기 떠오른다.

랍비들은 토라를 꾸준히 읽으면 좋은 생각과 행동이 뒤따른다고 가르친다. 그런 좋은 생각과 행동은 좋은 습관을 이루고, 좋은 습관은 좋은 성품을 가져온다고 믿었다. 유대인이 회당에서 모일 때도 토라 읽기가 가장 중요한 시간이다. 이는 유대인 수칙에서도 명시되어 있다. 유대인은 디아스포라의 종교적 동일성과 민족적 동질성을 유지하기 위해 공동체의 수칙을 정하고 지킨다. 수칙은 다음과 같다.

첫째, 유대인이 노예로 끌려가면 인근 유대인 사회에서 7년 안에 몸값을 내고 찾아와야 한다.
둘째, 기도문(시편)과 토라 독회를 일률화한다.
셋째, 13세 이상의 남자 성인이 10명 이상 있으면 반드시 종교집회를 한다.
넷째, 남자 성인 120명이 넘는 커뮤니티는 독자적인 유대인 센터를 만들고 유대 법을 준수해야 한다.

다섯째, 유대인 사회는 독자적인 세금 제도를 만들어 거주 국가의 재정적인 부담을 받지 않도록 한다. 또한 비상시에 쓸 예금을 비축해 둔다.

여섯째, 자녀 교육을 하지 못할 정도로 가난한 유대인을 내버려두는 건 유대 율법에 위반된다. 유대인이면 누구든 유대인 사회에 도움을 청하고 받을 권리가 있다.

일곱째, 유대인 사회는 독자적인 교육기관을 만들어 유지하고 경영할 의무가 있다. 가난한 유대인 가정의 아이들을 무료로 교육하고 인재 양성을 위한 장학 제도를 운용한다.

BC 580년, 방랑 생활을 시작한 바빌론 포로 시기부터 만들어진 이 유대인 수칙의 주요 요점은 "모든 유대인은 형제들을 지키는 보호자이고, 유대인은 모두 한 형제다."라는 것이다.

이런 유대인의 공동체 의식이 지금까지 유지되는 것은 철저한 유아 교육부터 시작하기 때문이다. 교육이란 이만큼 무서운 것이다. 그들만의 신앙과 민족 철학이 그들을 세계에서 가장 우수한 민족으로 만들었다. 유대인이 어려서부터 배우는 토라 교육은 12세까지 가정에서 부모들의 지극정성으로 이루어진다. 13세에 성인식을 한 뒤부터는 자녀 교육에 관여하지 않는다. 자녀가 성인이 되었으니, 하나님께로 돌려 드린다고 생각한다.

유대인 교육의 핵심은 토론

토론이란 어떤 주제를 가지고 서로 대화를 나누는 것이다. 이기고 지는 것은 없다. 서로 다양한 생각을 찾고 듣는 것이다. 우리는 같은 사건을 다르게 해석하는 사람들을 보고 놀랄 때가 많다.

사과를 먹을 때에 썩은 사과부터 먹는 사람이 있다. 더 썩으면 못 먹게 될까 봐 썩은 사과부터 먹어 치운다. 그러나 어떤 사람은 예쁜 것부터 먹는다. 그 이유는 간단하다. 예쁜 사과를 먹어야 기분이 좋기 때문이다. 그러다 보니 전자는 사과 한 상자를 전부 썩은 순서대로 먹고, 후자는 마지막까지 예쁜 것을 먹는다. 전자가 후자에게 너는 왜 썩은 것부터 먹어 치우지 않냐고 말하는 것은 비교육적이다. 후자가 전자에게 왜 예쁜 것부터 골라 먹지 않냐고 말하는 것도 그렇다.

유대인은 이것을 가지고 토론한다. 옳고 그름의 문제가 아니다. 두 사람 다 일리가 있다. 그러나 왜 그런 선택을 하는지 생각을 들으면서 사람마다 선택의 기준이 다르다는 것을 배운다. 다른 행동을 함으로써 서로 어떤 점을 배울 수 있는지를 알아 간다.

시끄러운 도서관 예시바

유대인은 예시바 학교에서 토론을 배운다. 그들의 도서관은 소란하다. 우리처럼 절대 정숙해야 하는 분위기가 아니다. 유대인은 예시바에서 사건이나 사물에 대하여 다양한 원리를 찾아본다. 두 사람이 짝을 짓고 서로 자기의 생각을 말한다.

이런 토론 교육을 받은 유대인 고등학생들은 하버드대학의 논술시험을 치르고 나서 "아빠하고 토론하는 것보다 쉬웠다."라고 말한다. 유대인 엄마는 아침에 아이가 등교할 때 "오늘은 선생님께 무엇을 질문할 거니?"라고 묻는다. 그리고 집에 돌아온 아이에게 "오늘은 무엇을 질문했니?"라고 묻는다. 우리처럼 "잘 갔다 와!", "잘 갔다 왔니?"처럼 "네."라고만 대답하게 질문하지 않는다. 아이가 무사히 온 것은 눈으로 보이지 않는가? 아이가 학교에서 무엇이 궁금했는지, 그 궁금한 것을 해결했는지를 묻는 게 더 중요하다.

위대한 인물을 만드는 하브루타

히브리어 '차베르^{Chaverut}', 즉 우정을 뜻하는 말에서 시작된 하브루타는 토라 교육에서 유래되었다. 유대인 랍비들은 묻고 답하는 질문 중심 교육으로 아이들의 창의성을 계발시킨다. 탈무드의 재미있는 이야기 하나를 던져 놓고 아이들에게 각자 다른 해법이나 생각을 말하게 한 뒤 칭찬한다. 아이들의 이야기에 랍비는 어떤 정답도 말하지 않는다. 모든 아이의 생각이 답이다. 이런 교육적 환경이 남과 다른 생각을 끌어낸다. 하브루타식 창의력은 에디슨의 경우에서 알 수 있다.

발명가 에디슨은 선생님이 1 더하기 1은 무엇이냐고 묻자 1이라고 답했다. 그 뒤 문제아로 낙인찍혀 그의 부모는 학교에 불려 갔다. 결국 학교에서 쫓겨난 에디슨은 진흙 두 덩어리를 가지고 다시 교실로 들어갔다. 그는 2개의 진흙 덩어리를 하나로 만든 후 1 더하기 1이 1이 될 수 있다는 사실을 선생님에게 보여 주었다. 발명왕 에디슨의 창의력 덕분에 우리는 지금 편리한 전기 생활을 영위한다.

금요일 저녁 안식일 만찬 시, 유대인 부모는 세상의 모든 이야기를 주제 삼아 자녀와 대화를 나눈다. 우리처럼 조용히 밥만 먹으라고 하지 않는다. 아이들은 밥상머리에서 이야기를 듣고, 질문하고, 생각을 나누는 토론을 한다. 창의력은 사고하는 힘으로부터 나오며, 사고하는 힘은 누구든지 자유롭게 주고받는 토론에서 시작된다. 그것이 바로 하브루타다.

랍비들의 창의 수업

랍비가 아이들에게 탈무드 이야기 하나를 해 주었다. 임금님한테 하나밖에 없는 공주가 중병에 들었다. 어떤 약으로도 치료가 되지 않자, 임금님은 성문에 방을 붙였다. 누구든지 내 딸의 병을 고쳐 준다면 딸과 혼인을 시키고 후계자로 삼겠다고 했다. 그 나라 시골 마을에 아들 셋이 있는 집이 있었다. 세 아들은 보물을 하나씩 가지고 있었다. 큰아들은 무엇이든지 볼 수 있는 망원경이, 둘째 아들은 어디든 빨리 갈 수 있는 양탄자가, 셋째 아들한테는 어떤 병이라도 치료할 수 있는 만병통치 사과가 있었다. 어느 날 망원경으로 왕궁을 보던 큰아들이 소리쳤다. "얘들아, 공주님의 병을 고쳐 주면 공주님과 결혼하고 왕의 자리도 물려받을 수 있대." 그러자 둘째 아들이 말했다. "내 양탄자를 타고 빨리 공주님에게로 가자." 왕궁에 날아간 세 아들은 공주의 병을 고칠 수 있다고 했다. 셋째 아들의 만병통치 사과 덕분에 공주의 병은 씻은 듯이 나았다. 랍비는 유대인 학생들에게 물었다. "자, 이 공주는 누구하고 결혼해야 할까?"

의견은 분분했다. 망원경 덕분에 공주가 아픈 것을 알았으니 큰아들과 결혼해야 한다, 걸어가는 동안 공주가 죽었을 수도 있으니 빨리 가는 양탄자를 준 둘째와 결혼해야 한다, 만병통치 사과가 없었다면 공주는 죽었을 것이니 사과를 준 셋째와 결혼해야 한다. 자, 여러분의 자녀는 이런 질문에 어떻게 대답할까? 아이의 답에서 아이의 가치관이 무엇인지, 상황인식 능력은 어떤지 알 수 있다. 정답은 없다. 다만 한 학생은 망원경과 양탄자는 그대로 남아서 다른 일에 쓸 수 있지만, 사과는 사라졌으므로 사과를 준 셋째와 결혼해야 한다고 말했다.

이 이야기를 통해 학생들은 자신의 소중한 것을 주면서 이웃을 사랑하라는 율법 정신까지 배운다. 이것이 랍비들의 하브루타 교육이다.

상상력의 근원 스토리텔링 하브루타

하브루타 교육의 핵심은 텍스트^{Text}와 콘텍스트^{Context}의 구분이다. 텍스트는 스토리텔링이다. 가령 구약성경은 위대하고 영원한 텍스트다. 콘텍스트는 텍스트의 적용이다. 부모님이 잠자리에서 읽어 주는 성경은 베갯머리 스토리텔링이다. 아이는 이야기를 듣다가 잠든다. 뇌과학적으로 보면, 무의식 상태에서도 성경 이야기를 듣는다. 유대인이 영화나 화장품, 음식 등 다양한 분야에서 문화적 상품을 창조하는 건 이러한 스토리텔링 덕분이다. 그들의 모든 문화적 상품에는 이야기가 숨어 있다.

유대인 아이들은 어려서부터 깊은 신학적 내용이 담긴 짜임새 있는 스토리를 접한다. 구약성경의 첫 글자는 '태초에'로 시작한다. 아주 먼 옛날 태고의 시기를 누가 머리에 그릴 수 있을까?

저 하늘의 셀 수 없는 수많은 별을 하나님이 창조했으며, 말씀으로 "있으라!" 할 때마다 이 세상이 창조된다는 이야기는 공상력이 강한 아이들에게 평생 변하지 않는 공상 기억을 제공한다. 이런 기억이 스티븐 스필버그의 〈E.T.〉나 〈맨 인 블랙〉, 〈백 투 더 퓨처〉, 〈꼬마 유령 캐스퍼〉 그리고 고생대 공룡들의 실감 나는 영화 〈쥬라기 공원〉 등을 만들어 냈다. 히틀러의 유대인 살상 이야기 〈쉰들러 리스트〉를 보자. 착한 독일인 쉰들러를 등장시켜 독일인에게 눈물겨운 반성을, 유대인에게는 잊지 말아야 할 홀로코스트의 아픈 교훈을 준다. 〈캐치 미 이프 유 캔〉, 〈터미널〉, 〈리얼 스틸〉, 〈웨스트사이드 스토리〉, 〈마이너리티 리포트〉, 〈링컨〉, 〈딥 임팩트〉와 같은 작품의 탄탄한 스토리는 어린 시절 접한 스토리텔링 하브루타 덕분이다.

베갯머리 스토리텔링

유대인 아이들은 부모로부터 성경의 스토리텔링을 들으면서 자란다. 경험할 수 없었던 아득한 시대의 이야기를 상상으로 재생산한다. 아이들은 상상을 현실로 믿고 싶어 하는 경향이 있다. 인류가 노아의 홍수로 멸망할 때 그 범람하는 물에 대한 공포심을 믿고, 무지개를 볼 때마다 하나님의 인간에 대한 사랑을 그린다. 모두 성경이라는 장대한 텍스트의 영향이다. 죄악이 범람하는 도시 갈대아 우르에 살던 아브라함을 불러 "너를 축복하는 자에게는 내가 복을 내리고 너를 저주하는 자에게는 내가 저주하리니 땅의 모든 족속이 너로 말미암아 복을 얻을 것이다."(창세기 12장 3절)라고 했던 이야기를 믿는다. 유대인의 조상 아브라함의 여행 이야기는 유대인 아이들이 자신의 조상이 '하나님이 불러낸 사람'이라 믿게 하고, 자부심을 느끼게 한다.

성경은 유대인 이야기의 보고이다. 아브라함의 손자이자 이삭의 아들인 야곱의 이야기를 보자. 야곱은 쌍둥이 동생으로 태어나 장자권에 대한 목마름으로 아버지와 형 에서를 속인다. 그 대가로 외갓집으로 도망가다가 광야에서 하나님을 만난다. 하나님을 만난 야곱은 이름을 이스라엘로 개명한다. 앞에서 나온 야곱의 이야기는 이스라엘 민족 이야기다. 야곱의 아들 요셉은 형들의 미움을 사서 이집트의 노예로 팔려 간다. 하지만 지혜로운 요셉은 이집트의 총리가 되어 가족을 살려 낸다. 이런 이스라엘의 역사는 성경의 창세기다.

출애굽기도 유대인에게는 엄청난 사건이다. 이집트에서 430년 동안 종살이하던 유대인은 모세를 따라 홍해 바다를 가르고 이집트를 탈출한다. 하나님은 시내산에서 만난 유대인을 향해 십계명을 내린다. 모세 사후에 후계자가 된 여호수아는 전쟁을 통해 가나안 땅을 정복하는데, 이 역사는 여호수아서에 기록되어 있다. 삼손 같은 사사들의 재밌는 이야기는 사사기에, 다윗과 솔로몬 같은 위대한 왕의 이야기는 열왕기서에 실려 있다. 또 강대국 사이에서 우상을 섬기다가 포로로 끌려간 조상의 이야기가 담긴 눈물의 예언서들은 구약성경에 있다.

이런 조상들의 역사를 들으며 자라는 아이들은 "그렇다면 지금 우리는 어떻게 해야 할까?"라는 질문을 받는다. 이런 질문이 유대인 아이들의 정체성을 만든다.

이것이 콘텍스트이다. 유대인 아이들에게는 다시 찾은 나라를 지켜야 한다는 의식이 각인된다. 인간은 하나님의 형상을 닮은 유일한 창조물이며, 인간은 하나님과 함께 일을 해 나가야 한다는 티쿤 올람$^{Tikkun\ Olam}$ 정신이 스며든다. 티쿤 올람이란 유대교의 기본 원리로 '세계를 고친다.'라는 의미이다.

구약성경의 스토리텔링은 영성과 민족공동체 의식을 줄 뿐 아니라 다양한 인물의 성공 방식을 가르친다. 유대인 부모들은 이렇게 하면 이렇게 된다는 답을 주지 않는다. 대신 이렇게 하지 않으면 하나님께서 진노하신다는 역사적 교훈만은 반드시 기억하게 한다. 다시는 나라 잃은 백성으로 살지 말자, 다시는 핍박받는 백성으로 살아서는 안 된다는 교훈을 새긴다.

한국인이 하브루타를 하기 어려운 이유

하브루타의 근본 정신은 '혼자 공부하는 것보다 둘이 공부하는 것이 낫다.'이다. 다른 사람의 의견을 들으면 생각이 넓어진다고 생각하기 때문이다. 누군가가 창의적인 의견을 낼 때 서로 감동하고 존경한다. 유대인도 물론 암기하지만, 우리처럼 외워서 시험 잘 보는 사람이 출세한다는 인식은 없다. 우리는 혼자서 공부한다. 고시 공부를 할 때도 세상과 인연을 끊고 산에 올라간다. 무술 수련을 해도 혼자 산에서 돌을 격파하고 뛰어다니며 훈련한다. 시험 기간이 되면 온 가족이 조용히 해 준다. 조용해야 아이가 집중해서 외울 수 있기 때문이다.

유대인 기업인들의 근본 정신은 정보와 신뢰, 담합과 나눔이다. 모두가 함께해야만 가능한 가치관이다. 어려서부터 같이 공부하는 습관 때문에 사업도 같이 한다. 평생을 함께할 친구들의 단점을 말하지 않고 장점을 본다. 친구의 장점과 자신의 장점을 결합해서 만들 수 있는 시너지 효과를 찾는다. 함께 토론하면서 집단지

성을 만들어 간다. 유대인 부모들은 항상 말한다. "함께해라. 한 사람이라도 원수가 되면, 원수에 대해 험담하지 말아라. 험담은 세 사람을 죽인다."

부모들은 항상 신뢰와 소통이 중요하다고 가르친다. 유대인이 한국인보다 타고난 혈통이 우수하거나, 개인적인 역량이 탁월한 건 아니다. 하지만 유대인 부모는 자녀와 짝이 되어 동등하고 치열하게 하브루타 함으로써 자녀의 성장을 돕는다. 반면 한국인 부모는 토론에 익숙하지 않을뿐더러 토론을 달가워하지 않는다. 오히려 아이들과 동등한 위치에서 질문하고 대화하고 토론하는 것을 불편해한다. 그래서 아이들은 생각을 자유롭게 말하는 경험 없이 어른이 되어 버린다. 내 아이가 행복한 삶을 살도록 돕고 싶다면 가정에서부터 하브루타로 토론하는 습관을 길러라.

그렇다면 토론에 익숙하지 않은 우리가 하브루타를 잘하려면 어떻게 해야 할까?

왜 한국인은 하브루타를 해야 하는가

하브루타를 가장 쉽게 하려면 질문하고 대화하고 토론할 때 아이들이 가장 잘하고(열정), 가장 좋아하고(선호), 가장 귀하게 여기고(가치), 가장 쉽게 할 수 있는 것(능력)부터 시작해야 한다. 아이들의 적성에 맞지 않는 주제를 다루면 대부분 실패한다. 하브루타를 성공적으로 하기 위해서는 부모가 인내심을 갖고 질문 연습을 해야 한다. 이 책이 가진 강점은 아이들의 성향에 맞는 하브루타를 찾게 한다는 것이다. 자녀의 기질을 바탕으로 주제를 선택하면 자연스럽게 아이의 답을 이끌어 낼 수 있다. 자녀가 좋아하고, 몰입하는 주제의 선택은 성향을 아는 데서부터 시작한다.

3부

DISC 4유형 원리 이해가
행복의 시작

03

DISC 4유형

그리스의 의학자 히포크라테스는 고대 의학을 집대성한 인물로 '의학의 아버지'라 불린다. 그는 사람들을 치료하면서 같은 병을 앓는 환자인데도 똑같은 약에 낫기도, 낫지 않기도 한다는 걸 알았다. 그 원인을 연구하다가 인체에는 각기 다른 체액이 존재하는 것을 발견했다. 서기 150년대의 유명한 해부학자 갈레노스가 이를 인간의 성격을 형성하는 4가지 이론으로 정리했다. 담즙질^{Choleric}, 다혈질^{Sanguine}, 점액질^{Phlegm}, 우울질^{Melancholy}의 4가지 유형이 그것이다.

   1920년대 컬럼비아대학의 윌리엄 말스톤 박사가 이것을 기초로 인간의 성격 유형을 분석하여 DISC 이론을 만들었다. 사람의 기질을 D형(Dominance, 주도형), I형(Influence, 사교형), S형(Steadiness, 안정형), C형(Conscientiousness, 신중형)의 4가지 기본 유형으로 구분한 것이다. 사람의 기질을 이해하는 많은 도구

중에 DISC 이론을 선호하는 이유는 뭘까? 바로 'D, I, S, C'라는 4가지 구조가 우리 삶을 구성하는 틀과 유사한 점이 있기 때문이다. 4자 구조를 살펴보자.

- 봄春, 여름夏, 가을秋, 겨울冬
- 동東, 서西, 남南, 북北
- 희喜, 노怒, 애哀, 락樂

우리 삶을 구조 짓는 4가지 틀은 여러 곳에서 발견된다. 성서에서 인류 타락 후에 제일 먼저 등장하는 숫자도 4이다. 4의 배수인 40도 고난이나 역경과 관련된 의미로 쓰인다. 노아의 40일의 홍수와 인류 멸망, 이스라엘 백성의 40년 광야 생활, 예수의 40일 금식, 부활 뒤 40일 생활 등 큰 사건들이 전부 40이란 숫자와 연결되어 있다. 이처럼 '4'는 어떤 구조의 틀을 이해하기에 편하면서도 의미 있는 숫자이고, 신비로운 우주적 원리를 담고 있는 숫자이다.

DISC 4유형을 연구하면서 한국인에게 적합한 설문과 진단법의 필요를 느꼈다. 이제마의 사상 체질의학에서 태양인, 소양인, 태음인, 소음인 4가지 체질로 구별하는 원리를 보며 기묘하게도 DISC도 4가지 유형으로 구분할 수 있음을 알게 되었다.

그래서 체질과 유형의 관련성을 연구했다. 이제마의 《동의수세보원》에서 설명하는 체질에 따른 성격 기술은 DISC 성격 유형과 상당히 유사했다. 곧 태양인은 D형에 가깝고, 소양인은 I형에 가깝고, 태음인은 S형에 가깝고, 소음인은 C형에 가까웠다.

미국의 DISC는 이성적 차원의 설문이지만, 내가 연구한 K-DISC는 선천적으로 각 체질이 가진 본래의 성향을 기반으로 한다. 그래서 체질만으로도 DISC 진단이 가능해졌다. K-DISC의 쾌거다.

DISC 상호 기대치

위의 표처럼 DISC 상호 기대치는 유형별로 다르다. C형은 자신과 타인에 대한 기대치가 가장 높고, I형은 자신과 타인에 대한 기대치가 가장 낮다. S형은 자신과 타인에 대한 기대치 모두 중간 수준이다. D형은 자신에 대한 기대치는 낮은 편이나 타인에 대한 기대치는 높은 편이다.

나는 어떤 유형일까? DISC 4유형 설문지로 알아보자. 인간의 성향을 이해하는 도구는 많다. 에니어그램, MBTI 등이 유행하지만 하브루타를 적용하기는 어렵다. DISC는 가장 쉽고도 간명하게 4개의 행동 유형을 이해하는 도구다. DISC는 외양적인 특성이나 행동으로도 드러난다.

DISC 상호 기대치 도표를 본론에 앞서 기재한 이유가 있다. 부모가 자신의 기대치에 맞춰 하브루타 교육을 하는 오류를 막고, 지혜롭게 수위를 조정하기 위함이다. 예를 들면 기대치가 높은 C형 부모가 기대치가 낮은 I형 자녀와 하브루타 교육을 한다고 하자. C형 부모는 자신의 기대치를 낮추고 I형 자녀에게 맞춰 질문을 해야 한다. 그래야 성공 확률이 높아진다.

K-DISC 행동 유형 설문지(자녀용)

나를 잘 묘사한 순서대로 4점, 3점, 2점, 1점으로 적는다.

1	나는 __를 좋아한다.	리더가 되기	새로운 일하기	다른 사람 돕기	일을 제대로 하기
2	다른 친구들은 나를 __이라고 생각한다.	모험적인 사람	재미있는 사람	조용한 사람	신중한 사람
3	나는 __을(를) 잘한다.	지휘 / 통솔	칭찬 / 격려	도움 주기	계획 세우기
4	나는 __을(를) 싫어한다.	시켜서 하는 일	반복하는 일	갑작스러운 변화	실수하기
5	나는 __ 말한다.	의견을 분명하게	즐겁게	다수의 의견에 따라서	곰곰이 생각한 후에
6	나는 __를 원한다.	내가 결정하기	다른 사람들을 기쁘게 하기	들은 대로 따르기	분석하기
7	나는 다른 친구들이 __가 싫다.	내 말에 반대할 때	나를 혼자 둘 때	압박하거나 무섭게 할 때	내 실수를 지적할 때
8	내 가족은 나에게 __ 하라고 한다.	조금 차분	말을 적게	조금만 빨리	따지지 말고
9	나는 규칙이 __	항상 불편하다.	재미없다고 생각한다.	안전하게 해 준다고 생각한다.	공평하게 해 준다고 생각한다.
10	나는 종종 __	할 일을 만든다.	산만하다.	참는다.	생각한다.
11	나는 당황하면 __	화가 난다.	말을 많이 한다.	가만히 있는다.	우울해진다.
12	다른 사람들과 같이 있을 때 나는 __	책임을 맡는 편이다.	이야기를 하는 편이다.	돕는 편이다.	상황을 분석하는 편이다.
13	나는 매우 __	경쟁적이다.	관심 있는 일이 많다.	느긋하다.	주의가 깊다.
14	나는 새로운 것에 대해 __	해결책을 찾는다.	흥분한다.	불편해한다.	이것이 무엇인지 연구한다.
15	내 방은 __	허락을 받아야만 들어올 수 있다.	어지럽혀져 있다.	쉬는 공간이다.	깨끗하다.
총점		(가) 점	(나) 점	(다) 점	(라) 점

나의 DISC 결과

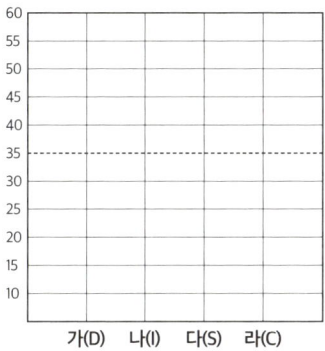

A. 나의 행동 유형은
　　　　　형(알파벳 기재)이다.
(D/I/S/C 중에서 35점 이상만 기록)

B. 나의 프로파일은
　　　　　형(한글 기재)이다.
(40개 행동 유형 프로파일에서
가장 비슷한 그래프 형태 1개를 골라 기록)

40개 행동 유형 프로파일

K-DISC 행동 유형 설문지(부모용)

나를 잘 묘사한 순서대로 4점, 3점, 2점, 1점으로 적는다.

1	내 성격은 __	명령적이고 주도적이다.		사교적이며 감정 표현을 잘한다.		태평스럽고 느리다.		진지하고 세심하며 상식적이다.	
2	나는 __에 둘러싸인 환경을 좋아한다.	개인적 성취와 보상 및 목표지향적		좋아하는 사람		그림, 편지와 내 물건들		질서, 기능, 조직	
3	내 성격 스타일은 __하는 경향이 있다.	결과를 중시		사람을 중시		팀을 중시		세부사항을 중시	
4	다른 이에 대한 내 태도는 __	시원시원하다.		친절하고 싹싹하다.		착실하고 순응적이다.		차갑고 객관적이다.	
5	다른 사람의 말을 들을 때 나는 __	종종 참을성이 없다.		주의가 산만하다.		아무 말 없이 듣는다.		사실에 초점을 맞추고 분석한다.	
6	다른 사람과 __에 대해서 이야기하는 것을 좋아한다.	내 업적		나 자신과 다른 사람들		가족		사건, 정보, 조직	
7	나는 타인에게 __ 경향이 있다.	지시하는		영향을 미치는		잘 용납하는		가치와 질로 평가하는	
8	축구 팀에 들어가면 나의 포지션은 __이다.	최전방 공격수		공격형 수비수		수비형 공격수		최종 수비수	
9	나에게 시간은 __	항상 바쁘다.		교제에 많은 시간을 사용한다.		시간을 중시하지만 그리 부담이 없다.		시간의 중요성을 알고 시간 활용을 잘한다.	
10	내가 교통 표지판을 만든다면 __가(이) 좋다.	무단횡단 저승길		웃는 엄마 밝은 아빠, 알고 보니 양보운전		조금씩 양보하면 좁은 길도 넓어진다.		졸음 운전 앞차, 경적 울려 사고 예방	
11	평소 내 목소리는 __이다.	감정적, 지시적, 힘 있고 짧고 높은 톤		감정적, 열정적, 가늘고 높은 톤		감정이 적게 개입되고 굵고 낮은 톤		냉정하고 감정을 억제하고 가늘고 낮은 톤	
12	내 제스처는 대부분 __	강하고 민첩하다.		개방적이고 친절하다.		반응이 없고 느리다.		차분하고 신중하다.	
13	나는 __ 스타일의 옷을 좋아한다.	정장		멋을 내는 캐주얼		실용적이고 편리한		검소하고 소탈하며 깔끔한	
14	나의 전체적인 태도는 __으로 묘사될 수 있다.	권위적		매력적, 사교적, 외향적		순종적		평가적, 말이 없는	
15	내 삶의 페이스는 __	빠르다.		열광적이다.		안정되어 있다.		조절되어 있다.	
총점		(가)	점	(나)	점	(다)	점	(라)	점

나의 DISC 결과

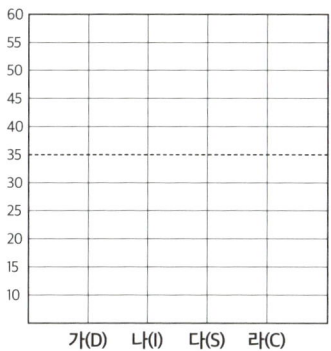

A. 나의 행동 유형은
_____형(알파벳 기재)이다.
(D/I/S/C 중에서 35점 이상만 기록)

B. 나의 프로파일은
_____형(한글 기재)이다.
(40개 행동 유형 프로파일에서
가장 비슷한 그래프 형태 1개를 골라 기록)

40개 행동 유형 프로파일

D 감독자형	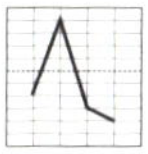 I 분위기 메이커형	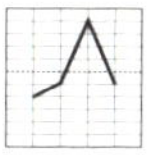 S 팀플레이어형	 C 논리적 사고형
 D/I 결과 지향형	 I/D 설득자형	 S/D 전문적 성취자형	 C/D 설계자형
 D/I/S 관계중심적 지도자형	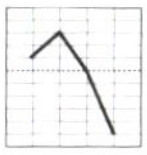 I/D/S 정치가형	 S/D/I 디자이너형	 C/D/I 프로듀서형
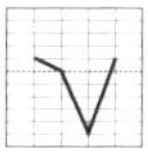 D/I/C 대법관형	 I/D/C 지도자형	 S/D/C 수사관형	 C/D/S 심사숙고형
 D/S 성취자형	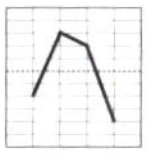 I/S 격려자형	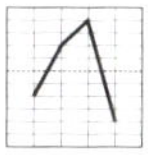 S/I 조언자형	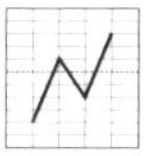 C/I 평론가형
 D/S/I 업무중심적 지도자형	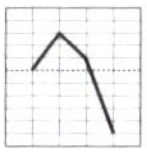 I/S/D 헌신자형	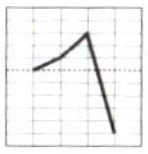 S/I/D 평화적 지도자형	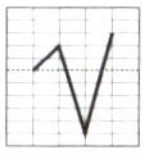 C/I/D 작가형
 D/S/C 전문가형	 I/S/C 코치형	 S/I/C 상담자형	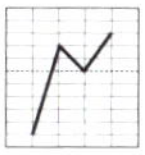 C/I/S 중재자형
 D/C 개척자형	 I/C 대인협상가형	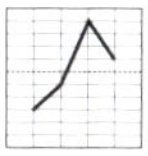 S/C 관리자형	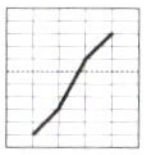 C/S 원칙중심형
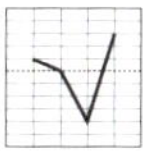 D/C/I 대중강사형	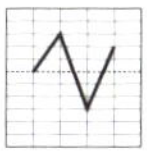 I/C/D 업무협상가형	 S/C/D 전략가형	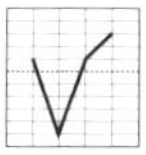 C/S/D 국난극복형
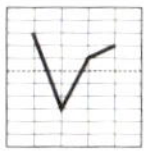 D/C/S 마이스터형	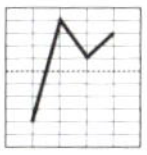 I/C/S 조정자형	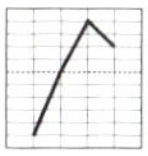 S/C/I 평화중재자형	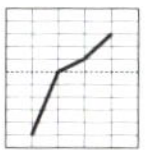 C/S/I 교수형

67

04
열정적인 사람 D형

  D형은 인생의 청년기에 해당하는 여름 사람이다. 여름에는 무수한 풀이 자라고 곡식이 영글기 시작한다. 남쪽의 뜨겁고 강한 에너지를 갖고 있는 D형은 외향적이다. 적극적으로 일을 만들고 추진해 나가는 데에 가장 큰 즐거움을 느낀다. 앞에 나서기 좋아하며 지도력이 있고 능력도 많아 모두가 어려워하는 일을 쉽게 해낸다. 그러나 성격이 급하고 언어가 거칠고 사람을 함부로 대할 수 있다. 화를 잘 내기 때문에 주변인들의 미움을 사기도 한다.

  영화 〈하얼빈〉에서 이토 히로부미는 '조선인들의 지도자는 하나같이 어리석고 무능하다. 그러나 내가 조선을 두려워하는 건 백성들 때문이다. 그들은 나라가 어려워지면 들불처럼 일어난다.'라고 말했다. 이처럼 의로운 민족을 위해, 우리에게는 열정과 능력을 겸비한 훌륭한 D형 지도자가 나타나야 한다.

탁월한 직관력

D형은 판단력과 실행 속도가 매우 빨라서 '능력자'라고 불린다. 이들은 감정에 이끌리지 않고 냉철한 판단력으로 일하기 때문에 높은 성과를 얻는다. I형처럼 다른 사람과 수다를 떨다가 일을 미룬다거나, C형처럼 이것저것 생각하다가 기회를 놓치는 일은 거의 없다. 실용적으로 사고하는 D형은 쓸데없는 일에 시간을 낭비하지 않는다. D형의 최고 강점은 직관력이다. 사건이나 사물의 본질을 파악하는 능력이 탁월하다. 갈등 구조에서 문제의 해결점을 찾는 데 능숙하고, 복잡하고 어려운 문제도 간단하게 해결한다. 그러나 일 중심적이기 때문에 인간관계에서 어려움이 드러날 수 있다.

결과가 중요해

D형은 자신의 삶을 스스로 성취해 나간다. 누구의 조언도 필요로 하지 않는다. 혼자서 깨닫고 혼자서 결정하여 실행한다. 산에 데려다 놓아도 대궐을 짓고 살아갈 사람이다. 이들은 혼자 있을 때, 일에 집중하는 에너지가 상승하여 놀라운 성과를 만들어 낼 수 있다. 빠른 결과를 원하기 때문에 핵심적인 부분만 보고 일을 추진하며, 과정이 어떻든 원하는 결과만 얻으면 만족한다.

   D형은 보스 기질을 타고난 사람이다. D형이 조직에서 리더가 되는 이유는 강한 책임 의식을 갖기 때문이다. D형 중에서도 인격이 성숙한 사람은 솔선수범하고 잘못된 결과를 남에게 미루지 않는다. 많은 사람 앞에서도 체면과 상관없이 아랫사람들의 보호막이 되어 준다. 우리 민족의 위대한 성웅 이순신 장군은 이런 훌륭한 D형의 대표 인물이다. 나라의 존망이 자기 어깨에 달려 있음을 알고 마지막까지

책임감으로 왜군을 무찔렀다. 아직 자기 기질을 잘 모르는 D형이 결과를 책임지는 훈련을 받는다면, 자기 안에 잠든 거인을 깨우는 계기가 될 수 있다. 그러나 반대로 거칠고 난폭한 D형은 자신이 세운 것들을 하루아침에 다 부숴 버리고 남에게 큰 피해를 주기도 한다.

멀티 능력의 큰 스케일

D형은 보편적으로 규모가 큰 것을 선호한다. 소프트웨어보다는 하드웨어 타입이다. 남들이 하지 못하는 엄청난 일을 만들고 추진하는 사람도 바로 D형이다. 이런 D형에게는 비전을 심어 주는 게 좋다. D형은 멀티 기능이 있어서 동시에 여러 가지 일에 집중할 수 있으며, 또 능숙하게 해낸다. 이 일 저 일을 다 하면서도 맡은 일을 크게 성공시키는 그들의 능력은 무에서 유를 창조하는 하늘의 선물이다. 멋진 D형 지도자들이 나와야 나라가 산다.

진시황 이후 한 고조 유방이 중국을 다시 통일했다. 유방은 아들 유항을 변방 대나라의 왕으로 봉했다. 어린 나이의 유항은 흉노의 침입이 심하고, 메마르고 거친 땅인 대나라에 들어가면서 국경 표지석에 큰절을 하고 소원을 아뢰었다. 비록 자신이 나이는 어리지만, 백성이 고기와 술을 실컷 먹을 수 있는 나라를 만들겠다고 울면서 맹세했다. 그가 훗날 한나라의 3대 황제인 문제이다. 후에 그가 장안으로 돌아갈 때 대국 백성은 자신들을 잘 살게 해준 유항의 앞길에 축복을 빌었다. 그는 천자가 되어서 후궁들의 끌리는 치마를 짧게 하였고, 황후도 손수 비단을 짜서 옷을 짓게 하고, 자신도 들에 나가 농사를 지었다. 긴 전쟁으로 피폐해진 백성의 세금을 철폐하고 흉노와도 화친 전략을 세워 전쟁 없는 나라를 만들었다. 한문제라는 훌륭한 D형 지도자 덕분에 백성들의 곳간이 차고, 부강한 나라가 될 수 있었다.

권위가 상실되면 화가 치밀어

D형은 일의 성과를 중요하게 여기기 때문에 자신이 해낸 일에 대해 인정받기를 원한다. 그래서 '내가' 혹은 '우리가'라는 표현을 자주 쓴다. 이처럼 집단적인 표현을 쓰는 것은 D형이 좀스러운 사람들과는 차별화되는 통 크고 시원시원한 성향임을 드러낸다. 이런 D형이 제일 두려워하는 것은 권위의 상실이다. 누구라도 자기의 권위나 업적을 깎아내리거나 도전하면 화를 참지 못한다.

D형은 자기가 행한 일에 대해 칭찬받지 못할 때 폭력적으로 굴기도 한다. 이들은 기를 꺾는 말에는 불쾌해하고 칭찬하는 말에는 기분 좋아한다. 그래서 대우받을 때는 좋은 일을 많이 하지만, 자기 말을 아무도 듣지 않거나 할일이 없을 때는 불안과 분노가 일어나 주변 사람을 괴롭힌다. D형은 반드시 성공해야 주변 사람이 덕을 보고 편하게 살 수 있다.

내로남불 기대치

기대치에 대한 이해는 기질을 이해하는 데 많은 도움이 된다. 타인과 자신에 대한 기대치가 높은 C형은 남의 실수를 용납하지 않고, 자신의 실수도 심각하게 생각한다. I형은 자신에 대한 기대치가 낮으므로 매사 긍정적이며 감사할 줄 안다. I형이나 S형이 대인관계를 잘하는 것은 타인에 대한 기대치가 낮기 때문이다. 그러나 D형은 자신에게는 아주 관대한 반면 타인에 대한 기대치는 높아서 다른 사람이 자신의 마음에 흡족하게 일을 하지 못하면 몹시 화가 난다. 잘못된 일은 자신을 탓하기보다 잘못하게 만든 원인 제공자에게 화살을 돌린다. 이러한 기질적 요인으로 인해 D형은 인격이 성숙하지 못한 사람으로 비칠 때가 많다.

결론이 뭐야?

D형은 직관력이 뛰어나 상대가 무슨 말을 하려는지 몇 마디만 듣고도 파악한다. 그래서 상대의 이야기를 중간에 끊고 자신의 이야기를 한다. 간결하고 핵심적인 말로 지시하는 것을 좋아하며, 결과 중심적이기 때문에 빠른 결과를 얻기 위해 단답형의 대답을 좋아한다. D형은 "한 번만 말해도 좀 알아들어.", "그러니까 빨리 말해!"라는 말을 자주 한다.

D형은 언제나 자신이 지시하고 자기 뜻대로 되어야 직성이 풀린다. 상황을 주도하기 위해서 다른 사람들이 개입할 여지를 주지 않는다. 상대의 말을 듣기보다는 자신이 전부 말하려고 한다. 이를 방해하면 상대를 공격하는데, 때로는 비인격적인 방법을 사용하기도 한다. D형은 자신의 상황이 불리할 때 절대로 말해선 안 될 이야기까지 하면서 자신을 적극적으로 변호하는 행동을 보인다. 성숙한 D형이 되기 위해서는 말을 조심하고, 분노를 억제하는 등 인성 훈련이 필요하다.

영광은 내가, 비난은 네가

D형은 목표 지향적이다. 그들은 자신의 목적을 이루기 위해서라면 못 할 일이 없다. 윗사람에게 잘 보이기 위해서 자신과 가까운 사람들을 이용하기도 한다. 다른 사람과 함께 노력하여 좋은 결과를 얻어도 자신의 능력이 모든 결과를 가져온 것처럼 말한다. 좋은 결과가 나오면 자신이 영광을 가져가고, 나쁜 결과가 나오면 다른 사람에게 비난의 화살을 돌린다.

05
재밌는 사람 I형

I형은 인생의 소년기에 해당하는 봄 사람이다. 봄에는 세상의 온갖 식물이 씨를 뿌리고 꽃을 피운다. 새로운 생명력과 다양한 색깔로 아름다운 들녘을 만든다. 동쪽의 에너지를 가지고 있는 이들은 외향적이며, 사람을 좋아해서 사람들과 함께 있을 때 가장 큰 즐거움을 느낀다. 사람을 사귀는 데에 두려움이 없고, 사람과의 소통을 좋아하니 말이 많다.

 I형은 무엇을 결정짓는 사람이 아니라 무언가를 꿈꾸며 시작하려는 사람이다. 가고 싶은 데도 많고, 하고 싶은 것도 많고, 입고 싶은 옷도 많고, 놀고 싶은 것도 많다. 항상 밝고 긍정적이며 늘 친절하다.

 다른 사람에게 위로와 용기를 주는 I형이지만 자기 삶에서는 말과 행동이 일치하지 못할 수 있다. 시각적 미혹에 큰 손해를 보거나 사람에게 잘하려다가 거꾸로 이용당하기도 한다. 뒷정리나 관리가 안 되어 주변 환경이 정신없고 혼란스러울 수 있다.

밝고 상냥해

I형은 소양인에 해당하며 봄 기운이 가장 강한 사람이다. 소양인의 정기는 중상초(비장부)에 있으므로 기운이 위로 가서 눈에 정기가 있다. 대부분의 I형은 눈동자가 반짝이고 부드럽다. I형이 타인에게 호감을 주는 것은 그 웃는 듯한 눈동자 때문이다. 이들은 언제나 밝고 상냥하다. 얼굴이 갸름하고 말을 많이 하여 입가에 주름이 있다. 몸이 항상 상대를 향하여 있으며 언제고 상대의 말에 반응할 준비가 되어 있다. I형은 비장 기능이 강해 불편한 상황도 잘 소화한다. 소위 비위가 좋은 사람이다. 목소리도 크고, 걸음걸이도 사뿐사뿐 율동하듯 걷는다. 균형 감각이 좋아서 행동 예술 분야에 뛰어난 재능이 있다.

긍정언어의 달인

I형은 보편적으로 긍정적이며 재미있다. 이들의 말에는 설득력이 있다. 상대의 심정을 잘 알고, 그 사람의 관점에서 말하기 때문에 상대는 마음을 열고 귀를 기울이게 된다.

I형 앞에서 긴장하는 사람은 드물다. 이들은 똑같은 말을 해도 포장을 다르게 한다. 재미있는 말로 세상의 맛을 내는 사람이다. 《죽음의 수용소에서》를 쓴 오스트리아의 정신과 의사 빅터 프랭클은 죽음의 수용소 아우슈비츠에서 타인을 위로

하는 사람들을 보고 감동했다. 심지어 자신도 곧 죽을 운명인데도 불구하고 두려움에 떠는 이에게 '야훼는 살아계신다.'라며 당신이 죽을 때에 나도 함께하겠다는 사람도 있었다. 이러한 경험을 바탕으로 '의미 요법$^{Logo\ Therapy}$'을 창시했다. 의미 요법은 우리가 경험하는 모든 것에서 어떤 의미를 발견하고 깨닫는 것이다. 그만큼 I형은 고난 가운데에서도 긍정언어로 타인에게 위로를 주는 사람이다.

덜렁덜렁 실수가 잦아

I형이 관계성이 좋다는 것은 역으로 말하면, 일하는 데에는 어설픈 구조로 되어 있다는 뜻이다. 다른 사람의 요구를 거절하지 못해 자기 일을 미루거나, 사람과 함께 있는 것을 좋아하여 일의 중요성을 잊어버리는 경우가 종종 있다. 일에 집중하지 못하는 I형을 보고 C형은 비난하고 D형은 아예 일을 맡기지 않는다. 특히 정리정돈을 잘하고 깔끔한 C형은 I형 때문에 속이 터진다. I형은 치약 하나도 깔끔하게 사용하는 법이 없다. 편하게 아무렇게나 짜서 사용한다. 그들과 함께 사는 C형은 I형이 중간에 눌러 놓은 치약을 매일 잔소리하면서 밑에서부터 짜서 올려 놓는다.

기대치가 낮아서 미안

I형은 4가지 기질 중에서 자신과 타인에 대해서 가장 낮은 기대치를 갖는 유형이다. 기대치가 낮으므로 남의 실수도 크게 탓하지 않고, 자기 잘못에 대해서도 그다지 문제 삼지 않는다. 그래서 인간관계는 매우 좋지만, 말만 앞세우고 책임감을 느끼지 않는다는 인식을 줄 수도 있다. I형은 언행일치 훈련을 해야 한다. 그래

야 사람들이 신뢰하는 격려자가 될 것이고, 상담이나 코칭 분야에서 성공할 확률이 높다.

I형은 긍정적이고 낙관적이다. 타인의 실수에 "다음에 잘하면 되지. 뭘 그렇게 신경을 쓰냐?"고 위로한다. 이들은 사람의 허물을 덮어 주는 강점이 있다. 그래서 친구가 많고 모르는 사람이 없을 정도로 인맥이 넓다. 또한 I형은 항상 고마움을 표시한다. 선물도 잘하고 한번 대접을 받으면 반드시 두 배 이상으로 갚으려 한다. 별것도 아닌 일에 감동을 잘 받는다.

엉뚱한 상상은 미래의 동력

I형은 분위기 파악을 못 하고 엉뚱한 발상을 할 때가 있다. 주변 분위기가 고도로 심각한 상황에 놓여 있는데도, 그 심각성을 파악하지 못하고 나름대로 분위기를 좋게 만든다고 돌발적인 발언을 하다가 D형의 분노를 촉발한다. 그것은 이들의 사고 구조 속에 아주 엉뚱한 상상력이 크게 자리 잡고 있기 때문이다. 그러나 이들의 상상력은 큰 문제를 해결하는 지혜로 변하기도 한다.

영화 〈반지의 제왕〉에서 주인공 프로도의 친구인 피핀은 전형적인 I형이다. 피핀이 엔트라고 불리는 나무 요정들에게 전쟁에 참여해 달라고 청하나, 평화를 지키기로 결의한 엔트들은 거절한다. 실망한 피핀은 엔트들의 안내를 받아 고향 샤이어로 돌아갈 수밖에 없었다. 그때 피핀은 엔트들에게 반대 방향인 아이센가드로 가면 더 빨리 고향으로 돌아갈 수 있고, 적들이 많은 곳이 도리어 더 안전하다고 말한다. 피핀의 말대로 엔트들은 아이센가드로 들어선 순간, 샤우론 부하들이 나무들을 자르고 불태워 죽인 끔찍한 참상을 목격한다. 화가 난 엔트 왕은 모든 엔트를 불러 아이센가드를 침공한다. 이들의 분노를 바라본 피핀의 얼굴엔 미소가 번

진다. 피핀의 의도대로 된 것이다.

　이런 탁월한 발상은 상상력이 뛰어난 I형에게는 어려운 일이 아니다.

흉내는 내가 잘 내지

우리 뇌에는 거울 신경 세포가 있어서 누군가가 어떤 행동을 하면 자신도 모르게 따라서 하는 경향이 있다. I형은 거울 신경 세포가 가장 발달했다. 다른 사람의 특징을 잘 찾아내고, 몸짓이나 말의 특징을 잘 따라서 하기 때문에 모창이나 모방 능력이 뛰어나다. 나의 아내는 I형이다. 내 차를 타고 가다가 아내의 모방 능력을 실험해 보려고 슬그머니 운전자석 창문을 내리면, 갑자기 아내도 조수석 창문을 내린다. 내가 "왜 따라 해?"라고 물어보면 자기도 이유를 모르겠다고 말한다. 춤도 한 번 보면 대충 따라서 춘다. I형은 눈이 밝은 사람이다.

네가 좋아야 내가 좋아

I형은 '누이 좋고 매부 좋다.$^{Win-win}$'를 좋아한다. 이들은 사람의 마음을 아프게 하는 것을 싫어하고, 상대의 웃는 모습을 보고 싶어 한다. 교통 질서 캠페인과 관련된 문구에서도 4가지 기질의 특징을 엿볼 수 있다. 평화로운 S형은 '조금씩 양보하면 좁은 길도 넓어진다.', 질서를 중요시하는 C형은 '너와 내가 지킨 질서, 나라 안녕 국가 번영', 강력한 통제를 원하는 D형은 '5분 먼저 가려다 50년 먼저 간다.'를 선호한다. 사람의 마음을 아프게 하지 않고 따뜻한 위로를 원하는 I형은 '웃는 엄마! 밝은 아빠! 알고 보니 양보 운전'이 마음에 든다. 말이나 글을 통해서도 사람

들에게 감동을 주고 영향력을 미치고 싶어 하므로 그들을 소통^{Interacting}이나 교류^{Intercourse}의 I형이라 부르기도 한다.

혼자는 못 살아

I형은 항상 사람과 가까이 있으려 한다. I형이 홀로 있다는 것은 그 집단과 아직 친하지 않은 것이다. 그러나 누구라도 자신과 마음이 맞는 사람이 있으면 I형은 곧장 그 사람 곁으로 다가간다. 누군가의 가까이에 있다면 그것은 I형이 마음 둘 곳이 있다는 뜻으로 보면 된다.

I형을 봄의 사람이라고 했다. 봄의 사람이란 나무와 같다. 식물의 특성은 군집 형태로 자란다는 것이다. 꽃잎 하나도 단독으로 자라지 않고 다닥다닥 붙어서 자란다. 이처럼 식물은 함께 붙어 있는 것을 좋아한다. 함께 있으면 살이 닿아 서로의 냄새를 맡을 수 있다. 그래서 이들은 만지고 비비고 살이 닿는 것을 자신이 살아 있는 증거라고 여긴다. 다른 사람과 살이 닿으면 온몸에 소름이 돋는다며 어쩔 줄 모르는 C형과는 완전 상극이다.

잠자는 I형을 깨울 때 친구가 왔다고 하면 자다가도 벌떡 일어난다. 그리고 누구냐고 묻는다. I형의 마음을 여는 비밀번호가 친구라는 사실을 알 수 있다. 친구가 왜 중요할까? 친구하고 재미있게 놀고 싶기 때문이다. 이들은 누군가가 시간이 있냐고 물으면 자기하고 놀러 가자는 말로 듣는다. I형은 어디를 간다고만 하면 어디 가는지도 모른 채 분위기에 취해서 좇아간다.

나의 딸은 I형이다. 어렸을 때 4번이나 잃어버렸다가 다시 찾았다. 대부분 주위를 구경하다가 부모를 놓친 경우다. 예쁜 것, 화려한 것, 재미있는 것들은 I형의 인생을 생동감 있게 만드는 가치이다. 그만큼 I형은 어느 한 장소나 주제에 차분하게 집중하지 못하고 항상 미지의 세계에 관심을 둔다. 여행이나 새로운 놀이, 쇼핑과 같은 이야기만 나오면 가만히 있다가도 견디지 못하고 대화에 끼어든다.

요란한 표정

모든 사람은 7개의 동굴이 있다. '사람의 얼이 들어 있는 동굴이 있다.'라고 해서 얼굴(얼+굴)이다. 얼굴은 상초 에너지가 강한 D형이나 I형에게서 강하게 표현된다. 포커페이스를 가진 S형은 얼굴에서 그 마음을 읽기가 쉽지 않다. 그러나 I형은 얼굴 전체를 가지고 자신을 표현한다. 특히 눈동자나 눈썹, 입술로 자기 마음을 표현한다. 이들은 상대의 이야기가 조금만 감동적이거나 자기 생각에 맞으면 흰자위만 나올 정도로 눈동자를 위로 치뜨면서 감탄을 표현한다. 동시에 입을 벌리면서 "와!", "이야!"라는 감탄을 잘한다. 훈련받아서 그렇게 공감하는 사람도 있지만, I형은 타고난 사람이다. 대화에 긍정적인 반응을 보이는 I형과는 사귀기 쉽고 더 좋은 관계로 진전되기도 쉽다.

   I형이 양쪽 눈썹을 올리거나 입을 벌리고 있다면 당신에게 호감을 보이는 방증이다. 그러나 I형이 대화 도중에 다른 곳을 본다면 지금 하는 이야기가 정말로 재미없다는 뜻이다. 물론 이들은 웬만해서는 다른 사람에게 그런 표정을 잘 짓지 않는다.

06
편안한 사람 S형

 S형은 인생의 노년기에 해당하는 겨울 사람이다. 겨울 땅이 농사를 끝내고 쉬는 것처럼 모든 동물도 겨울에는 들녘에 먹을 것이 없어 잠을 자야 한다. 북방의 춥고 비활동적인 에너지를 갖고 있는 S형은 항상 생존을 준비하고, 활동을 많이 하지 않으며 에너지를 아낀다. 이들은 내향적이며, 누군가가 자신을 끌어 주고 대신 결단을 내려 주기를 원한다. 사람들 속에서 조용히 지낼 때 안정을 느낀다.
 있는지 없는지 드러나지 않지만 항상 그 자리에 있고 조직에서도 성실하다. 다른 사람들이나 조직에 순종하고 충성하지만, 능동적으로 일을 처리하지 못하고 수동적으로 시키는 일에만 반응한다. 자기 몸과 자기 가족에게만 지나치게 에너지를 집중하는 경향이 있다. 그래서 위험한 일을 겪을 때 빠르고 정확하게 대응하지 못한다. 많은 사람의 생명을 책임져야 할 분야는 택하지 않는 것이 좋다.

땅의 주인

아프리카 케냐의 끝없는 평원에 가면 소와 염소의 중간쯤 되는 수많은 동물이 풀을 뜯는 모습을 볼 수 있다. 바로 누 떼다. 동물 다큐멘터리에서 사자가 누를 잡아먹는 모습을 보면 약자로 여길 수 있지만, 1백만 마리가 넘는 누는 초원의 진정한 주인이다. 수가 많은 것은 먹을거리가 풀이기 때문이다. 초원에서는 수가 많은 동물이 결국 주인이다. 풀을 먹는 동물은 온순하고 장수한다.

  S형은 가장 온순한 사람으로 원시적 인간의 원형이다. 4가지 유형 중에서 S형의 수가 가장 많다. 남을 속일 줄 모르고 정직하게 일하여 먹고사는 사람이다. 다른 사람을 공격하지 않으며 누군가가 시비를 걸어 와도 피하거나 양보하고 만다. 예수는 온유한 자는 땅을 기업으로 얻는다고 하였다. 이 땅의 진정한 주인은 온유한 S형이다. S형이 있는 곳을 가면 답답하긴 하지만 시끄럽지 않고 평온하다. 이들은 서로 평화롭게 사는 초식 동물처럼 잘 어울려 살고 서로 견제하거나 다투지 않는다.

안빈낙도

S형은 체질로 보면 보편적으로 하체가 크고 살이 많다. 얼굴에도 살이 많아서 눈꺼풀도 두껍고 입술도 두꺼운 사람들이 많다. 두툼한 턱, 처진 눈에 눈빛이 선하다. S형 옆에 있으면 위협이나 긴장감을 느끼지 않게 된다. D형은 직관이, I형은 시각이, C형은 청각이, S형은 촉각이 제일 발달해 있다. 따라서 S형은 평온한 상태, 편안하게 해 주는 사람, 느긋한 환경을 선호하며, 먹는 것을 사랑하고 잠자기를 좋아한다.

하루는 장자의 제자들이 500년을 사는 나무의 장수 비결을 물었다. 장자는 "재목이 좋은 나무는 빨리 베임을 당하고, 열매를 많이 맺는 나무는 수가 짧으나, 쓸데가 없는 나무는 천수를 누린다. 하늘의 천명을 거스르지 아니하고, 자신을 하늘에 맡기고 사는 사람들이 장수한다."라고 대답했다. 이들이 바로 S형이다. S형은 일을 벌이거나 새로운 일정을 만들거나 새로운 세계를 꿈꾸지 않는 대신 안빈낙도하는 자세로 충실한 삶을 살아간다.

말하는 것보다 듣는 게 편해

S형은 조용하며 침착하다. 그리고 평온하며 따뜻하다. 온종일 남의 말을 들어 줄 수 있는 사람은 오직 S형밖에 없다. 이들은 교사나 상담자로 그 기질을 발휘하고 이 사회의 거름과도 같은 역할을 해낸다. S형은 분노를 주관하는 간 기능이 강해 화를 억제하는 힘이 있다. 이들은 주로 말하는 쪽보다 말을 듣는 쪽이다. S형끼리 앉혀 놓으면 온종일 있어도 꼭 싸운 사람들처럼 말을 안 한다.

갈등이 싫어

S형은 압박받는 분위기나 갈등을 제일 싫어한다. 특히 정면으로 부딪쳐야 하는 상황을 꺼린다. 예를 들면 뜨거운 음식이 있는 식당에서 S형의 어린 자녀들이 뛰어놀면 "조용히 있어."라고 통제하는 사람은 옆 테이블의 D형이다. 그런데 D형이 혼내도 S형 부모는 가만히 있는다. S형이 이런 반응을 보이는 것은 두려움 때문이다. 아이의 행동으로 인해 모르는 사람과 다투거나 정면으로 부딪치는 것이 두렵다.

그래서 될 수 있으면 갈등이 생기는 상황을 회피한다.

옷 가게 주인이 "이거 입어 보세요. 저것도 입어 보세요." 하고 여러 옷을 꺼내면 S형은 주인이 수고한 것이 미안해서 마음에 들지 않아도 옷을 산다. 그래서 이들은 본의 아니게 갈등 구조로 인한 낭비를 하게 된다. 특히 갈등 구조를 가진 S형에 사치가 심한 I형이 합해진 I/S형은 단호한 결정을 내리지 못한다. S형이 물건을 사러 가면 가게 주인에게서 갈등을 느낄 만한 소지를 미리 막아야 한다. 이를테면 "꺼내지 마세요. 제가 그냥 볼게요."라고 말한다든지, "아니요, 다음에 들르겠습니다."라고 'NO!' 하는 법을 배워야 한다.

도서전 때 일이다. 어떤 S형 부부가 부스에 와서 DISC가 뭐냐고 물었다. 그래서 DISC 원리를 설명하고, 오링테스트 성격 진단까지 해 주니 책을 사 갔다. S형은 나의 열정이 고맙고 그냥 가기가 미안해서 책을 사지만 거의 읽지 않는다. 반면 C형은 설명을 듣고 성격 진단을 받은 후 책 내용까지 다 살펴보고서 그냥 간다. 나름대로 계산해 본 것이다.

외길 인생, 고집쟁이

S형은 변화보다 안정을 추구한다. 월급을 더 많이 주는 곳보다 익숙한 분위기에서 일하는 것을 더 좋아한다. 변화를 싫어하고 한 가지 일에 몰두하기 때문에 이들 중에서 장인이 많이 나온다. S형 중에는 훌륭한 도공이나 예술을 하는 사람들이 많다. 완벽주의자는 아니지만 깔끔하고 실용적인 예술가이다. 기계나 기술 같은 분야에서도 소위 '외길 인생'이라고 불릴 만한 장인들이 많다. 이들은 변화를 싫어하고 한결같이 고집스럽고 충성스럽다. 어느 한 분야에 집중하면 그 분야에 독보적인 존재가 된다.

결정은 나중에

S형은 결정을 미루는 사람이다. 조선 최고의 재상인 황희 정승은 S형의 대표적인 성품을 보여 준다. 어느 날 황희 정승이 부인의 말을 듣고 "당신 말이 옳소." 하고는 머슴들을 혼내러 갔다. 하지만 머슴들의 말을 듣더니 "너희 말이 옳다."라며 부인에게 다시 돌아갔다. 이에 부인이 "여기서는 내 말이 맞는다고 하고, 저기서는 머슴들의 말이 맞는다고 하니 당신은 줏대가 없는 사람입니다."라고 하자 "그 말도 옳소. 난 줏대가 없는 사람이오."라고 했다고 한다. 이 이야기는 단호한 결정을 내리지 못하는 S형의 특징을 잘 보여 준다.

사람의 생명을 지켜야 하는 위급한 상황이 많은 직업은 D형처럼 빠른 판단과 결단을 내리는 사람에게 맡겨야 한다. 부드럽고 순응적이며 결정을 미루는 S형은 이런 심각한 상황이 발생하면, 도망가지 말고 D형에게 도움을 요청하라. S형의 느긋하고 태평스러움이 평안의 시대에는 훌륭한 지도자의 요건이 될 수 있다. 하지만 전란과 같은 위급한 상황에서는 D형처럼 결정을 미루지 않고 명확하게 판단하고 처신해야 많은 사람을 살릴 수 있다.

꿈에도 소원, 아무것도 안 하기

남미의 정글에는 늘보라는 동물이 있다. 늘보는 모든 동물이 탐내는 맛있는 열매는 포기하고, 아무도 쳐다보지 않는 나뭇잎을 먹고 산다. 그것도 조금 먹고 사흘이나 걸려 소화를 시킬 만큼 활동하지 않는다. 그러다 보니 나무에 매달려 잠만 자던 이 동물이 어쩌다 땅에 내려오면 곧바로 맹수들의 표적이 된다.

S형은 먹는 것과 좋아하는 기계류를 구매하는 것 말고는 빠르게 반응하는 법이

없다. 걸음도 천천히 상체만 움직이며 걷는다. '급한 것은 급한 사람이 하게 되어 있다.'라고 생각하면서 급하게 살려고 하지 않는다. 그래서 S형을 푸바오에 비유하곤 한다. 하지만 인간은 정체된 존재가 아니다.

카를 마르크스는 표준적인 삶의 기초를 음식을 얻기 위한 생존에 두었다. 이것은 기본적 생존을 만족시킨 뒤 진정한 평등 사회에서 자기 가치를 실현하라는 뜻이다. 맹자 또한 인간의 본능적인 욕구를 식색지성食色之性이라고 했는데, 기본적인 욕구에서 머물지 말라는 의미다. 그러나 S형은 무의식에 들어 있는 식색의 욕구가 가장 우선으로 의식화된 사람이다. 본능에 가깝고 무의식에 솔직한 면이 있는 반면, 의식으로 드러나는 사회적인 자기 발전과 초자아의 숭고한 욕구에는 애써 눈을 감는다. 스스로 변화하려 하지 않는 게으름이 있다.

또 S형은 대체로 온화하고 사람들과 타협을 잘하는 편이지만, 자기가 좋아하는 부분에서는 누구도 말릴 수 없는 고집스러움을 드러낸다. 자기가 사고 싶은 물건이나 구하고자 하는 것이 있으면 반드시 손에 넣는다.

핵심을 피하는 것이 핵심

S형은 절대로 핵심적인 사안을 직접 말하지 않는다. 이들이 마음먹고 무슨 어려운 말을 할 때는 돌려서 말한다. 이를 빨리 파악하는 D형은 쉽게 알아듣지만, 세부적인 문장 하나라도 정확해야 이해하는 C형은 말의 행간을 읽지 못한다. 특히 갈등 상황이 생길수록 이들의 말은 더욱 어려워진다. 누군가에게 압박당하는 것이 두려우므로 핵심을 말하지 않기 때문이다.

우리나라에서 S형과 비슷한 성향의 사람들이 가장 많이 사는 곳이 충청도이다. 나도 대학부터 10여 년 동안 그곳에서 살았다. 그들은 핵심을 가장 늦게 말한다.

볼일이 있어서 왔어도 차마 말을 꺼내지 못한다. 한참 다른 이야기를 하다가 집에 갈 때쯤 되어 용건을 말한다. 술집에서도 술이 떨어졌으면 더 시키면 되는데 병이 작아졌다고 말한다. 아버지가 병원에 입원했다는 연락을 받은 아들이 어머니에게 전화하면 "아직 향 피울 때 안 되었어, 너는 걱정을 하덜 말어."라는 말을 듣는다. 행간의 숨은 의미를 모르는 사람들은 말을 알아들을 수 없다.

그들이 그렇게 말하는 이유는 뭘까? 자신의 속내를 빨리 말하는 것이 예의가 아니라고 생각하기 때문이다. S형은 인간이라면 상대의 마음을 편안하게 해 주고, 밥을 뜸 들이듯이 기다려야 한다고 믿는다. 그래야 자신의 원하는 바를 이룬다고 생각한다.

너를 따를게

히포크라테스의 4가지 체액 이론에 의하면 S형은 점액질에 해당한다. 점액질은 수동적인 사람들로, 체제나 조직에 순응적이다. 이들은 어떤 행동에 있어서 주도적인 자세를 취하지 않고 리더가 자신들을 인도해 주기를 바란다.

D형이 "나를 따르라."라고 할 때 제일 좋아하는 사람들이 S형이다. 이들은 D형의 말에 "너를 따를게."로 화답한다. 오히려 이들은 "알아서 해.", "어떻게 좀 해 봐."라는 말을 불편해한다. S형은 결코 자신들이 주도권을 쥐려 하지 않는다.

S형은 밥을 잘 사 주거나 부드럽게 대하는 사람을 제일 좋아한다. 처리해야 할 일이 있을 때 S형이 가만히 고민하고 있으면 성질 급한 D형이나 I형이 나서서 해 주기 때문에 S형은 그들을 좋아한다.

D형의 혈압을 가장 오르게 만드는 사람이 S형인데 정작 S형은 D형이 무서워도 은근히 좋아한다. S형은 D형이 아무리 화를 내도 잠자코 버틴다. 그러면 자기 성

질을 못 이긴 D형이 결국 일을 해결하기 때문이다.

한마디 툭 던져 놓고 끝

S형은 말재주가 없어서 무슨 말이든 상대가 이끌면 거기에 동조한다. 약간의 반응을 보이는 것으로 대화에 참여하다 하고 싶은 말이 있을 때 한마디 툭 던진다. 상대가 자기 말에 재미있는 해석을 달아 주거나 관심을 주기를 원하기 때문이다. 이렇게라도 대화에서 자신을 드러내는 것은 대화의 상대에게 깊은 관심이 있다는 뜻이다. S형은 핵심이 드러나는 것을 싫어한다. 명확한 표현 때문에 자신의 속내가 드러나 누군가로부터 공격당하는 것이 두렵기 때문이다. 그들은 항상 돌려서 말하거나 비유로 설명한다. 그런 탓에 S형은 일을 지시할 때 전달 사항이 명료하지 않다. 그 속에 담긴 속뜻을 읽어 낼 줄 알아야 한다.

누가 이렇게 말하던데?

S형은 자신의 견해보다는 "누군가가 이렇게 말하더라."라고 하는 관계적인 언어를 사용하여 의사를 밝힌다. S형은 다른 말로 관계형이라고도 한다. 즉, 자신이 결정하고 책임지는 것보다 이미 모든 사람이 검증한 안전한 길로 가려 한다. 자신이 고민하거나 결단을 내리지 않는다. 이들과 우호적인 관계를 형성하려면 그 사람과 관계있는 어떤 사람과 연관 지어서 "그분도 그렇게 했다."라고 해 보자. 훨씬 빠른 응답을 할 것이다. S형은 전체 일정을 공개하고, 이렇게 하면 이렇게 될 것이라는 전체 그림을 보여 주는 시스템을 좋아한다.

그 이유는 뭘까? 결과에 대해 책임지기를 두려워하고, 그 결과가 미칠 영향도 두렵기 때문에 다수의 의견을 따른다. S형은 그만큼 안정에 대한 욕구가 크다. 그래서 수용, 순응적이다.

식사 같이 하자

S형은 먹는 데에 관심이 많다. 특히 좋아하는 사람들과 편안한 환경 속에서 함께 나누는 식사나 술자리는 이들을 행복하게 한다. 아주 기분이 좋거나 놀고 싶은 마음이 가득할 때, 평소와는 다르게 자신이 먼저 말을 꺼낸다. "저녁에 퇴근하고 식사 같이 할까?"라는 말에는 상대와 좋은 관계를 유지하고 싶은 마음이 있다. 하지만 S형이 먼저 이런 말을 꺼내는 경우는 그렇게 흔하지 않다. 까다로운 C형이나 항상 일정이 복잡한 D형은 모처럼 하는 S형의 요청에 가능한 한 응하는 것이 좋다. S형은 자신에게 보인 상대의 호의를 기억하고 훗날 도움이 필요할 때 기꺼이 도와주기 때문이다. 이들에게 음식 이야기는 소통의 소중한 주제다.

함께 일해야 편해

인류의 첫 시작도 S형으로부터 시작되었지만, 지구상에 마지막까지 살아남는 사람들도 S형일 확률이 높다. 이들의 성실성과 충성심 때문이다. S형은 독단적으로 결정 내리는 것을 싫어한다. 이들은 될 수 있으면 모든 구성원이 합의하여 원만하게 움직여 나가는 것을 좋아한다. 그러다 보니 자연히 일은 늦어지고 타이밍을 놓쳐 큰 손해를 볼 때가 많다. 단기적 프로젝트보다는 장기적 프로젝트에 강한 사람이다. 빠른 결정을 내려야 하는 업무보다는 긴 시간을 두고 해결해야 하는 업무가 더욱 적합한 팀플레이어들이다.

    이들이 있으므로 조직은 안정되고, 참여도가 높아서 리더가 팀을 이끌기도 수월하다. S형은 언제나 그 자리에 있는 사람이다. 조직의 기반인 셈이다. 사회, 국가의 모든 시스템은 말없이 조력하는 S형 덕분에 잘 돌아간다.

재촉하면 역효과

S형은 4가지 기질 중에서 고집이 제일 센 사람이다. 결정적인 부분에서 S형이 "그건 안 돼."라고 말하면 다시 설득하거나 재촉하지 말아야 한다. 재촉하면 할수록 역효과가 나타난다. '거북아 거북아 머리를 내어라 내어 놓지 않으면 구워서 먹으리'라는 옛 시가가 있다. 이때 거북이 S형이라면, 머리를 내놓기는커녕 팔다리까지 깊이 감추고 이 위기가 지나갈 때까지 숨는다. 단단한 자기방어 기제를 지닌 S형은 협박이나 강요로 움직일 수 없다. 오히려 "나쁜 사람들 다 갔어. 눈물 닦아 줄 테니 얼굴을 내밀어 봐."라고 머리를 쓰다듬는 I형의 방식이 S형의 마음을 움직일 수 있다. 강한 바람이 아니라 따뜻한 태양이 나그네의 옷을 벗긴다는 이솝 우화처럼 S형은 압박하면 더욱 고집스럽게 버틴다.

07
차분한 사람 C형

 C형은 인생의 장년기에 해당하는 가을 사람이다. 이들은 장년기의 성숙한 사람처럼 생각이 많고 책임감이 강해 남의 짐도 대신 지려 한다. 서쪽의 지는 태양처럼 차분한 에너지를 갖고 있고, 항상 무엇을 하든지 완벽하게 마쳐야 마음이 편하다. C형은 내향적이며 일에 대한 책임감이 강하고, 연구를 좋아하여 혼자 있을 때 편해한다. 일 처리는 완벽을 추구한다. 정밀한 수치와 연구, 명확한 설계와 철저한 분석을 잘한다. 정신적인 활동을 좋아하므로 몸을 사용하는 운동과 같은 야외 활동을 즐기지 않고 게임이나 문제 풀이와 같은 머리 쓰는 일을 좋아한다. 홀로 있기 좋아해서 친구들이 많지 않다.
 C형은 조용히 지내기 때문에 유리그릇처럼 조심스럽게 이해하면서 대응해야 한다. 이들은 자기만의 사고로 세상을 파악하면서 타인에게 비치는 자신을 지나치

게 두려워한다. C형에게 대인관계를 잘하라고 강요하면 스트레스를 받는다. 작은 스트레스에도 감정 소모가 심하여 견뎌내지 못한다. 이들을 대할 때는 차분하고 조용하게 접근해야 한다. 합리적이고 이성적인 이해를 통하여 대화를 나누고, 무슨 일이든 서로 동의하에 진행해야 한다.

항상 정확해야 해

히포크라테스의 체액 이론으로 보면 C형은 우울질이다. C형은 자신에 대한 기대치가 너무 높아서 스스로 만족하지 못하고 '나 같은 사람이 무슨 일을 할 수 있을까?'라며 우울해한다. 자신에 대한 높은 기대치 때문에 자신을 학대하기도 한다. C형에 대한 지나친 압박은 회복하기 힘든 상처를 줄 수 있다. 기대치가 높다는 것은 처음부터 마지막까지 완벽함을 뜻한다. 항상 '왜 그것이 그렇게 되어야 하는지'에 대해 논리적으로 설명해야 하고, '무엇을 어떻게 해야 하는지'에 대해 정확하고 분명한 자료를 주어야 한다. C형은 사물의 근본을 깊이 생각하여 그 원리를 발견한다. 이론을 정리하고 원리를 증명하기 위해 끝없이 연구한다. 그러나 깊은 지적 능력을 갖췄음에도 높은 기대치 때문에 자신에게 항상 만족하지 못한다.

　C형은 신중한 사람이다. 논리적이지 않고 강압적인 상황에서는 마음의 문을 닫는다. 이러한 신중한 면을 까다롭다고 평가절하하여 기질의 강점을 살리지 못한다면 단점이 극대화되어 비판적 방관자의 태도를 보일 가능성이 크다. C형이 지닌 사고력과 예술적 기질을 살리면 세계적인 학자나 예술가가 되지만, 완벽주의적인 성향에 지나치게 집착하면 세상 사람들에게 환멸을 느끼고 염세적인 경향을 보인다. C형은 자기 자신이 귀한 존재임을 기억하면서 단점을 인내와 훈련으로 극복해야 한다. 가족은 C형에게 칭찬과 격려로 좋은 환경을 만들어 주어야 한다.

복잡하고 어려울수록 끌려

C형은 사상 체질로 보면 소음인에 해당한다. 소음인의 이목구비는 안으로 몰려 있고 질서 정연하게 조직되어 있어서 깔끔한 인상을 준다. 대체로 입이 작고 눈의 느낌이 차분하다. 보편적으로 피부가 희고 촉촉하며 기운이 하초로 내려가기 때문에 신장 기운이 강한 사람들이다. 그래서 왕성한 정신 활동을 할 수 있다.

후각이 발달해 냄새를 잘 맡는다. 조금이라도 이상한 냄새를 맡으면 과민 반응을 보이는 것은 비장이 약하기 때문이다. 상부 기관이 작고 허하기 때문에 목소리도 작고, 조용히 말한다. 추위를 많이 타고 골격은 크지 않으며 걸음걸이는 앞축을 중심으로 소리가 나지 않게 바닥을 쓸듯이 걷는다. 타인이 자신에게 신경 쓰는 것을 싫어하는 이유도 있지만, 중심이 앞으로 쏠려 있기 때문이기도 하다.

C형은 자기 말이나 그 내용이 남에게 공개되는 것을 꺼려서 낮은 톤으로 말한다. 필요한 사항 외에는 잘 말하지 않아서 무뚝뚝한 인상을 준다. 자신이 해야 할 일에 대한 객관적인 정보, 세부 지시 사항 같은 현실적인 것을 우선시한다. 말의 앞뒤에 미사여구를 쓰거나 과장하여 말하지 않는다.

질문 있습니다

C형의 언어에는 수치가 항상 등장한다. 몇 년, 몇 개, 몇 원, 몇 쪽과 같은 정확한 수치는 이들이 신중한 성격임을 의미한다. 대화할 때도 자료나 수에 정확성을 기한다. C형은 자신에게 맡겨진 일은 무엇인지, 왜 내가 그것을 해야 하는지, 자신과 무슨 연관성이 있는지 질문한다. 학문적인 부분에서도 이들의 연구는 꼬리에 꼬리를 물고 이어진다. 궁금한 것은 속이 풀릴 때까지 묻는다. 게슈탈트 심리학에서는

'전체는 부분의 합보다 크다.'라고 주장한다. 게슈탈트란 독일어로 '모양, 형태'란 뜻으로, 전체는 부분의 집합이 아니고 부분을 초월하여 전체로서의 특질을 가진다고 본다. C형은 '전체는 부분의 합일 뿐'이라고 말한다. 전체의 통합적 구조보다 하나씩 하나씩 묻기 때문에 대답하는 사람을 피곤하게 만든다. C형을 대하는 사람은 천천히, 차분하게 세부 사항을 육하원칙으로 설명하는 태도를 가져야 한다.

전하, 그리하시지 마옵소서

C형은 사람에 대해서 함부로 말하지 않는다. 하지만 잘못된 부분을 바르게 잡는 데에는 상대가 어른이라 할지라도 직언을 아끼지 않는다. 임금이 그릇된 판단을 할 때, C형은 "전하, 그리하시지 마옵소서."라고 한다. D형은 "임금을 죽이자." 하고, S형은 흐름대로 따라간다. 조선 왕조에 귀양 가서 유배 문학을 이룩한 사람은 대부분 C형이다. 정약용은 6백 권의 저서를 남겼고, 그의 형 정약전도 흑산도에서 《자산어보》를 남겼다. 추사 김정희는 제주도 유배 중에 추사체를 완성했다. 정신이 맑고 의지가 강하며 반듯한 사상 위에 자신의 삶을 실천해 나가는 C형은 지금도 사회를 바르게 세우는 마지막 도덕적 보루이다.

인생의 짐이 너무 많아

C형은 책임감이 강한 사람이다. 일할 때 시간이 오래 걸리지만, 끝까지 책임지고 완수한다. 책임감이 너무 지나친 나머지 미련할 정도로 남의 짐까지 걸머지고 고통을 겪기도 한다. 무거운 초과 수화물을 묵묵히 감당한다. 이것이 C형의 강점이

고 매력이지만, 그 짐 때문에 인생이 즐겁지 않고 평생 수고를 감당한다.

C형은 짐의 내용을 잘 살펴서 버려도 될 것을 분류하고 지혜롭게 사는 법을 배워야 한다. 내가 무거운 짐을 홀로 진다고 내게 짐을 맡긴 사람들이 잘 사는 것도 아니다. 부득이한 짐만 지고 초과 수화물을 버려라. 그리고 자신의 인생을 살아라.

혼자 있는 것이 좋아

C형은 폐쇄적이다. 자신이 드러나는 것을 싫어한다. 될 수 있으면 어두운 곳이나 잘 드러나지 않는 곳에 자리 배치를 해 주면 고마워한다. 자기 행동이 남에게 관심거리가 되는 것도 싫고 자기 물건조차 보여 주기 싫어한다. 안전한 자리라고 생각되는 곳에서 일해야 한다. 간섭하고 명령하는 사람에게서 떨어져 홀로 일하면, 능률이 올라가고 마음 편하게 일에 집중하게 된다.

모범시민

C형은 문자를 보낼 때도 띄어쓰기, 맞춤법을 지켜 완성된 문장을 만든 뒤 발송한다. I형처럼 온통 오타인 채로 보낼 수 없다. C형은 사회가 만들어 놓은 규범을 잘 지킨다. 사회 시스템은 그들을 보수적으로 만든다. C형은 독창적이기는 하나 튀는 것을 싫어하고, 창의적이기는 하나 사회규범을 깨뜨리기 싫어한다. C형은 모든 중요 사항을 항상 메모하고 일정표에 입력한다. 그리고 입력된 일정들을 빈틈없이 수행한다. C형은 약속을 철저히 지키고 동시에 약속을 지키는 사람만 신뢰한다. C형이 D형이나 I형을 경멸하는 이유는 규범을 지키지 않기 때문이다.

같은 유형, 다른 인생

같은 유형이라도 잘 성장하면 위인이 되고, 잘못 성장하면 역사의 죄인이 될 수 있다.

각 유형이 잘 성장하면?

D형	I형	S형	C형
· 정의를 실현하는 사람: 링컨, 노무현 · 새로운 세계를 창조하는 사람: 콜럼버스, 스티브 잡스 · 나라를 위해 헌신하는 사람: 이순신, 잔다르크, 김구 · 평등 사회를 이루는 사람: 마틴 루터 킹 · 부정을 개혁하는 사람: 세종대왕	· 행복을 주는 사람: 마더 테레사 · 위로와 힘을 주는 사람: 오프라 윈프리, 나이팅게일 · 즐거움을 주는 사람: 찰리 채플린, 미스터 빈, 짐 캐리 · 감동을 주는 사람: 안네 프랑크, BTS RM · 재치 있는 말을 쓰는 사람: 오스카 와일드, 처칠, 유재석	· 평화를 주는 사람: 김수환, 마하트마 간디 · 용서를 잘하는 사람: 넬슨 만델라, 호세아 · 편안하게 해 주는 사람: 달라이 라마 · 따뜻한 사람: 오드리 햅번 · 변함없는 사람: 최불암	· 진리를 깨우쳐 주는 사람: 공자, 노자, 소크라테스 · 연구하고 진리를 발견하는 사람: 아인슈타인, 뉴턴, 프로이트 · 진실한 사람: 톨스토이, 신사임당 · 책임감이 강한 사람: 조지 워싱턴 · 정리정돈을 잘하는 사람: 마리 퀴리, 레오나르도 다 빈치

각 유형이 잘못 성장하면?

D형	I형	S형	C형
· 거친 언어를 쓰는 사람: 도널드 트럼프 · 거만한 태도의 사람: 루이 14세 · 화를 잘 내는 사람: 알렉산드로스 대왕 · 사이코패스: 김정은, 이근안 · 살생, 살인, 폭력을 하는 사람: 히틀러, 스탈린	· 과장이 심한 사람: 일론 머스크 · 말이 많고 자주 바뀌는 사람: 무솔리니 · 신의가 없는 사람: 유다, 브루투스 · 사치가 심한 사람: 마리 앙투아네트, 이멜다 · 사람을 속이고 사기치는 사람: 프랭크 에버그네일, 알 카포네	· 게으른 사람: 루이 16세 · 수동적인 사람: 고종 · 비겁하게 숨는 사람: 선조, 푸이 · 불의와 타협하는 사람: 원균 · 책임지지 않는 사람: 리처드 닉슨	· 계산적인 사람: 마키아벨리, 헨리 키신저 · 불평불만이 많은 사람: 마르크스, 알베르 까뮈 · 사람을 좋아하지 않는 사람: 프리드리히 니체 · 자기 비하를 하는 자존감 낮은 사람: 괴테, 반 고흐 · 스스로 자기 목숨을 끊는 사람: 어니스트 헤밍웨이

4부

자녀에게 주는
최고의 선물은?

모든 사람은 각각의 고유한 성질을 가진, 지구에 하나밖에 없는 존재다. 비슷한 사람은 있어도 똑같은 사람은 없다. 훌륭한 자녀를 양육하는 방법은 아이가 갖고 태어난 원석의 성질을 이해하는 것부터다. 아이는 부모의 꿈을 대신 이루는 한풀이 대상이 아니다. 우리는 존재만으로도 충분히 아름다운 아이의 가치를 발견하지 못하고 지능이나 능력으로 아이를 평가한다. 내 아이가 가진 원석의 성질을 알기보다 부모가 원하는 비싼 보석이 되길 원한다. 여기에서 아이들의 인생이 뒤틀리기 시작한다.

고대 중국인들은 옥을 귀하게 여겼고, 고귀한 선물로 옥 장식품을 만들었다. 현대의 부모들은 자기 자녀가 무조건 다이아몬드가 되기를 원한다. 그러나 존재란 존재 자체로 중요한 것이며 성향에 따라 아이들을 차별하면 안 된다. 다이아몬드 같은 단단한 성질을 가진 아이, 루비처럼 화려한 성질을 가진 아이, 옥처럼 은은하며 부드러운 성질을 가진 아이, 자수정처럼 차갑고 날카로운 성질을 가진 아이 등 저마다 다르다. 옥의 성질을 가진 아이를 다이아몬드가 귀하다 하여 다이아몬드로 개조하려는 부모 때문에 아이들의 고난과 불행이 시작된다.

머리로 살아야 할 아이와 몸으로 살아야 할 아이는 서로 다르다. 몸을 움직이고 싶은 아이를 머리형으로 만들려 하니 부모도 화가 나고 아이도 반항하고 거부한다. 가령 부모는 아이가 법률가가 되기를 원하는데, 아이는 무얼 만드는 데 재능이 있다. 이 시점에서 부모는 아이가 갖고 태어난 기질을 알아야 한다. 아이 안에 이미 재능과 열정과 흥미와 가치가 DNA로 새겨져 있다.

기질과 인간의 행복은 상호 관계를 이룬다. 사람은 자신이 좋아하고 잘하는 일을 할 때 역량의 최대치를 발휘할 뿐 아니라 쉽고 즐겁게 할 수 있다. 말 잘하는 아이를 회계사가 되게 하면 능력 있는 MC 하나가 사라지면서, 힘들게 살아가는 회계사 하나가 생기는 셈이다. 기질과 잘 맞는 직업이나 일을 하는 사람들은 항상 즐겁고 행복하다. 이것이 원석대로 사는 길이다.

어떤 아이는 돈을 쉽게 벌고, 어떤 아이는 계산을 잘한다. 어떤 아이는 청소를 잘하고, 어떤 아이는 창의적으로 아이들을 끌고 다니며 놀기를 잘한다. 이런 다양한 기질의 아이들을 똑같은 사람으로 만들려는 사회 구조는 인간 존재에 대한 모독이다. 내 아이의 성질을 제대로 알지 못하는 부모는 3억 원짜리 조선백자를 한낱 요강으로 쓰는 사람과 같다. 내 아이가 무엇을 잘하고, 무엇을 좋아하고, 무엇에 관심이 있는지 DISC의 4기질로 아이의 원석을 이해하자.

4기질의 아이들은 각각 원석을 가지고 있다. D형은 다이아몬드, I형은 루비, S형은 옥, C형은 자수정이다.

08

D형 자녀에게는
리더의 사고를 넓히는 질문을

D형 아이의 특징

D	장점	직관력, 결단력, 모험심, 책임감, 리더십, 열정적, 단호한, 추진력, 실천력, 빠른 실행, 의지력, 생산적, 성공지향적, 결과 중심, 용감한, 도전 정신, 보스형, 영향력, 낙관적, 실제적, 자존감, 큰 그림, 집중력, 업무 파악, 국난 극복, 영웅적, 솔선수범, 문제 해결, 든든함, 조직을 세움, 지도자
	단점	분노, 완고한, 성격이 급한, 폭력적, 불법적, 제멋대로, 불안, 경솔한, 거친 언어, 배려 없음, 잔인한, 거만한, 교만한, 욕을 잘하는, 인내하지 못하는, 경청 불가, 충동적, 기회주의적, 약자에 강하고 강자에 약한, 교활한, 권력지향적, 공격적, 보복하는, 살생, 인간 비존중, 타인을 두렵게 하는, 파괴적, 잘난 체하는, 권위적인, 동정심 없는, 사이코패스, 사람을 무시하는, 말을 바꾸는, 불법을 저지르는, 변덕이 심한, 진실하지 않은, 내로남불, 위선적

다이아몬드 같은 D형 아이

D형 성향이 있는 아이는 보석으로 말한다면 가장 단단하고 값비싼 다이아몬드에 해당한다. 태어날 때부터 가장 강한 기질로 태어난다. 다이아몬드처럼 단단하지만 의외로 성질은 단순하다. 모난 각을 잘 깎아 내고 다듬으면 아주 고귀한 인물이 된다.

이 단단한 아이는 그냥 내버려두면 탄소 덩어리에 불과하다. 그 강한 힘으로 자신과 타인의 가슴을 시커멓게 멍들게 하다 사라질 수도 있다. 다른 비유를 든다면 핵과 같은 아이다. 잘 사용하면 핵연료로 엄청난 에너지를 얻을 수 있지만, 조금만 잘못 사용하면 인류를 멸망시키는 핵폭탄과 같은 존재이다.

D형 아이는 태어날 때부터 사자처럼 두려움이 없는 강한 에너지를 갖고 태어난다. 우리 사회에서 말하는 소위 기가 센 아이다. 부러지기는 해도 잘 휘지 않는다. 자아가 강하고 자기 뜻대로 되어야만 속이 풀린다. 어려서부터 타인을 누르려는 공격적인 성향이 강하다. 부모 중 한 명이 D형 성향이 있으면 부모와 아이 사이에 충돌이 예상된다. 특히 부모의 요구와 아이의 요구가 충돌하면 서로 간에 양보가 없다. D형끼리는 말이 잘 통해 서로를 좋아하면서도 가장 많이 다투고 싫어한다. D형 부모는 화를 잘 내는 자신의 보기 싫은 모습이 똑같이 투영된 자식을 볼 때마다 화가 치밀어 오른다.

하브루타를 배우고자 하는 부모라면 D형 아이의 강한 성격에 주목해야 한다. 이것이 D형 아이의 비밀번호이며 가치이기 때문이다. 강하다는 것은 자기 신념과 능력을 소유한 사람들의 정서적 반응이다. 부모는 왜 아이가 화를 내는지 행동 내면의 숨은 동기를 읽어야 한다. D형 아이는 자기 나름대로 답이 있어서 화를 낸다. 그러니 부모는 아이에게서 답을 들어야 한다. "야, 너 내 말 안 들어?" 이렇게 말하는 것은 금물이다. "그래, 좋아. 네 생각을 말해 봐! 어떻게 하면 좋을 거 같니?" 이렇게 의견을 물음으로 아이가 생각한 답을 들어 보자.

D형 아이와는 어떤 주제로 대화를 나누어야 할까? 생각해 보기를 바란다. 앞으로 집중적으로 다룰, DISC로 대화하는 하브루타가 바로 이것이다. D형 아이가 가지고 태어난 가장 큰 강점은 일 처리와 문제 해결 능력이다. 역사적인 사건을 주제로 "네가 만일 침몰하는 타이타닉호 선장이었더라면?" 묻고 토론해 보자. 훗날 재난을 예방하며 국가 대사를 경영하는 리더로 의식이 전환될 수 있다. 이것이 D형이라는 다이아몬드의 가치이다.

가장 성공하기 쉬운 D형 아이를 두고 빈곤을 걱정하는 부모는 어리석다. D형은 남들에겐 어려워 보이는 일을 절대로 어렵게 보지 않는다. 어려워 보여도 그냥 한번 해 보지 뭐 하면서 도전한다. 안 되면 다른 방법으로 다시 시작한다. 이들에게 포기는 귀찮거나 가치가 없을 때만 해당한다. 사안이 중대하다고 여기면 반드시 해내고야 만다.

그러므로 D형 아이의 생각도 묻지 않고 명령하는 지시적 접근 방식은 금물이다. 지시하더라도 아이에게 전권을 주는 것이 좋다. 책임과 권한을 동시에 알려 주면서 필요한 것들을 지원해 주는 방식으로 스스로 문제를 풀어 나가도록 한다. "네 마음대로 해 보려무나. 단, 사람들에게 화를 내거나 남의 마음을 다치게 하지 말고! 알았지?"라고 협조를 요청하는 방식으로 대화를 나누어야 한다.

D형 아이한테는 호흡이 중요하다. 머릿속에서는 이미 생각이 가득 차 있는데, 상대가 자기 말을 잘 알아듣지 못하면 화내기 쉽다. 그래서 숨을 길게 쉬는 법을 가르쳐야 한다. 목소리 톤을 낮추고 자기의 뜻을 말한 후에 타인의 이야기를 경청하도록 한다. D형은 직관이 빨라서 말을 빨리 알아듣기 때문에 경청을 끝까지 하지 못한다. 타인의 말만 듣는 것이 아니라 타인의 두려워하는 감정과 불편한 마음, 차마 거절하지 못하는 아주 미세한 움직임들을 공부시키는 것이 좋다.

판단하지 말고 타인이 말한 사실을 그대로 듣는 사실 경청 습관을 길러야 한다.

함부로 평가하지 말고 내면에 숨어 있는 긍정적인 욕구를 듣게 해야 한다. D형 부모도 아이를 야단칠 때는 '내가 아이에게 무엇을 원하기 때문에 이렇게 화가 나 있지?'라는 내면의 소리를 듣자. 아이를 향한 나의 욕구부터 듣고 나서 아이와 소통해야 D형 아이를 잘 길러 낼 수 있다.

D형 아이의 자기 결정 능력을 허용하라

뇌 화학물질의 작용을 본다면, 인간은 도파민을 생성하기 위하여 존재한다는 말이 일리가 있다. 자기 성취에 감동하는 것도, 즐거운 일을 택하는 것도 모두 도파민을 만들기 위한 작용들이다. 도파민의 활동이 적어지면 아이의 자존감도 낮아진다.

도파민의 출발점은 간뇌. 중뇌를 거쳐 전전두엽까지 이르는 것이 도파민의 최종 목적지이다. 앞이마가 튀어나온 사람 중에 명랑한 사람이 많은 것도 도파민의 물리적 활동의 결과물이다. 대개 앞이마가 울퉁불퉁하거나 함몰된 사람들은 그다지 인생을 즐기거나 행복을 느끼지 못한다. 앞이마가 빛나도록 볼록하게 나온 사람들은 대부분 긍정지수가 높았다.

가령 명상을 많이 하여 백회를 여닫는 능력이 있는 사람들은 머리 정수리 부분이 발달하여 머리가 하늘로 솟은 사람들이 많다. 또 온갖 세상 물질에 대한 욕심이 많은 사람은 그것을 바라보느라고 눈이 돌출되어 있다. 탐욕을 그치지 않으면 갑상샘 계통의 질환을 앓게 된다. 겁이 많은 사람들은 신장 질환이 온다. 화를 많이 내는 사람은 간 질환을 앓고, 너무 생각이 많은 사람은 위장 질환이 많다. 이렇듯 각 개인의 행동과 사고는 몸과 한 덩어리가 되어서 감정적인 반응을 만든다.

부모가 자아가 강한 D형 아이의 사고와 행동을 지배하고 의식적 규율로 훈련하려 하면 아이는 도파민이 부족해진다. 자기가 결정하지 못하니 자신은 무능한 존재라는 의식으로 자존감이 낮아진다. 도파민은 중뇌에서 이마 왼쪽 앞부분까지 흘러나와야 자기 성취감이 채워지면서 행복을 느끼고 자존감이 올라간다. 도파민은 인간 행복의 핵심적인 느낌 중추이다. D형 부모의 잦은 잔소리와 통제는 아이의 도파민 생성을 중뇌에서 머물게 한다. 도파민이 중뇌에 오래 머물게 되면 정신 병리적인 다양한 증상이 나타난다. 거친 언어를 사용하고 화를 자주 내고 싸우거나 폭발적인 증세들을 보인다. 마음이 풀릴 만한 것에 중독 증세를 보이기도 한다. 아주 자극적이고 강렬한 맛에 이끌려 불닭, 불닭발, 불족발, 불라면, 불짬뽕 같은 매운 음식의 전성시대를 만들어 놓은 것이다. 우리는 캡사이신 결핍증으로 매운 음식을 찾는 아이의 아픔을 알아야 한다.

자기 결정을 스스로 하지 못하게끔 길러 낸 아이가 지금의 청년이 되었다. 부모의 학업 성적과 사회적 성공에 대한 강렬한 요구가 아이를 각종 학원에 다니다가 지쳐 버리는 청소년기를 보내게 한다. 심지어 아이가 입만 벙긋하면 무슨 말을 하고 싶은지 귀신같이 알아차리는 부모로 인해 아이는 말도 하지 못하는 아이로 자라게 된다.

D형 아이는 4유형 중에서 자기 결정 능력이 제일 강하다. 이 아이에게 있어서 창의성은 인류를 변화시키는 가장 큰 자산이다. 남들이 불가능하다고 생각하는 모든 것을 가능하게 만든다. D형 아이가 위대한 인물로 자라려면 스스로 꿈을 꾸고, 설계하고, 실행하고, 피드백하는 독립적인 구조를 만들어야 한다.

D형 아이의 미래

D형 아이는 타고난 직관력과 전체를 통합하는 능력으로 미래 사회의 대표적인 리더로 성장할 수 있다. 미래 사회는 다양하고 복잡하면서 모든 것이 하나로 연결된

다. 이러한 필수적인 연결 시스템에는 전체를 총괄할 눈을 가진 관리자가 필요하다. 마치 오케스트라의 지휘자처럼 1백 명의 단원이 악기를 연주해도 구석구석 틀린 소리를 찾아내어 조율할 수 있다. 이런 종합적 사고와 실행 능력을 갖춘 사람만이 다가올 미래에 엄청난 세계를 통제할 수 있다.

　D형 아이는 한꺼번에 여러 가지 일을 할 수 있는 멀티 능력이 뛰어나다. 다양성의 가치를 조합하고, 시너지 효과를 내면서 미래 사회를 끌고 갈 능력이 있다. 너무 강한 정복욕이나 물욕만 조절되면 이보다 탁월한 능력자는 없다.

　D형 아이가 미래 사회의 리더가 되기 위해서는 어릴 때부터 준비할 필수사항이 있다. 그것은 배려하는 마음과 사람을 적재적소로 활용하는 능력이다. 기계화된 사회의 시스템에 따르는 사고력의 습득도 중요하지만, 협력형 마인드로 통제 시스템을 조종해야 한다. 독불장군처럼 혼자 결정을 내리지 말고, 합리적이고 협력적인 의사결정을 내리는 훈련을 해야 한다.

　D형 아이는 어렵고 복잡한 일들을 종합적이면서도 아주 쉽게 처리하며 단순화하는 능력을 갖추고 있다. 무능한 사람을 보면 기계보다 못하다는 인식을 한다. 하지만 D형 아이는 사람을 귀하게 여기는 배려를 잊지 말아야 한다. 사람이 가장 소중한 존재라는 사실을 알도록 인성 교육을 병행해야 이순신 같은 훌륭한 리더로 성장할 수 있다.

인공지능 시대 D형 아이의 유망직업군

지능 분야: 열정과 사회문제 해결

정치인, UAM 감독, CEO, 군인, 드론 레이서, 드론 조종 인증 전문가, 교통 응급상황 처리 대원, 증강 현실 건축가, 도시 건축가, 데이터 인질 전문가, 기자, 성악가,

오페라 연출가, 운동 감독과 코치, 생활 체육 지도자, 큐레이터, 운동선수, 교도관, 보호관찰관, 경찰관, 소방관, 드라마 PD, 영화감독, 전투기 비행사, 운동처방사, 학교 사회사업가, 캐릭터 MD, 로봇 훈련사, 정부기관 관리자, 고난도 건축물 감독, 대형 프로젝트 감독(올림픽, 월드컵), 스턴트맨, 암벽등반가, 독극물 처리가, 환경 지킴이, 보안관리 요원, 여객선 선장, 에어버스 기장, 비행기 기장, 폭발물 처리 전문가, 스턴트맨, 격투기 선수

D형 아이를 위한 하브루타 질문 연습

D형 아이가 좋아하는 질문
- 버려도 괜찮다고 생각되는 것은 무엇이니?
- 너는 어떤 일을 할 때 기분이 좋니?
- 네가 이룬 것들은 무엇이 있을까?
- 네가 해야 할 것은 뭘까?
- 죽었을 때 사람들이 너를 어떻게 말해 주면 좋겠어?
- 네 생각의 폭을 넓히려면 무엇을 해야 할 것 같아?
- 네가 도전하고 싶은 기록, 목표가 있다면 어떤 것이니?
- 네 주변에 어떤 친구들이 있으면 좋겠어?
- 너는 어떨 때 화가 나니?
- 네가 부모에게 원하는 것은 무엇이니?
- 너의 상황이 어떻게 변하기를 원해?
- 네가 본받고 싶은 사람은 누구니?
- 숨겨 놓은 너만의 능력이 있다면 그것은 무엇일까?

- 집중하고 싶다면 무엇을 없애야 할 것 같니?
- 네 꿈을 달성하기 위해 네게 필요한 것은 무엇이라고 생각해?

D형 아이가 싫어하는 질문
- 네가 의지하고 싶은 사람은 누구야?
- 네가 상으로 받고 싶은 음식은 무엇이니?
- 사이좋게 지내기 위해 어떤 행동을 해야 할까?
- 어떤 말이 잘 이해가 안 되니?
- 보이기 싫은 약한 부분은 무엇이니?
- 너는 누구에게 어떤 상담을 하고 싶어?
- 너는 어떨 때 상대방의 행동을 흉내 내고 싶어?
- 네가 겸손했을 때 들은 말은 무엇이니?
- 네가 경험한 우연은 무엇이니?
- 아무도 하지 않기 때문에 너도 안 했던 일은 무엇이니?
- 너는 어떤 말을 듣고 고민해 본 적이 있니?
- 너는 균형 잡힌 식사를 위해 무엇을 조절하니?
- 실패가 무서워 도전하지 않는 것이 있니?
- 네가 포기하는 이유는 무엇이니?
- 네가 지금 무서워하는 것은 무엇이니?
- 네가 지금 고통스럽게 참고 있는 것은 무엇이니?

D형 아이에게 생각의 폭을 넓혀 주는 질문
- 너는 어떤 일을 할 때 자신이 지혜롭다는 생각이 드니?
- 네게 지금 없어지면 곤란한 것은 무엇이니?

- 네게 충격적인 사건은 무엇이니?
- 네가 애정을 쏟는 일은 무엇이니?
- 네가 해결하고 싶은 일은 무엇이니?
- 네가 그만하고 싶은 것은 무엇이니?
- 네가 새롭게 도전할 일이 있다면, 어떤 분야의 일이니?
- 네 주변에 어떤 사람을 남겨 두고 싶니?
- 네 행동에서 당연하다고 생각하는 것은 무엇이니?
- 너는 10년 후 어떤 생활을 하고 있을 것 같아?
- 불이 나면 무엇을 가지고 도망칠 거니?
- 최근에 노력하고 있는 일은 무엇이니?
- 네가 어른이 되었을 때 어떤 일을 하고 싶니?
- 네가 할 수 있다고 약속할 수 있는 3가지는 무엇이니?
- 너에게는 어떤 꿈이 있니?
- 너는 꿈을 이루기 위해 어떤 노력을 하니?
- 네가 중요하게 여기는 생각은 무엇이니?
- 네가 특정한 사람에게 보이고 싶은 행동이 있니?
- 너의 무기는 무엇이니?
- 네가 하고 싶은 일을 좀 더 즐기려면 무엇이 필요하니?
- 너는 스트레스를 받을 때 어떻게 해결하니?
- 네가 자신에게 할 수 있다고 암시를 걸고 싶은 말은 무엇이니?
- 상대방의 주목을 받으려면 어떤 것을 하면 좋을까?
- 어떤 이야기를 들었을 때 질문하고 싶어지니?
- 네 주위 것 중에 무엇을 SNS에 올리고 싶니?
- 네 주위 사람들에게 어떤 사람으로 불리고 싶니?

- 네가 친구에게 가르칠 수 있는 일은 무엇이니?
- 네가 하려고 생각한 것 중 아직 하지 않은 것은 무엇이니?
- 네가 몇 번이라도 시도하고 싶은 일은 무엇이니?
- 너는 어떤 것을 목표로 할 때 신이 나니?
- 너는 무엇 때문에 바쁘니?
- 너는 어떤 벽을 부수고 싶니?
- 네가 최초로 완벽하게 해내고 싶은 일은 무엇이니?
- 1년 전으로 돌아간다면 무엇을 하고 싶어?
- 네가 하고 싶은 일을 한마디로 말하면 무엇일까?

D형 아이의 감정을 표출시키는 질문

- 어떤 스트레스를 받고 있니?
- 네가 억울했던 일은 무엇이니?
- 무엇이 너를 화나게 했니?
- 너는 언제 화가 나니?
- 너는 사람들이 싫다고 생각되는 때가 언제니?
- 너는 무슨 말을 들었을 때 흥분하게 되니?
- 네가 자랑하고 싶은 것은 무엇이니?
- 네가 기분이 나쁠 때는 언제니?
- 네가 기분 나쁠 때 내뱉는 말은 무엇이니?
- 네 스스로 자신을 인정해 주고 싶은 부분은 무엇이니?
- 네가 잘난 체하고 싶을 때는 언제니?
- 최근 노력했는데도 뜻대로 안 된 일은 무엇이니?
- 이제까지 크게 실패한 일은 무엇이니?

- 네 자신의 어떤 부분을 강하게 만들고 싶니?
- 너의 꿈을 방해하는 것은 무엇이고, 그것을 어떻게 해결하니?
- 네가 '하지 않겠다'라고 결정한 것은 무엇이니?
- 네가 더는 하고 싶지 않은 것은 무엇이니?
- 네가 분노를 느낀 뒤에는 어떤 일이 생길 것 같니?

D형 아이가 거꾸로 생각하게 만드는 질문

- 네가 어른이 되었을 때 어떤 일을 하고 싶니?
- 엄마가 너에게 화를 내는 원인이 무엇인지 생각해 볼래?
- 아빠가 화를 내는 것은 너에게 어떤 기대를 하기 때문일까?
- 네가 귀찮아하는 것을 줄이려면 어떤 능력이 필요할까?
- 네 몸을 위해 지금 그만두어야 하는 것은 무엇일까?
- 친구들은 네가 어떻게 하기를 원할까?
- 네게 지금 없어지면 곤란한 것은 무엇이니?
- 하지 않으면 안 되는 일이 있을 때 너는 그 일의 무엇부터 시작할 거니?
- 당연한 일이라고 생각했는데 되지 않은 일은 무엇이니?
- 네가 집중하고 싶다면 무엇을 하지 않는 것이 필요할까?
- 네가 하려고 생각한 것 중 아직 하지 않은 것은 무엇인지 생각해 볼까?
- 지금의 상황에서 벗어나고 싶다면 네게 무엇이 필요할까?
- 네가 무엇인가를 결단하기 위해 희생해야 하는 것은 무엇일까?
- 오늘은 하고 싶지 않지만 장래에 도움이 될 것 같은 일은 무엇이니?
- 네가 선생님이라면 너에게 어떤 말을 해 주고 싶니?
- 네가 학교에 다니지 않아도 된다면 무엇을 해 보고 싶니?
- 극복하지 않아도 되는 너의 약점은 무엇일까?

D형 아이의 꿈을 키우는 질문

- 너만의 지혜는 무엇이니?
- 너의 능력은 무엇이니?
- 네가 세계적인 인물이 되기 위해 지금 할 수 있는 일은 무엇이니?
- 네가 도전하고 싶은 기록이나 목표는 무엇이니?
- 너의 꿈을 이루기 위해 어떤 노력을 해야 할까?
- 너의 강점을 살리려면 어떻게 해야 하니?
- 너는 어떨 때 자신이 자랑스럽니?
- 깊이 잠든 새벽에 너는 무슨 말을 들으면 벌떡 일어날 수 있니?
- 네가 '뛰어넘고 싶은 사람'은 어떤 사람이니?
- 꿈을 이루기 위해 집중하고 싶다면 무엇을 하지 말아야 할까?
- 네 능력에 두 배가 되는 목표를 이루어야 한다면 어떤 생각이 드니?
- 네가 실현하고 싶은 마음속의 비밀은 무엇이니?
- 네가 과거에 성공했던 일에는 어떤 것이 있니?
- 너의 가치를 정한다면 너는 얼마라고 생각하니?
- 너는 올해 어떤 부분을 성장시키고 싶니?
- 네가 20년 후에 꿈을 이루었다면 어떤 모습일까?
- 너는 주위 사람들에게 어떤 사람으로 불리고 싶니?
- 네가 자기소개를 할 때 제일 전하고 싶은 것은 무엇이니?
- 지금 잘하고 있는 것은 무엇이니?
- 너를 필요로 하는 사람은 어떤 사람들이니?
- 네가 하는 일은 무엇이니?
- 너의 꿈 노트에 무엇을 기록하고 싶니?
- 너 자신을 비싸게 팔려면 어떻게 팔아야 할까?

- 너는 어떤 일을 최초로 완벽하게 끝내고 싶니?
- 네가 어떻게 되었을 때 성공했다고 말할 수 있을까?
- 네가 진짜 원하는 세상은 어떤 곳이니?
- 네 꿈을 3단계로 정리한다면 맨 처음 무엇을 해야 할까?
- 네가 대통령이라면 선언하고 싶은 것은 무엇이니?
- 하고 싶은 것에 좀 더 시간을 투자하려면 어떻게 해야 할까?
- 너는 어떤 일을 해내고 싶니?
- 네 목표 달성을 위해 필요한 사람은 누구니?
- 너는 꿈을 이루기 위해서 어떤 생각을 하니?
- 지금 너에게는 어떤 지혜가 필요하니?
- 네가 하고 싶은 일을 한마디로 말한다면 무엇이니?
- 너는 어떤 브랜드를 만들고 싶니?
- 너의 브랜드를 소개하기 위해 명함을 만든다면 어떤 명함을 만들고 싶니?
- 너는 무엇으로 최고가 되고 싶니?
- 너는 어떤 이미지를 갖고 싶니?
- 네가 다른 사람과 자꾸 비교하게 되는 일은 무엇이니?
- 이제부터 무언가를 해야 한다면 어떤 질문을 스스로 할 거니?
- 빨리 하고 싶은 일이 있다면 무엇이니?
- 너는 무엇에 도전하고 싶니?
- 네 계획대로 되지 않은 것은 무엇이니?
- 주위 사람들이 반대하는 일은 무엇이니?
- 네가 꿈을 잊지 않게 하는 말은 무엇이니?
- 너는 어떤 방향으로 가고 싶니?
- 너 자신을 위해 할 수 있는 것은 무엇이니?

- 너에게는 지금 어떤 물결이 오고 있니?
- 너의 어떤 부분을 강하게 하고 싶니?
- 이 도전을 극복하기 위해 어떤 계획을 세울 수 있을까?
- 네가 해야 한다고 생각하는 것은 무엇이니?
- 네가 마음의 준비를 단단하게 하고 결정한 것은 무엇이니?
- 미래 사회를 위해 너의 모습에서 변화시키고 싶은 부분은 무엇이니?
- 네가 원하는 것을 하면 너는 어떻게 되니?
- 네 스스로 인정해 주고 싶은 너의 장점은 무엇이니?
- 다시 시작하고 싶은 일은 무엇이니?
- 네가 가진 것 중 더 많았으면 하고 바라는 것은 무엇이니?
- 100% 성공이 보장된다면 무엇을 하고 싶니?
- 어떤 일이든 할 수 있다면 가장 원하는 직업은 무엇이니?
- 너의 삶은 무엇을 위한 삶이니?
- 인생의 목적은 무엇이니?
- 너의 삶을 좀 더 신바람 나게 하려면 어떤 방법이 있을까?
- 네가 가진 큰 장점 3가지는 어떤 것일까?
- 너는 어떤 일에 열정이 있니?

09
I형 자녀에게는
상상을 뛰어넘는 질문을

I형 아이의 특징

장점	감동하는, 열정적, 친근한, 예쁘게 옷을 입는, 낙천적, 감화력, 설득력, 협상력, 자발적, 색채 감각, 사교적, 표현하는, 매력적, 대중적, 반응해 주는, 미소 짓는, 융통성, 따뜻한, 배려하는, 생기발랄, 분위기 메이커, 예술적, 관대한, 잘 챙겨 주는, 친화력, 상대를 높여 주는, 재밌는, 공상하는, 촉진자, 행복 감성, 감사하는, 긍정적, 미래지향적, 밥을 잘 사 주는, 무대 체질, 아이디어
단점	즉흥적, 의지박약, 실행 부족, 사치, 방종, 유혹에 잘 빠지는, 쾌락적, 낭비하는, 뒷정리 안 되는, 주의산만, 유치한, 변덕스러운, 비현실적, 시간 조절 취약, 과장이 심한, 끼어들기, 말이 많은, 잘난 체하는, 안목의 정욕, 충동구매, 끈기 부족, 마무리가 안 되는, 타협적, 공부하지 않는, 교활한, 절제 부족, 비굴한, 죄의식 부족, 계획성 부족, 준비성 부족, 긴 통화, 호기심

루비 같은 I형 아이

I형 아이에게는 행복한 광채가 있다. 몸 전체에 빛이 넘쳐흐른다. I형은 어른이나 아이나 모두가 우주 생명의 빛이 넘치는 사람이다. I형은 남에게 즐거움을 주려고 태어난 사람이다. I형 아이는 어두운 마음으로 살아가는 사람들에게 빛으로 다가간다.

I형은 타인의 마음을 위로하고 격려한다. 고통을 겪는 사람들에게 희망과 용기를 준다. 아마도 4차 산업 시대에 가장 인간다운 직업을 마지막까지 가진 사람은 I형일 것이다. 기계적이지 않고 차갑지 않다. 분노하지도 않고 게으르지도 않다. 사람을 향한 끝없는 사랑의 에너지는 생명의 빛을 되살린다.

뇌 과학에서 도파민은 중뇌의 강력한 스트레스 장을 뚫고 전전두엽까지 도달하는데, I형은 이 도파민이 태어날 때부터 강력하다. 오직 I형에게만 주어진 하늘의 선물이다. 그래서 I형들은 잘 웃고 밝다. 주변에 행복하고 즐거운 에너지를 준다. 인생을 사랑하고 사람들을 좋아한다. 사람들과 어울려서 노는 것을 좋아하고 말할 땐 낄낄대며 웃는다. 카타르시스를 주는 이야기꾼이다.

이러한 I형 아이는 어떤 삶을 살게 될까? 아이에게 정답을 알려 주고 모범답안대로 인생을 살라는 것은 빛을 소멸시키는 일이다. 하늘이 내려 준 도파민의 창의적인 상상력을 누르기 때문이다. 우리 뇌는 정답을 못 찾을 때 가장 활발하게 움직인다. 자기가 가진 모든 무의식의 자원을 동원해서라도 그 답을 찾으려 하기 때문이다. 아무도 정답을 찾지 못할 때, I형 두뇌는 지혜로 가득하다.

3년 고개 이야기가 있다. 그 고개에서 넘어지면 3년밖에 못 산다. 어느 날 철수 아버지가 그 고개에서 넘어졌다. 낙담한 아버지에게 아들은 웃으며 말한다. "아버지, 3번 넘어지면 9년이에요. 다시 가셔서 아버지가 살고 싶은 만큼 굴러요." 이런 발상의 전환이 I형의 전매특허다.

타고난 지혜로운 발상이 I형 아이를 미래형 인재로 만든다. 3차 산업 정보화 사회 때 텅 빈 우주 공간에 통신망을 세운 텔레콤 회사들이 엄청난 부를 축적했는데, 그 중심엔 I형 인재들이 있었다. 페이스북, 구글, 네이버, 카카오톡을 만드는 머리 구조를 가진 사람도 I형이다. 이들을 엄격한 죄의식으로 묶인 도덕주의자로 길러 냈다면 남의 통신망을 탈 엄두를 못 냈을 것이다. I형은 죄의식도 낮은 편이고 사회통념을 벗어나는 일에도 아무런 거리낌이 없다.

그러나 I형의 창의성을 가로막는 요소가 하나 있다. 지나치게 친절하고 사랑 많은 I형 부모가 방해 요인이다. 유아기에 가장 중요한 의지는 생존 욕구로부터 발생한다. 아이는 가만히 있어도 I형 부모라는 생명의 원천으로부터 안식을 공급받는다. 그러나 자라서 안식처를 벗어날 시점이 되었음에도 I형은 본래의 에너지를 사용할 줄 모른다. 부모의 지나친 친절함이 아이를 비창의적 인간으로 만들었기 때문이다. 결핍을 느끼지 못하는 I형은 자신의 최대 강점인 새로움을 만들지 않는다. 그냥 거리의 악사로 생을 마칠 수도 있다.

도파민은 몰입할 때 발생한다. I형은 스스로 창의적인 놀이를 만들어 놀 때 놀라운 몰입을 한다. 그러나 재미를 느끼지 못하는 분야에 들어가면 포기한다든지 아예 다른 일로 회피한다. I형은 자기가 몰입할 수 있는 자기의 강점 분야에서 성공해야 한다.

I형 아이는 일의 추진력에서는 D형에게 떨어지고, 세부적인 설계 능력에서는 C형에게 뒤처지고, 만들어 내는 실행력과 성실함은 S형에게 못 미친다. 그래서 더욱더 I형만의 강점에서 성공해야 한다.

그 핵심이 바로 상상력이다. 상상력에서는 I형을 따라올 수 없다. 하브루타 교육이 이러한 상상력 개발에 아주 적격이다. I형 아이에겐 새로운 세계를 마음껏 디자인하게 하고, 디자인한 것을 설명하게 하고, 가능한 것부터 만들어 나가도록 도와야 한다.

I형 아이의 창의적인 연결 능력에 주목하라

I형의 최대 강점은 연결 능력이다. 플랫폼 비즈니스의 모델인 아마존은 GE에서 만든 알렉사에 각종 서비스 소프트웨어를 연결하여 미래 산업의 주역이 되었다. 연결이라는 유연한 발상 능력 덕분이다. 세계적인 패션 기업인 자라^{ZARA}는 놀라운 메타포로 고객의 마음을 사로잡았다. "우리 옷은 생선입니다. 상하기 전에 항상 새로운 것으로 여러분을 아름답게 해 드릴 겁니다." 언제 사라질지 모르는 아름다운 옷을 사기 위해 고객이 몰린다. 생선과 패션을 연결한 I형의 아이디어다.

I형 아이는 아름다움에 대한 욕망, 즐겁게 살고 싶은 욕망이 가장 강하다. 어린 시절에 다양하고 즐겁게 놀 수 있도록 하면 4차 산업 시대, 여가문화 산업을 이끌 수 있다. 미래 사회에서 고강도로 반복되는 일들은 로봇이나 기계들이 대신한다. 이제 노동하는 인간은 놀이하는 인간으로 변해 갈 것이다. 놀이문화의 다양성을 개발하는 것이 새로운 일자리를 창출하는 길이다. 4차 산업 시대의 인류는 어떤 일거리로 먹고살아야 할까? 연결을 잘하는 I형 아이가 지금부터 준비해야 할 분야다.

아마존에서는 고객들의 구매 물건을 예측해서 보내 주기 시작했다. 그 사람의 요구보다 욕망을 미리 알고 시행한다. 아마존은 "결정하기 전에 결정하라."라고 말한다. 인공지능은 그동안 쌓인 빅데이터를 통해 이런 날씨에 내가 어떤 옷을 사고 싶은지, 어디를 가고 싶은지 미리 알려 준다. 이런 욕구보다 앞선 욕망 분석은 전부 개인 맞춤이다. 이렇게 서로가 연결되는 것을 즐거워하는 사람이 I형이다.

유럽의 대학이 300년 동안 2만 명의 영재들을 선택하여 연구한 적이 있다. 영재들은 남들이 하지 않는 공상적인 발상을 하는데, 이들은 돌봄을 덜 받기 원했다. 부모의 지나친 친절과 보살핌이 도리어 아이의 창의성을 방해한다는 연구 결과다. 결국 창의력의 차이는 아이만의 시간을 주는 부모와 과도한 보호를 하는 부모의 차이라고 보면 된다.

초등학교 입학 전까지 아이만의 아지트를 마련해 줘라. 거기서 무슨 짓을 해도 내버려두어라. 깨끗할수록 창의성이 떨어진다. 손님이 와도 아이에게 허락을 받고 아이의 아지트를 공개하라. 방이나 거실에 칸을 막고 구멍을 여러 개 내어 아이의 출입구를 다양하게 만들어라.

4차 산업 시대는 사물, 곧 물체 혁명이다. 인공지능은 인간만큼 무의식이 없다. 영적인 세계나 정서를 바탕으로 하는 심미적인 세계는 아직 도달하지 못하고 있다. I형 아이가 소중한 이유가 여기에 있다. 연구한 바에 의하면 C형과 D형도 영적인 사람들이다. C형은 정신적 구조의 섬세함으로 인해 죄의식과 도덕률 사이에서 영적 세계로 들어가기가 쉽다. D형 중에는 강력한 직관력과 영적 존재에 대한 본능적인 감각을 가지고 있어 위대한 종교계 인물이 많다. 하지만 선천적으로 영적인 근원에 제일 가까운 건 I형이다.

긴 문장 대신 방긋 웃는 이모티콘으로 자기의 마음을 표시하는 디지털 시대는 이미 시작되었다. 디지털로 소통하는 새로운 문자 시대에 이미지 메이킹은 3D 프린팅 산업의 꽃이다. 정교한 첨단기술을 조작하는 일은 C형 몫이지만 사람과 인공지능이 함께 살아가야 할 새로운 동거 문화의 창조는 I형 몫이다.

톰 행크스가 주연한 〈캐스트 어웨이〉라는 영화가 있다. 페덱스^{FedEx} 직원이 비행기 사고로 무인도에 추락하여 구조되기까지의 삶을 그린 영화인데 엄청난 상상력을 자극한다. 주인공은 피 묻은 배구공을 '윌슨'이라고 부르며 마음을 나눈다. 배구공에 마음을 털어 놓는 주인공처럼 우리는 어쩌면 사람보다 더 잘 위로해 줄 그 무엇을 찾을지도 모른다. 미래 사회는 명랑하고 밝은 I형으로 인해 수많은 일거리가 창출되고, 국가 사회협력 시스템을 만들 수 있다.

부모와 자녀 유형 간의 충돌이 가장 많은 조합은 C형 부모와 I형 자녀이다. C형이 힘들게 자녀 양육을 하는 이유는 단 한 가지다. 자녀에 대한 기대치가 높아서다. C형 부모는 자신만의 높은 원칙과 도덕성, 치명적 완벽주의로 인하여 천방지

축으로 뛰어놀고 말도 안 되는 말을 하는 I형 아이를 못마땅해한다. 이제부터는 그 마음의 패러다임을 바꿔야 한다. 인간이란 이래야 한다는 규율을 강요하지 마라. 이제 인간이 무엇인지 정의를 내릴 수 있는 시대는 끝났다. 가상과 현실이 구분되지 않는 세상에 살면서 인간이 어떤 존재가 된다는 것은 무의미하다. 가지고 태어난 능력과 성향대로 자신이 잘하는 것으로 살아야 하는 시대다. 어떻게 보면 이제야 진정한 자기실현의 시대가 된 것이 아닌가 싶다.

I형은 흥이 많다. 옛날 공자는 흥어시興於詩라고 했다. 원문은 시를 노래로 부르면 흥이 난다는 말이지만 속뜻은 노래를 부를 때 흥이 나고, 그러한 흥이 인간의 예를 세운다는 의미다. I형은 노래를 잘 부른다. 노래를 불러서 흥을 드러내고 슬픔도 노래로 승화한다. I형 아이는 무거운 직업 교육으로 갑옷을 입히면 안 된다. 마음껏 끼를 발휘하게 할 때 성공과 행복이 동시에 찾아온다.

대표적인 I형 스타인 유재석은 엄청난 지식의 소유자라 유명한 MC가 된 것이 아니다. 타고난 재치와 순발력 있는 입담으로 스타 반열에 오른 것이다. 자녀 교육이란 자유를 주는 것이 아니다. 자율을 주는 것이다. 자유란 무엇으로부터 잠시 놓이는 것을 말한다. 그러나 영원한 자유는 없다. 인간은 항상 무엇인가에 구속당하기 때문이다. 그래서 자유로운 I형 아이가 인류의 미래라고 생각한다. 이 아이들의 빛나는 영감의 광채야말로 미래의 인간다움을 새롭게 열어가는 지혜의 원천이 될 것이다. I형 아이의 제멋대로 떠오르는 생각들을 막지 마라.

인공지능 시대 I형 유망직업군

지능 분야: 감성과 이질성 소통

코치, 상담사, 외교관, 유투버, 영상 디자이너, UAM 디자이너, 컴퓨터 중매인, 무인시승 체험 디자이너, 3D 프린팅 패션 디자이너, 신체장기 에이전트, 3D 비주얼 상상가, 컴퓨터 개성 디자이너, 데이터 모델러, 농수산물 중개인, 보험설계사, 호스피스, 전문 간호사, 아바타 디자이너, 웹소설 작가, 국제회의 기획 진행자, 연예인, 인간 생활 디자인, 마루 운동선수, 정보 서비스 분야 컨설턴트, 무역 전문가, 협상가, 음악치료사, 단거리 육상 선수, 발레리나, 고전 무용가, 물리치료사, 학원 강사, 교사, 인테리어 디자이너, 생활 설계사, 상품기획자, 백화점 디자이너, 디스플레이 장치, 패션기획자, 비디오 예술가, 영화홍보 전문가, 목소리 변환 서비스, 쾌락 오거나이저, 외환 딜러, 특수학교 교사, 아나운서, 액세서리 디자이너, 오락 MC, 언어치료사, 사진가, 등산 낚시 가이드, 애니메이터, 브랜드 메이커, 예능인, 시간 거래 중개업. 경영 컨설턴트, 모델, 연예인, 영화배우, 코미디언, 큐레이터, 메이크업 아티스트, 비서, 영업직, 서비스업, 자영업

I형 아이를 위한 하브루타 질문 연습

I형 아이가 좋아하는 질문

- 네가 친구들과 친하게 지내는 비결은 뭐야?
- 방학이 6개월이라면 무엇을 해 보고 싶어?
- 최근 네가 한 위로의 말은 무엇이었어?
- 너에게 행복한 생활은 어떤 생활이야?
- 꼭 안아 주고 싶은 사람이 있다면 누구야?
- 네가 다른 사람에게 베풀 수 있는 친절은 무엇이니?
- 네가 다른 사람을 기쁘게 했던 말은 무엇이었니?
- 네가 가고 싶은 곳은 어디야?

- 너는 친구와 어떤 이야기를 많이 하니?
- 너는 주위 사람들을 즐겁게 하려고 어떤 일을 해?
- 너에게 어린 시절이란 무엇과 같아?
- 너는 어떤 분야에서 스타가 되고 싶어?
- 너는 언제 기쁘고 행복해?
- 네 마음에 남아 있는, 너를 인정해 준 말은 무엇이니?
- 이번 주말을 즐겁게 보내려면 네게 무엇이 필요해?
- 네가 최근 감동한 일이 있다면 무엇이니?

I형 아이가 싫어하는 질문

- 너는 어떤 방법으로 절약하니?
- 네가 억지웃음을 지을 때는 언제야?
- 네가 사전에 막을 수 있는 문제는 무엇이니?
- 너는 누구와 어떤 일을 검토하고 싶어?
- 말하고 싶은 것을 짧게 정리하는 요령은 무엇일까?
- 일을 좀 더 즐기려면 무엇이 필요하니?
- 너는 대화 외에 무엇을 주목하니?
- 네가 수첩에 기록할 만큼 가치 있는 것은 무엇이니?
- 너는 어떤 일을 주로 참아 내니?
- 네가 목표를 완벽하게 달성하기 위해 조심하는 것은 무엇이니?
- 네가 지금 고통스럽게 인내하는 것은 무엇이니?

I형 아이에게 생각의 폭을 넓혀 주는 질문

- 네가 최근에 감동한 이야기는 무엇이니?

- 네게 있었던 일 중에 가장 신나는 일은 무엇이니?
- 네가 다른 사람에게 전하기 어려웠던 말은 무엇이니?
- 너는 10년 후 어디에 있을 것 같니?
- 너는 어떤 선생님에게 배우고 싶어?
- 너의 좋은 점은 무엇이니?
- 너는 올해를 어떤 해로 만들고 싶어?
- 올해 너의 3대 뉴스는 무엇이니?
- 너는 사람들에게 무엇을 선물하고 싶어?
- 너는 어떤 능력을 키우고 싶어?
- 친구와 있을 때 주로 어떤 이야기를 하니?
- 너는 어떤 사람들과 연결되고 싶니?
- 네가 많이 기대하고 있는 일은 무엇이니?
- 너를 기분 좋게 하는 말은 무엇이니?
- 이제껏 들은 말 중에 가장 싫었던 말은 무엇이니?
- 너는 언제 가장 행복하다고 느끼니?
- 너는 어떤 사람이 되고 싶니?
- 너는 어떤 장면에서 다른 사람의 행동을 흉내 내고 싶니?
- 네가 다른 사람이 되어 본다면 어떤 사람이 되고 싶니?
- 너는 인터넷을 할 때 무엇에 가장 많은 시간을 쓰니?
- 너는 어떤 친구들과 잘 모이니?
- 너에게 가장 즐거웠던 이벤트는 어떤 것이었니?
- 너는 누구에게 무엇을 주고 싶니?
- 너는 다른 사람과 사귈 때 무엇을 소중히 여기니?
- 너는 어떤 사이를 '친구'라고 말하니?

- 네가 친구에게 가르칠 수 있는 일은 무엇이니?
- 처음 만난 사람에게 하고 싶은 질문은 무엇이니?
- 올해 가장 좋았던 일은 무엇이니?
- 네 기분이 좋아지는 것은 무엇이니?
- 최근에 어떤 좋은 만남이 있었니?
- 네가 무인도에 혼자 남게 된다면 무엇을 할 것 같니?
- 너의 매력은 무엇이니?
- 너는 무엇에 기분이 들뜨니?
- 자기소개할 때 네가 꼭 전하고 싶은 것은 무엇이니?
- 친구가 이해할 수 있게 말하려면 어떻게 말해야 할까?
- 너는 주로 무엇을 상상하니?
- 네가 즐길 수 있는 일은 무엇이니?
- 너는 어떤 사람과 팀을 이루고 싶니?
- 네가 원하는 것을 하면 어떨 것 같니?
- 네가 다시 시작하고 싶은 것은 무엇이니?
- 네가 자랑하고 싶은 것은 무엇이니?
- 자신을 찾기 위해 길을 떠난다면 어디로 가고 싶니?
- 너는 어떤 부분의 수준을 높이고 싶니?
- 지금 당장 할 수 있는 일 중 네게 행복을 주는 것은 무엇이니?
- 너는 어떤 일에 열정이 있니?
- 네가 가진 장점 3가지는 무엇이니?

I형 아이의 감정을 표출시키는 질문
- 너는 언제 즐거워지니?

- 오늘 네 기분은 어떤 색깔이니? 그 색깔은 어떤 의미니?
- 너를 기분 좋게 하는 것은 무엇이니?
- 너는 어떤 것에 애정을 느끼니?
- 상대방과 이야기할 때 어떤 말이나 행동에 친근감을 느끼니?
- 네가 자랑하고 싶은 것은 무엇이니?
- 네가 싫어하거나 존경하지 않는 사람의 특징은 무엇이니?
- 사람들은 너의 어떤 부분을 좋아하니?
- 기분이 좋지 않을 때 회복하는 너만의 방법은 무엇이니?
- 너는 어떨 때 고통을 느끼니?
- 네가 제일 힘들 때 어떤 감정을 느끼니?
- 괴로울 때 그것을 이겨 내는 너만의 방법이 있니?

I형 아이가 거꾸로 생각하게 만드는 질문

- 다른 시각에서 보고 싶은 것은 무엇이니?
- 꼭 해야 한다고 말하면서 하고 있지 않은 것은 무엇이니?
- 너에게 기회이기도 하고 고통이기도 한 것은 무엇이니?
- 재미있지 않더라도 시작하고 싶은 것은 무엇이니?
- 자기 멋대로 행동하는 친구를 보면 무슨 말을 해 주고 싶니?

I형 아이의 꿈을 키우는 질문

- 너는 다른 사람들을 행복하게 하려고 무엇을 할 수 있니?
- 네가 베푼 친절이 미래에 어떤 영향을 끼치면 좋겠니?
- 네가 사람들을 좋아하는 이유는 무엇이니?
- 모든 소원이 다 이루어진다면 무엇을 하고 싶니?

- 너는 너만의 남다른 능력이 있다는 것을 알아차린 적이 있니?
- 사람들을 끌어당기는 네 능력의 비밀은 무엇이니?
- 너는 다른 사람에게 어떤 방법으로 감동을 주니?
- 상대가 대답하기 쉽게 하려면 어떻게 해야 하니?
- 너는 다른 사람에게 어떤 일들을 상담하니?
- 너만 알고 있어서 남에게 알리고 싶은 정보는 무엇이니?
- 너는 상대방의 이야기를 듣고 있다는 것을 어떻게 표현하니?
- 친구들이 힘들 때 위로해 주는 방법은 무엇이니?
- 너를 부러워하는 친구들은 너의 어떤 면을 보고 부러워하니?
- 너를 힘들게 하는 친구들에게 어떻게 대하는 것이 편하니?
- 네가 사람을 사귈 때 가장 중요하게 여기는 것은 무엇이니?
- 가정에서 너의 역할은 무엇이니?
- 지금 잘되고 있는 것은 무엇이니?
- 너는 누구에게 무엇을 주고 싶니?
- 친구가 너를 어떻게 대하면 좋을 것 같니?
- 늘 불안해하는 친구가 있다면 어떻게 해 주고 싶니?
- 너는 어떤 장점이 있는 사람을 부러워하니?
- 네가 즐길 수 있는 순간은 언제니?
- 너의 매력은 무엇이니?
- 너의 실력을 지지해 주는 사람은 누구니?
- 방학을 멋지게 보내는 가장 좋은 방법은 무엇일까?
- 네가 필요한 사람은 어떤 사람들이니?
- 너는 어떤 브랜드를 만들고 싶니?
- 너는 무엇으로 최고가 되고 싶니?

- 너를 성공시키는 사람은 누구니?
- 네 휴대 전화에는 몇 명의 전화번호가 있니?
- 네가 상상하는 가장 행복한 모습은 무엇이니?
- 하늘을 나는 자동차가 있다면 가장 먼저 어디를 가고 싶니?
- 20년 후 네 주변에는 어떤 사람들이 모여 있을 것 같니?
- 너의 매력을 돈과 바꿀 수 있다면 그것은 어떤 매력이니?
- 멋진 사람으로 살기 위해 습관적으로 하고 싶은 일은 무엇이니?
- 다른 사람들의 관심을 받기 위해 사용하고 싶은 기술은 무엇이니?
- 네가 좋아하거나 존경하거나 부러워하는 사람의 특징은 무엇이니?
- 네가 원하는 것을 하면 너는 어떻게 되니?
- 가장 너답다고 느낄 때는 언제니?
- 너는 행복을 찾기 위해 어디에 가고 싶니?
- 즐겁게 살려면 무엇부터 변화시켜야 할까?
- 네가 가장 사랑하는 것은 무엇이니?
- 자신을 코치한다면 너 자신에게 무엇을 코치하고 싶니?
- 지구에 없는 새로운 직업을 만든다면 어떤 직업을 만들고 싶니?

10
S형 자녀에게는 생존에 관한 편안한 질문을

S형 아이의 특징

S	장점	차분한, 안정적인, 억제하는, 순수한, 전문적 기능, 온유한, 말이 적은, 조직 중심, 협동적, 친절한, 인내력, 믿을 만한, 언제나 변함없는, 규칙 순종, 유연한, 경청을 잘하는, 평화를 좋아하는, 효율성, 충성스러움, 양보하는, 따뜻한, 꾸준한, 참석을 잘하는, 남에게 피해를 주지 않는, 자제력, 끈기 있는, 속내를 드러내지 않는, 다투지 않는, 버리지 않는, 편안함
	단점	두려움, 느림, 게으름, 변화를 싫어함, 완고한, 소심한, 물질에 약함, 적응이 느림, 갈등 회피, 추진력 결여, 불의에 타협, 표현하지 않는, 미루기를 잘함, 탐식, 소유에 집착, 급할 때 이기적, 겁이 많은, 말을 안 함, 시야가 좁음, 타인의 어려움에 적극적으로 나서지 않는, 비아냥거림, 비핵심적, 잠이 많은, 행동력 부족, 더러운, 선악 분별력 부족, 우유부단, 감정 표현을 잘 안 함

옥 같은 S형 아이

S형은 가장 생존에 민감한 유형이다. 근본적으로 자기 몸, 자기 건강, 자기 물건, 자기 가족 등 자기가 속한 기본적인 울타리 안에서 생존하기를 좋아한다. 반대로 말하면 낯선 환경이나 잘 모르는 분야, 혹은 처음으로 접해 보는 일이라면 두려움과 긴장이 앞선다. 새로움을 좋아하지 않고 변화와 개혁을 원하지 않는다. 하루가 멀다고 초고속으로 변화하는 미래 사회에 가장 적응이 어려운 성향이다.

로봇보다 비용 지출이 많은 단순노동직은 사라지고, 로봇보다 비용 지출이 적고 전문적인 고급 관리 기술직은 살아남게 된다. S형 아이를 둔 부모는 이러한 아이 성향과 미래 사회의 변화를 깊이 새겨야 한다. 잘못된 전공 선택이 아이의 일생을 고통스럽게 할 수 있기 때문이다.

매일 새롭게 변화하여 적응해야 하는 분야에서 S형 아이는 뒤처진다. 도파민보다는 안정 위주의 세로토닌 분비가 많고, 뇌파도 깊은 사고를 필요로 하는 베타파보다는 평온하고 가만히 있기를 좋아하는 알파파나 세타파 사이의 뇌파 구조를 갖는다. 빠르게 변화하는 분야는 S형 아이에게 지옥과도 같다.

S형은 어떻게 살아남을까?

옛날에 S형은 모두 자기만의 독특한 기술을 가진 장인들이거나 공직에 몸담는 직업을 선택했다. 직업 종류도 제일 많았다. 이들이 장인이나 달인이 되는 것은 보통 한 분야에서 20년 이상 일했기 때문에 가능했다. 특히 기술을 요구하는 제조 분야에서 탁월한 능력을 보였다. 그러나 제조업에 큰 위기가 닥쳐 왔다. 2대의 로봇이 1천 명 몫의 제조를 감당하는 로봇 산업이 열렸기 때문이다. 세계 선진국들이 로봇 생산시설을 갖추기 시작하면서 외국에 있던 자국 제조기업들을 다시 불러들였다. 독일의 아디다스도 인도에 있던 공장을 철수하고, 인원도 6백 명을 감원했다. 단 2명이 일을 처리하도록 구조화되었기 때문이다. 오직 공정기술자만 살아남았다. 수많은 직업군이 사라지고 있다. DISC 유형 중에 S형의 직업군이 제일 타격이 크다. S형의 전문 영역이 로봇들로 대체되면서 인구 집약적인 제조업으로 지탱했던 국가들이 폭탄을 맞았다. 중국 경제를 어둡게 보는 시각이 여기에서 비롯한다.

앞으로 국가 관리 시스템을 지금처럼 많은 인력으로 운영할지는 불확실하다. 공직자들에게 들어가는 예산을 줄이려 할 것이고, 더 많은 인력 행정이 전산 정보 처리 시스템으로 대체될 것이다. 위험도나 급여가 높은 화학 및 기계 관리 일들은 전부 로봇으로 대체될 것이다. 이를 스마트 공장이라고 한다. 미래에는 공장의 포장 업무, 화학 플랜트 조작, 창고 관리, 청소 용역, 마트 계산 업무, 심지어는 버스와 전철 운전까지도 인공지능이 대신할 것이다.

S형이 미래에 성공할 분야는?

비밀은 S형 아이의 기질적 요소에 있다. 이들은 홀로서기를 좋아하지 않는다. S형 아이는 민주시민으로 기르기에 적합한 성향을 가지고 있다. 상호 협력이라는 인간다운 미덕이 잠재적 성향 속에 숨어 있기 때문이다. 민주적인 협력이란 나는 드러내지 않고, 남을 배려하고, 남과 더불어 살아가는 것을 말한다. S형은 이런 유형이다. 이들은 물건이나 음식 그리고 자기의 오래된 물품들을 제외하고는 그다지 소유욕이 없다.

우리가 잘 아는 교학상장^{敎學相長}은 S형에게 적합한 교육 방향이다. 교학상장이란 서로를 도와 함께 성장하는 미덕을 말한다. 이러한 성향은 미래 사회의 협업에 적합하다. 이제 사회는 북 치고 장구 치고 혼자서 모든 것을 다 해결하는 람보의 시대는 끝났다. 앞으로는 팀플레이를 잘하는 이들의 시대가 열린다. 일자리는 사라져도 일거리가 많아지는 S형의 세상이 될 것이다.

드론 자동화 엔지니어, 신체 장기 에이전트, 3D 음식 프린터 요리사, 데이터 폐기물 관리자, 자동교통 건축가 및 엔지니어 등과 같은 미래 직업과 농업, 수산업, 임업이 인공지능으로 연결될 수도 있다. 이런 일들을 꾸준하게 관리하며 길러 내는 사람들이 S형이다.

S형 아이한테는 기초학문을 가르쳐야 한다. 특히 생물학이나 농축산업과 관련된 공부를 하도록 도와야 한다. S형 아이의 위대한 장점은 섬세한 예술적 장인 기능성에 숨어 있다. 기계가 만들어 내는 자동차 부품에는 S형의 장인 정신이 필요 없다. 그러나 자연 속에서 멋진 집을 짓거나 고운 한복을 만들어 내고, 관광이나 국가적 보존 문화재와 같은 장인의 손길이 필요한 곳에 S형의 미래가 있다. 즉 S형은 편안한 관리자에서 전문적인 장인으로 패러다임을 변화시켜야 미래가 있다. 다행히 이들에겐 남다른 손재주가 있다. 과거에는 오랜 세월이 지나야 장인으로 인정받았지만, 이제 3D 프린팅을 통해 더 빠르게 장인이 될 것이다. 인간의 향취를 맛보게 하고 자연적 편안함을 느끼게 만드는 사물이나 가옥을 창조하는 데는 S형이 가장 강점을 가진다.

S형 아이를 교육할 때는 2가지를 병행해야 한다. 하나는 아이에게 다양한 기술 분야를 접하게 하는 것이다. 미래 사회를 여는 기술 엑스포에 반드시 데리고 다니면서 미래 가능성이 큰 기술 분야에 관심을 가지게 하라. 특히 빠른 변화가 생길 만한 것보다 지금부터 상당한 시간이 걸려 개발될 분야를 찾아야 한다. 그리고 일찍부터 전문성으로 교육하되, 지나치게 다양하거나 깊은 창의적 질문은 피하는 것이 좋다. 코칭 세계에는 S형 코치뿐만 아니라, S형 고객도 그다지 많지 않다. 이들

은 질문을 싫어하기 때문이다. 생각하기를 싫어하고 대충 일해서 먹고 살면 되는데 어렵게 자기 계발할 필요가 없다고 여긴다. 이들은 단지 일하는 방법만 배우고자 한다. 기계류의 개발에서는 질문보다는 다양한 모델을 보여 주면, 혼자서 뜯어보고 연구하면서 새로운 것을 잘 개발해 낸다.

S형 아이에게 미래 사회의 탁월한 직업군을 소개한다면 식품 분야다. 워낙 먹는 것을 좋아하기 때문에 스스로 먹기도 하고 만들어 보기도 하면서 신선하고 놀라운 맛을 제공할 것이다. 또 기술을 살려 어느 단체에 들어가서 일을 한다면 사회봉사 단체가 적합하다. 노인들이 많은 덕분에 사회봉사 영역도 국가 예산의 큰 몫을 차지하고 있다. 이제는 따뜻함과 편안함을 가진 S형이 노인들을 향한 전문적인 숙소도 만들어야 하고, 노인들을 위한 음식이나 다양한 물건도 제작해야 한다.

그야말로 흐르는 물처럼 말없이 겸손하고 조용하게 주어진 모든 일을 감당해 내는 위대한 협력자다. 앞으로 S형은 미래 시대, 기술과 인간이 만나고 기계와 기계가 만나는 기술적 사회의 연결 다리가 될 것이다.

S형 아이는 음식으로 동기 부여하라

D형 부모와 S형 아이의 관계 조합은 가장 불편하다. 기본적인 성향 구조도 상극이다. 부모는 급하고 아이는 느긋하다. 부모는 열정적이고 아이는 야망이 없다. 부모는 부지런하고 아이는 게으르다. 부모는 화를 내고 아이는 반응이 없다. 부모는 일을 좋아하는데 아이는 누워 있는 것을 좋아한다. 이러니 D형 부모는 S형 아이만 보면 울화통이 터져 화를 참지 못하고 입으로 온갖 요구사항을 퍼붓는다. 불행하게도 S형 아이는 부모가 화를 낼수록 자라목이 된다. 두려움을 피하다가 도로 원상으로 돌아간다. 기억해야 할 것은 S형과 D형이 싸우면 처음 이기는 쪽은 D형이

지만 최후의 승자는 S형이라는 사실이다.

지구 역사상 최고의 S형 지략가는 중국 삼국시대의 사마의다. 그는 천하제일 천재인 제갈량을 이겼다. 그의 유일한 전략은 단 한 가지, 싸우지 않고 지키는 것이었다. 촉나라는 진령산맥을 넘어 군량을 조달해야만 싸울 수 있었다. 그에 비해 풍부한 물자가 넘치는 중원의 넓은 도로를 통해 군량을 조달할 수 있었던 위나라의 사마의는 버티기만 하면 된다는 평범한 진리로 결국 승리를 쟁취했다. 그 뒤 사마의는 자신을 죽이려 하는 조조의 후손들을 피해 3년 동안 환자 행세를 했다. 사마의는 72살 나이에 고평릉 사변을 일으켜 낙양을 점령하고 쿠데타에 성공했다. 3년 동안 날지 않던 새가 하루아침에 비상하여 정국을 장악한 것이다. 그의 손자 사마염 시대에 이르러 진나라로 결국 천하를 통일했다. 참으로 지독한 캐릭터다. 버티고 참아내는 데는 이들을 당할 자가 없다.

이런 S형 아이의 지구력은 튼튼한 간의 기능에서 나온다. D형 부모는 S형 아이가 미래를 잘 열도록 도와주어야 한다. S형 아이는 황옥처럼 은은한 빛을 발하는 존재다. 어린 시절부터 주목을 받게 해도 안 되고 부모의 못다 이룬 야망을 S형 아이에게 투영해서도 안 된다. S형 아이가 제일 싫어하는 말은 "네가 알아서 해!"이고, 제일 좋아하는 말은 "내가 다 알아서 해 줄게!"이다. 특히 소리를 지르거나 생존과 관련된 말로 야단을 치면 내면의 세계로 숨어 버린다.

목 아래를 보면 불룩 튀어나온 2개의 빗장뼈 끝부분이 있다. 이곳을 유부혈이라고 하는데 이 자리가 불안과 초조함의 자리이다. 대부분의 S형은 이곳에 통증을 느낀다. 부모는 "걱정하지 마! 우리가 있잖아."라고 말하면서 S형 아이의 빗장뼈를 손끝으로 톡톡 12번 두드려 주면 금세 평온해진다.

S형 아이의 동기 부여는 음식이다. 다른 말에는 별로 반응하지 않으나 먹는 이야기만 나오면 상당히 강력한 반응을 드러낸다. 생존과 연관된 뇌 기능 때문이다. S형 아이에게 "게을러 터진 게 먹기만 한다."라고 하면 이들은 불안해져서 더 음식

에 집착하게 된다. 음식으로 협박하면 절대 안 된다. S형 아이에게 먹거리란 자기 존재의 중요한 요소이기 때문이다. 그러므로 무엇을 안 해 준다는 말보다 무엇을 해 주거나 맛있는 음식을 사 주겠다는 방식으로 학습에 대한 동기 부여를 하는 것이 좋다. 잘 믿어지지 않고 우스울 수도 있지만 놀랍게도 이 음식 동기 요법은 사실이며 매우 강력하다.

점수도 한꺼번에 10점 이상을 요구하지 않는다. 2점부터 5점 사이의 고리 안에서 재미있는 음식 보상을 약속하면 S형 아이는 세로토닌과 도파민의 분출을 만들어 내어 공부를 맛있게 느끼게 된다. 이것이 유대인이 어린 시절에 알파벳 과자에 꿀을 발라 '공부란 맛있는 것'이라는 인식을 심어 주는 교육 기법이다.

D형 부모는 S형 아이에게 화내지 마라. 부모의 답답함은 아이에겐 두려움으로 깊이 새겨진다. '어이구.' 소리도 하지 말자. 30년 뒤에 이 아이가 최불암처럼 한국인의 밥상을 맛보고 다닐 줄 누가 알겠는가? S형 아이는 천천히 만들어 가는 특성이 있으니 기다려 주어야 한다. 게으른 아이가 발명의 아버지가 되는 것이다. S형 아이의 방을 실용적인 발명가의 방으로 만들어 주자. S형 아이는 부모를 더욱 신뢰하고 인류에 공헌하게 될 것이다.

인공지능 시대 S형 유망직업군

지능 분야: 사회성과 협력

외교관, UAM 제작 및 관리자, 데이터 폐기물 관리자, 데이터 인터페이스 전문가, 3D 프린터 요리사, 드론 자동 엔지니어, 교통 무인운영 시스템 엔지니어, 생물학자, 내과 의사, 성직자, 금융보험 전문가, 도예가, 실용미술 화가, 컴퓨터 프로그래머, 멀티미디어 자료제작 전문가, 공학 전문가, 안경사, 토목공학 전문가, 폭발물

해체 처리가, 생명과학전문가, 세균학자, 창고업 및 유통업 관리자, 노인 활력 서비스, 복제 수의사, 부동산 중개업자, 영사기사, 3D 프린터 식품 공급자, 역무원, 자동차 정비사, 철도기관사와 차장, AI 로봇관리 수리 직무, 로봇 협업 직무, 항공교통 관제사, 항해사, 선박기관사, 항공기 정비사, 건물과 차량 청소원, 이미용사, 조리사, 바텐더, 화물 취급원, 장례 지도사, 피아노 조율사, 환경미화원, 제과제빵사, 호텔 종사원, 우편 사무원 및 집배원, 전통식품 제조원, 전통문화 기능인, 한복 기능사, 조각가, 상업 미술가, 통신사, 측량 기술사, 조선제작 기술사, 냉난방기 기술사, 각종 기술 분야 전문가, 녹음기사, 방송 및 통신장비 기술 종사자, 임상 병리사, 각종 기계 조작원, 의복 관련 제조원, 각종 공예원, 각종 악기 제작 및 수리사, 기계 설치자, 농업·어업·광업 전문 종사자, 각종 사무원

S형 아이를 위한 하브루타 질문 연습

S형 아이가 좋아하는 질문
- 네가 소중히 사용하고 싶은 것은 무엇이니?
- 네가 어려울 때 의지가 되는 사람은 누구야?
- 네 몸에서 쉬게 하고 싶은 곳이 있다면 어디야?
- 너는 어떻게 돈을 모으고 싶니?
- 네가 꼭 사고 싶은 물건은 무엇이니?
- 너의 가장 중요한 욕구는 무엇이니?
- 네가 물건을 만들 때 제일 중요하게 생각하는 점은 무엇이니?
- 누군가가 너를 지원해 주기 바랄 때는 언제니?
- 너는 대화할 때 무엇을 주목해서 듣는 편이니?

- 너는 말하는 것과 듣는 것 중에서 어느 쪽이 더 편하니?
- 네 주변에서 조금 불편해도 괜찮다고 생각되는 것은 뭐니?
- 아무도 하지 않기 때문에 너도 안 했던 것이 있니?
- 좀 더 관심을 두고 싶은 일이나 물건이 있니?
- 너에게 기분 좋은 장소는 어디니?
- 네가 생각할 때 '있으면 편리하다'라고 여기는 것은 무엇이니?
- 너는 기다리는 편이니, 기다리게 하는 편이니?
- 네가 매일 참고 있는 일은 무엇이니?

S형 아이가 싫어하는 질문
- 네가 직접 접하고 싶은 일은 무엇이니?
- 네 마음의 그릇을 키우려면 무엇을 해야 할까?
- 네가 느끼는 분노 뒤에는 어떤 기대가 있니?
- 네가 상대방의 생각을 말하게 하는 비결은 무엇이니?
- 네가 말을 걸어 상대방이 기뻐했던 한마디는 무엇이니?
- 너의 비밀은 무엇이니?
- 간결한 문장을 쓰는 요령은 무엇일까?
- 너는 누구에게 어떤 행동을 보여 주고 싶니?
- 네가 상대방에게 감동을 주는 방법은 무엇이니?
- 당연한 일이지만 잘되지 않는 것은 무엇이니?
- 네가 어려움을 무릅쓰면서도 하는 일은 무엇이니?
- 너는 친구들과의 갈등에서 무엇을 얻니?
- 너의 라이벌은 누구야?
- 너는 상대가 쉽게 대답할 수 있도록 어떤 궁리를 하니?

- 네가 공개하고 싶은 정보는 무엇이니?
- 너는 최근에 친구에게 어떤 충고를 했니?
- 상대방의 주목을 받으려면 어떤 것을 해야 한다고 생각하니?
- 너는 다른 사람과 어떤 방식으로 의사소통하니?
- 너는 처음으로 만난 상대방에게 어떤 말을 하니?
- 네가 최근 누군가를 놀라게 했던 일은 무엇이니?
- 너는 상대방의 본심을 알고 싶을 때 어떻게 하니?
- 너를 한층 더 멋지게 보이려면 어떻게 해야 할까?
- 네가 결단하기 위해 희생하는 것은 무엇이니?
- 네가 자랑하고 싶은 것은 무엇이니?
- 네가 도전하고 싶은 것은 무엇이니?
- 너의 꿈을 방해하는 것은 무엇이고, 그것을 어떻게 해결할 거니?
- 마음의 벽이 투명하다면 너의 어떤 면이 보일 것 같니?

S형 아이에게 생각의 폭을 넓혀 주는 질문

- 네가 소중히 사용하고 싶은 것은 무엇이니?
- 너에게 지금 없어지면 곤란한 것은 무엇이니?
- 항상 옆에 있으면 좋은 사람은 누구야?
- 너는 어떤 직업을 갖고 싶니?
- 네가 산 물건 중에 도움을 받는 것이 있니?
- 너는 어떤 환경에서 지내고 싶니?
- 너에게 중요한 욕구는 무엇이니?
- 네가 다른 사람에게 의지한다면 어떤 일로 의지하고 싶니?
- 네가 골치 아프게 느끼는 문제는 무엇이니?

- 네가 듣기 싫은 말은 무엇이니?
- 네가 무엇인가를 만들 때 중요하게 여기는 것은 무엇이니?
- 너는 어떤 선물을 받고 싶니?
- 너의 시간을 훔치는 것은 무엇이니?
- 네가 무심결에 사려고 했던 물건은 무엇이니?
- 네가 갖고 싶은 도구는 무엇이니?
- 너는 어떤 배움에 투자하고 싶니?
- 친구들의 이야기를 들을 때 어떤 것에 관심이 가니?
- 너에게 도움 되는 일은 무엇이니?
- 네가 불편해서 참지 못하는 것은 무엇이니?
- 너에게 기분 좋은 장소는 어디야?
- 이 사람이 없어진다면 네가 힘들어질 거라고 생각되는 사람은 누구야?
- 너는 인터넷에서 무엇을 얻고 있니?
- 네가 집착하는 것은 무엇이니?
- 다른 사람에게 만족을 주기 위해 노력하고 있는 것은 무엇이니?
- 오늘은 하고 싶지 않지만 장래에 도움이 될 것 같은 일은 무엇이니?
- 너에게 3억 원이 있다면 무엇을 하고 싶니?
- 열정적으로 노력하고 싶은 것은 무엇이니?
- 해야 하면서도 실행하고 있지 않은 것은 무엇이니?
- 너는 무엇을 그만두고 싶니?
- 실패가 무서워 하지 않는 일은 무엇이니?
- 너에게 어떤 자신감이 있으면 좋겠니?
- 네 앞에는 지금 어떤 벽이 가로막혀 있니?
- 네가 포기하는 이유는 무엇이니?

- 너는 가장 귀찮은 게 뭐니?

S형 아이의 감정을 표출시키는 질문

- 너는 어떤 환경에서 지내고 싶니?
- 너는 어떤 욕구가 있니?
- 오랜만에 만나고 싶은 사람은 누구야?
- 네가 양보하고 싶지 않은 것은 무엇이니?
- 애정을 갖고 기르거나 만들고 싶은 것은 무엇이니?
- 친구들과 함께 있기 위해 조심하고 있는 것은 무엇이니?
- 네가 좋아하는 친구는 어떤 성격을 가졌니?
- 네가 집중할 때 어떤 기분이 드니?
- 네가 좋아하는 사람들은 너를 어떻게 대하니?
- 부득이 포기해야만 할 때 넌 어떤 기분이 드니?
- 네가 무서워하는 것은 무엇이니?
- 너에게 자신감을 주는 것은 무엇이니?
- 너는 어려움을 당할 때 불만을 느끼니? 아니면 불안해지니?
- 네 습관 중에서 어떤 것을 바꾸면 편안해질 것 같아?
- 네가 지금 고통스럽게 인내하고 있는 것은 무엇이니?

S형 아이가 거꾸로 생각하게 만드는 질문

- 너무 좋아해서 없어질까 두려운 것은 무엇이니?
- 네가 음식을 만든다면 누구에게 주고 싶니?
- 귀찮아서 하고 싶지 않지만 어쩔 수 없이 해야만 하는 것은 무엇이니?
- 부모가 너에게 잔소리하는 의도는 무엇일까?

- 아무도 갖지 못한 재능이 너에게 있다면 어떤 것이면 좋겠니?
- 3D 프린터기로 무엇이든 만들 수 있는 세상이 온다면, 제일 먼저 무엇을 만들 거니?
- 동작이 빠르고 말이 많은 사람들을 보면 어떤 생각이 드니?
- 동작이 빠르고 말이 많은 사람은 너를 어떤 사람이라고 생각할까?
- 동물로 태어난다면 어떤 동물로 태어나고 싶니?

S형 아이의 꿈을 키우는 질문

- 네가 어떤 물건에 둘러싸여 있다면 그것은 무엇이었으면 좋겠니?
- 네가 가지고 있는 자원이나 기술은 무엇이니?
- 네가 갖고 싶은 기술은 무엇이니?
- 네가 가장 자신 있는 분야는 무엇이니?
- 처음부터 다시 해 보고 싶은 것은 무엇이니?
- 너는 누구와 함께 있으면 자신감이 생기니?
- 너에게 당연한 지식이나 경험은 무엇이니?
- 너는 어떤 디자인을 좋아하니?
- 네가 많은 사람에게 주고 싶은 발명품이 있다면 무엇이니?
- 약간의 용기가 있으면 완벽하게 끝낼 수 있을 것 같은 일은 무엇이니?
- 네가 자신 있게 설명할 수 있는 기술은 무엇이니?
- 너는 어떤 일을 할 때 가장 마음이 편하니?
- 네가 노력하고 싶은 것은 무엇이니?
- 너에게 어떤 자신감이 있으면 좋겠니?
- 너는 어떤 부분의 수준을 높이고 싶니?
- 너는 어떤 자격을 가지고 싶니?
- 너는 무엇과 무엇을 연결하고 싶니?

- 네가 몰입하는 것은 무엇이니?
- 네가 변함없이 꾸준하게 해 온 것은 무엇이니?
- 너는 어떤 직업을 갖고 싶니?
- 네 주변에 필요한 새로운 법은 무엇이라고 생각하니?
- 네가 정말로 달성하고 싶은 목표는 무엇이니?
- 너는 누구와 어떤 토론을 하고 싶니?
- 20년 후에 너는 어떤 일을 하고 있을까?
- 너는 어떤 원리를 어떤 현실에 적용하고 싶니?
- 네가 깔끔하게 정리하고 싶은 것은 무엇이니?
- 네가 가장 정성을 들여서 하는 것은 무엇이니?
- 마무리하기 위해서 너에게 필요한 것은 무엇이니?
- 너의 어느 부분을 어떻게 바꾸고 싶니?
- 네가 오늘을 더 효과적으로 보내려면 무엇을 바꿔야 할까?
- 너에게는 어떤 사람이 필요하다고 생각하니?
- 1년 전으로 돌아간다면 다시 시작해 보고 싶은 것은 무엇이니?
- 바꾸고 싶지 않은 너만의 원칙은 무엇이니?
- 너만이 가지고 있는 지식은 무엇이니?
- 네가 친구들에게 주고 싶은 정보는 무엇이니?
- 너는 어떤 분야의 사실을 알고 싶니?
- 너는 무엇을 할 때 아무 생각 없이 몰입할 수 있니?
- 네가 잘 만들 수 있는 것들은 무엇이니?
- 네가 요리사가 된다면 부모님을 위해 어떤 요리를 하고 싶니?

11

C형 자녀에게는
사고력을 키우는 깊은 질문을

C형 아이의 특징

C	장점	분석적, 공부를 좋아하는, 능력 있는, 충성심, 책임감, 강직함, 완벽한, 자존감, 조직적, 세부사항, 연구하는, 이지적, 논리적, 차분함, 자아 성찰, 도덕적, 성실함, 이론적, 절제력, 검소, 이상적, 치밀함, 보수적, 양심적, 효율적, 예의 바른, 배려심, 깨끗한, 정리정돈, 자기 희생, 약속을 지키는, 청각이 뛰어난, 과묵한, 완벽한 마무리, 심오한 정신세계
	단점	비관적, 쉽게 좌절하는, 우울감, 비판적, 불만족, 계산적인, 따지기 좋아하는, 치근대는, 복수하는, 의심이 많은, 고지식한, 비사교적, 부정적, 침울함, 자기 비하, 낮은 자존감, 자살하는, 부끄러워하는, 높은 기대치로 주변 사람을 힘들게 함, 과로, 행복감 부족

자수정 같은 C형 아이

C형의 핵심적 심성은 인仁이다. 맹자는 인지단仁之端, 곧 어짊의 단서를 측은지심에서 찾았다. 우물가에 노는 아이를 바라보면서 온통 아이에게 쏠리는 마음을 인이라는 단어로 표현했다. DISC 4유형에서 가장 마음이 가는 유형이 C형이다. 착하고 진실하고 아파할 줄 아는 C형은 치열하게 공부하고 훈련하며 자신을 닦아 간다. 강의 시간에 질문을 가장 많이 하고, 집에 가서도 시간을 낭비하지 않는다. 지식과 선행으로 타인에게 도움을 주는 훌륭한 C형의 근본 심성은 '어짊'에 있다.

 C형을 자수정으로 비유한 이유는 뭘까? 고대의 귀한 사람들이 입던 자색의 고귀함, 수정의 차가움, 뾰족한 날카로움 때문이다. C형은 자수정처럼 알 수 없고 신비한 존재다.

 좌뇌를 많이 사용하는 C형은 유럽인이 주종을 이룬다. 곧 노아의 후손 중 야벳 족속이다. 독일인은 D/C나 C/D형이 제일 많고, 북유럽인은 대부분이 C형이다. 철학이나 신학, 과학, 문학, 음악, 인공지능 분야에서 독일은 변함없는 선진국이다.

훔볼트대학교의 C형 연구자들

오래전 독일을 방문했을 때 동독 훔볼트대학교를 방문했다. 본관 2층 계단 정면의 마르크스 문장과 훔볼트 출신 노벨상 수상자 19명의 사진을 보며 가슴 시렸던 기억이 있다. 어린 아들에게 자라면 꼭 이 대학에서 공부하라고 하고 싶었다. 왜 우리는 그렇게 총명한데도 노벨상과는 인연이 없을까 싶었다. 물론 최근에 한강 작가가 노벨 문학상을 받는 쾌거로 큰 기쁨과 위안을 받았다. 그렇다면 노벨상 수상자를 다수 배출한 나라에는 어떤 이유가 있을까? 원인은 좌뇌를 사용하는 학문적 뿌리가 깊은 나라와 우뇌를 사용하는 현실적 놀이 문화가 발달한 나라의 차이다. 반드시 학문이 발달한 나라가 좋다는 말은 아니지만, 더 깊고 더 넓게 배울 수 있는 환경인 나라들이 아무래도 학문에 깊이가 있다. 이들은 구태여 법을 지키라고 강요하지 않아도 질서를 지키고 타인에 대한 배려가 자연스럽다. 이런 나라를 만드는 것이 C형 국가의 전형적인 시스템이다.

중남미나 남부 유럽 그리고 우리나라 같은 우뇌형 국가들의 문화는 감성적이고 즐겁다. 하지만 C형이 만든 나라는 그다지 즐거운 축제도 놀이 문화도 없다. 한편으론 우리나라의 C형 아이들이 너무 안쓰럽다. 차분하고 안정된 분위기에서 사색과 학문에 정진할 수 있는 사회문화적 배경을 만들어 주지 못했기 때문이다.

EBS에서 하브루타식 질문 수업을 실험한 적이 있다. 한 대학생에게 수업시간에 질문을 5번이나 하게 시켜 놓고 다른 학생들의 반응을 보는 것이었다. 세 번째 질문이 이어지자 주변 학생들이 눈살을 찌푸리기 시작하고 다섯 번째에 이르자 사방에서 수군댔다. 심지어 교수까지 더 질문하지 않도록 당부하고 수업을 마쳤다. 과연 우리나라의 학생들은 어려서부터 질문하지 않는 걸까? 그렇지 않다. 어린아이들이 얼마나 질문이 많은지 우리는 잘 알고 있다. 질문이 많았던 아이가 초등학교에 들어가면서부터 질문이 줄기 시작하여 고등학교를 졸업할 때에는 거의 묻지 않는다. 외워야 하기 때문이다. 이것이 C형 아이를 인재로 길러 내지 못하고 노벨상을 타지 못하는 이유다.

우리는 예체능 분야에 탁월하다. 그러나 유독 순수 자연과학 분야에서는 큰 인물이 나오지 않는다. 좌뇌를 사용하는 C형 아이를 길러 내지 못했기 때문이다. 도리어 독특한 자기만의 사고세계를 구축해야 할 C형 아이를 왕따로 만드는 슬픈 구조가 우리 현실이다. 이제는 학교와 가정이 연합해서 C형 아이를 살려 내야 한다. 이 C형 아이만의 학문적 공간과 마음껏 질문하고 연구할 수 있는 충분한 정보와 시간을 배려해 줘야 한다. C형 아이는 알고 싶은 것이 너무나 많다. 그러나 부모는 바쁘고 교사는 역량이 따르지 못한다. 홀로서기를 하기엔 가정환경이 받쳐 주지 않고, 지나치게 요란한 SNS 활동이 C형 아이를 공부에서 멀어지게 만든다.

C형 아이는 공부하러 세상에 나왔다. 공부할 환경을 만들어 주어야 한다. 거실에서 소파와 TV를 치워 버리자. 도서관 분위기의 라운딩 테이블에서 부모와 자녀가 자연스럽게 토론하고 공부하는 환경을 조성해야 한다. 우리나라는 아버지들도 문제가 많다. 유아 교육은 아내에게, 사춘기 교육은 학교에 맡기고 자신은 일만 한다. 그리고는 아이를 위해서 경제적으로 뒷받침한 것으로 부모의 도리를 다했다고 생각한다. 유대인은 11세 이후의 자녀 교육은 도리어 아버지들이 전담한다. 어머니와의 애착기가 끝나면서 이성적인 공부를 해야 할 때라 사회적 경험이 많은 아버지들이 담당한다. 감성 교육이 어머니를 통하여 이루어졌다면 이성 교육은 아버지를 통한다. 특히 원리를 알고 싶어 하는 C형 아이에게 이성적이고 합리적인 교육은 사회에 적응하는 성장기에 자신감을 느끼게 한다.

C형 아이는 최고급 기능을 탑재한 고급 자동차와 같다. 부품 하나하나가 전부 고가의 장비이듯이 C형 아이의 세밀하고 정밀한 사고력과 연구력, 분석 능력, 조합 능력은 하늘이 내린 선물이다. 그러나 반대로 부끄러움을 쉽게 타고, 쉽게 상처 받는다. 자신과 타인에게 모두 기대치가 높으므로 쉽사리 만족하지 못한다. 성격도 홀로 있기를 좋아한다. 책을 읽거나 동물들과 노는 것을 좋아하며 친구 관계 폭이 넓지 않다. 본인들도 친구가 없는 것에 상당한 스트레스를 갖고 산다. 먼저 찾아가서 사람을 사귀려는 용기가 부족하다.

C형 아이는 눈이 높다. 자기에게 친밀하게 다가오는 I형에게는 체질적으로 거부감을 느낀다. D형 아이에게는 거칠고 저돌적인 행동에 거부감을 느낀다. S형 아이는 편해도 관심사가 다르므로 그다지 좋아하지 않는다. 이래저래 C형은 주변에 사람이 적다. 그러므로 부모는 C형 아이에게 억지로 친구를 만들어 주거나 친구를 찾는 부담을 주지 말아야 한다. 함께 공부하고 토론할 수 있는 C형 부모가 친구의

자리를 대신해도 좋다. 억지로 사귀는 친구로 인해 상처받는 것보다 가치관이 잘 맞는 친구가 나타날 때까지 기다려도 좋다. C형 부모라면 자신이 겪은 아픔을 잘 생각해 보면서 아이와 깊은 대화를 나누자. 인생에 대해, 역사적 인물에 대해, 좋아하는 과목이나 대상에 대해 함께 이야기를 나눈다. 언제나 변함없고 동지 같은 가족이 함께한다는 안정감을 주어야 한다.

토사구팽당하는 C형의 미래 성공 분야는?

C형 아이가 미래 사회의 주역이 되기 위해서는 관계 형성에 주력해야 한다. 특히 친구들과의 관계가 부족할 수 있는데, 관심 분야의 윗사람(어른, 선배 등)들과 관계를 형성시켜 주는 것도 좋다. C형 아이는 사고력이 높고 지식이 깊으므로 어른들과 함께 있는 것만으로도 마음이 편하고 긴장도 덜 한다. C형 아이 주변의 어른들은 무엇을 물어도 대답해 줄 수 있는 열린 마음을 갖자. 집요한 질문들을 환영해 주어야 C형 아이가 미래 사회의 주역으로 성장할 수 있다.

C형은 전문직 시대의 주역이다. 의사나 약사, 검사, 판사, 교수, 회계사, 각종 연구 분야에서 3차 산업을 주도했다. 그 덕분에 큰 성공과 부를 쌓을 수 있었다. 그러나 불행하게도 4차 산업으로 인한 직격탄을 제일 아프게 맞는 게 C형 전공 분야다. 약사, 변호사, 회계사, 금융분석원, 은행원, 교수, 심지어는 의사까지 어쩌면 모든 지식 분야가 타격을 받게 된다. 인류의 모든 지식을 가진 인공지능과 싸워 이길 수 없기 때문이다.

우리나라 바둑 해설자들은 해설 중간에 인공지능 알파고가 풀어 주는 묘수들을 참조하면서 감탄을 금치 못했다. 어려서부터 바둑 하나만 연구한 우리나라 최정상 고수들이 갑자기 등장한 알파고로 인하여 혼란을 겪었다. 지식축약 산업이 유한한 인간의 지식정보를 필요로 여기지 않는다는 이야기다.

그렇다면 C형 아이는 4차 산업 시대에 무엇을 하며 어떻게 살아야 할까? 인공지능 기계들을 관리하는 것은 C형의 일이 아니다. 그것은 S형의 전공 분야다. C형은 여전히 연구하는 곳에서 그들의 가치가 빛난다. 이제는 로봇을 연구해야 한다. 로봇과의 협업 직무를 분석하고, 로봇 포트폴리오를 제작하고, 로봇 관련된 법을 제정해야 한다. 새로운 시대에 맞는 규범들을 윤리학적으로 만들어야 하고 드론 도로망 설계와 관련법을 만들어야 한다. 드론으로 인한 환경오염 최소화 전문가, 드론 표준화 기준 작업, 드론으로 인한 악영향 최소화 전문가, 드론 도킹 설계자, 자동화 작업 등 드론 분야에서는 엄청난 일거리가 창출될 것이다.

미래 사회에 가장 주목받는 3D 프린팅 사업도 C형과 S형이 할 일이 제일 많다. 3D 프린터 소재 연구 개발, 3D 프린터 비용 산정전문가, 3D 프린터 잉크 개발자, 빅데이터 관련 분야에도 C형이 필요하다. 데이터 인터페어 전문가나 개인정보보호 관리자, 데이터 모델러 등 아마도 우리가 이름의 뜻조차 모르는 일거리들이 창조된다. 그리고 멸종 위기의 동물들 살리기와 온난화 방지를 위한 지구 살리기 등 각종 프로그램 연구도 C형의 몫이다. 우주 항공 분야, 양자역학을 이용한 우주 간 초고속 교통망 개발, 심지어는 시간 이동이나 인체의 불치병 치료 의학 연구에도 C형이 주역이다. 신사회 규범 제작과 법학자들의 일거리는 너무도 많게 될 것이다. 인공지능을 통제하고 업무를 시킬 각종 통제 시스템 연구나 교통 모니터링 시스템 플래너, 교통 수요분석 전문가 등 많은 분야에서 이들의 차분한 분석 능력이 필요하다.

신경 써야 할 것은 남을 돕는 연결 마인드다. 사람과 사람, 사람과 사물, 사람과 인터넷, 사람과 로봇 등 그 사이에 있어야 보람된 생애를 살 수 있다. 부모는 C형 아이에 대해서 꺼진 불도 다시 보는 심정으로 작은 행동이나 말의 변화, 표정의 변화를 세밀하게 관찰하자. C형 아이는 속에 불편한 것이 있어도 드러내지 못하고 혼자서 끙끙 앓는다. 또한 C형 부모는 자신의 높은 기대치 때문에 C형 아이에게 말을 함부로 하거나 실망감을 표현하면 안 된다. C형 부모가 야단치기 전에 이미 스스로 야단치고 있기 때문이다. 기대치를 낮추고 따뜻한 말로 격려해 주자. C형 아이한테는 작은 성공 경험이 필요하다. 아주 작은 일에서 성공을 경험하면 자존감이 회복되고 자신감을 느낀다. 그러므로 실수했을 때는 덮어 주고, 성공했을 때는 온 가족들이 식사하면서 성공의 원리와 노력한 방법을 물어보자. C형 아이가 스스로 설명할 수 있는 행복한 자리를 만들어 주어야 한다. 이러한 작은 성공 경험이 훗날 실패했을 때에도 용기를 준다.

인공지능 시대 C형 유망직업군

지능 분야: 사회문제 해결과 창조성

드론 법 전문가, 드론 설계사, 드론 도로 설계사, 전략적 드론 프로그래밍 전문가, 개인 데이터 인질법 전문가, 로봇 설계사, UAM 설계자, 사회 윤리교육 전문가, 로봇 포트폴리오 기획자, 법률 연구원, 로케이셔니스트, 전문 조리사, 교통 모니터링시스템 플래너, 교통 수요 전문가, 3D 프린터 비용 산정 전문가, 3D 프린터 잉크 개발자, 3D 프린터 소재 전문가, 데이터 개인정보보호 관리자, 바둑 기사, 종교인, 감정 평가사, 감별사, 관제사, 교사, 대학교수, 연구원, 치료사(물리, 언어, 작업 등), 영양 전문가, 의사, 심리학자, 철학자, 언어학자, 우주 공학자, 건축 설계사, 미래 과학자, 의학자, 약학 연구자, 수학자, 물리학자, 통계학자, 천문학자, 화학자, 지질학자, 사서, 박물관 관리인, 작가, 요식업 관리자, 운수 및 통신업 운영부서 관리자, 특수 이익단체 고위 임원, 행정가, 전통 기능인, 한복 기능사, 보험 계리인, 손해사정사, 은행 사무원, 회계 사무원, 항해사, 기악 연주자, 관세사, 변리사, 공인노

무사, 공무원, 식품 관련 검사원, 사진작가, 작곡가, 정보시스템 감시자, 정보기술 상담사, 보안프로그램 개발원, 조향사, 베타테스터, 직업 능력 평가원, 음악치료사, 약사, 의무기록사, 위생사, 웹 마스터, 측량기술자, 시스템 엔지니어, 독서 지도사

C형 아이를 위한 하브루타 질문 연습

C형 아이가 좋아하는 질문

- 너는 어떤 방법으로 절약하니?
- 너는 무엇을 알고 싶니?
- 기록하기보다 기억해 두고 싶은 일은 무엇이니?
- 너는 억지웃음을 지을 때가 있니? 있다면 언제니?
- 너의 주변에 어떤 불편한 점을 해결하고 싶니?
- 너는 만일의 경우를 위해 준비해 놓은 것들이 있니?
- 네가 하고 싶은 것을 남들에게 어떻게 설명할 거니?
- 지금 죽는다면 무엇을 못 한 것이 제일 후회스러울 것 같아?
- 지금까지 살면서 시간을 되돌리고 싶다고 생각한 적은 언제야?
- 너는 평소에 누구와 이야기를 나누고 싶어?
- 너는 어떤 자격증을 갖고 싶니?
- 요즘 가장 집중해야 할 것은 무엇이니?
- 네가 깔끔하게 정리해야 할 것은 무엇이니?
- 네가 이야기할 때 조심하는 것은 무엇이니?
- 네가 가장 정성스럽게 하는 것은 무엇이니?
- 어떤 것이 너의 시간을 도둑질하고 있니?

- 너의 어떤 부분을 바꾸고 싶어?

C형 아이가 싫어하는 질문

- 너는 최근 어떤 축복의 말을 했니?
- 너는 어떤 기분으로 인사하니?
- 주변 사람들의 힘이 발휘되려면 어떤 응원을 보내야 할까?
- 너는 어떤 장면에서 상대방의 행동을 흉내 내고 싶니?
- 주변 사람들은 너를 어떤 사람이라고 말하니?
- 너는 상대방의 이야기를 듣고 있음을 어떻게 표현하니?
- 상대방의 호감을 얻기 위해 어떤 질문을 하니?
- 너는 처음으로 만난 상대방에게 어떤 질문을 하니?
- 지금의 상황을 말로 설명해 볼래?
- 관심 있는 사람에게 언제 다가가는 것이 좋다고 생각하니?
- 네가 자랑하고 싶은 것은 무엇이니?
- 네가 다른 사람에 비해서 잘하는 것은 무엇이니?
- 즐거운 시간을 늘리기 위해 우선 무엇을 하니?
- 네 주변에 우연히 일어난 좋은 일은 무엇이니?
- 네가 지금 무서워하고 있는 것은 무엇이니?
- 네 삶에서 큰 재미를 느낄 방법은 무엇이니?

C형 아이에게 생각의 폭을 넓혀 주는 질문

- 너는 어떤 일에 애정을 쏟니?
- 네가 하기 어려웠던 말은 무엇이니?
- 너는 어떤 직업을 갖고 싶니?

- 네가 버리고 싶은 선입견은 무엇이니?
- 너에게 영향을 준 책이나 이야기는 무엇이니?
- 네가 기억해 두고 싶은 일은 무엇이니?
- 어디서나 잘하는 너의 역할은 무엇이니?
- 너는 부모님의 어떤 부분을 존경하니?
- 만일의 경우를 위해 무엇을 준비하고 있니?
- 네가 정말로 이루고 싶은 목표는 무엇이니?
- 네가 당연하다고 생각하는 행동은 무엇이니?
- 10년 후 오늘, 너는 어떤 생활을 하고 있을 것 같아?
- 만일 네가 지금 죽는다면 무엇을 후회할 것 같아?
- 시간을 되돌리고 싶다고 생각한 적은 언제였니?
- 조용한 시간에는 무엇에 집중하고 싶니?
- 네가 감추고 싶은 부분은 무엇이니?
- 너는 어떤 자료를 검토하고 싶니?
- 네가 하기 싫은 이야기는 무엇이니?
- 네가 정성스럽게 준비하는 것은 어떤 거야?
- 의욕을 가지려면 어떻게 해야 하니?
- 네가 주인공이라면 어떤 영화를 만들고 싶니?
- 차라리 알려 주었으면 좋겠다고 생각하는 것은 무엇이니?
- 올해 안에 버리고 싶은 것은 무엇이니?
- 지금 너에게 가장 필요한 것은 무엇이니?
- 좀 더 생각하고 싶은 것은 무엇이니?
- 너의 원칙은 무엇이니?
- 네가 지나치게 고민했던 일은 무엇이니?

- 너만이 가지고 있는 지식은 무엇이니?
- 최근에 최선을 다했던 일은 무엇이니?
- 친구들에게 주고 싶은 정보는 무엇이니?
- 가게에서 불친절한 서비스를 받은 적이 있다면 무엇이었니?
- 용기가 있으면 완벽하게 해낼 수 있을 것 같은 일은 무엇이니?
- 네가 시작하기를 주저하고 있는 것은 무엇이니?
- 네가 어떤 일을 처음 시작한다면 무엇부터 준비할 거니?
- 너는 어떤 장르의 영화를 좋아하니?
- 너는 어떤 분야의 책을 좋아하니?
- 어떤 종류의 정보를 모으고 싶니?
- 네 목표를 달성하기 위해서는 어떤 정보가 필요하니?
- 네 아이디어를 방해하는 것은 무엇이니?
- 계속해도 힘들거나 괴롭지 않은 것은 무엇이니?
- 네가 습관으로 가지고 싶은 것은 무엇이니?
- 네가 사는 목적은 무엇이니?
- 어떤 일을 해내고 싶니?
- 1년 전으로 돌아간다면 무엇을 하고 싶니?
- 지금 너에게는 어떤 지혜가 필요하니?
- 네가 하고 싶은 일을 한마디로 말하면 무엇이니?
- 너만의 생활 규칙이 있니?
- 네가 노력하고 싶은 것은 무엇이니?
- 해야 한다는 것을 알고 있지만 실행하지 않는 일은 무엇이니?
- 사람들은 너를 어떤 사람이라고 말하니?
- 지난날의 어떤 행동 중에서 지우고 싶은 일이 있니?

- 너의 가장 자연스러운 모습은 어떤 상태이니?
- 네 마음의 스승은 누구니?
- 네가 싫어하는 일은 무엇이니?
- 무엇이든지 가능하다면 무엇을 하고 싶니?

C형 아이의 감정을 표출시키는 질문
- 네가 애정을 쏟는 것은 무엇이니?
- 가까운 사람들에게도 하기 어려웠던 말은 무엇이니?
- 스트레스를 받으면 어떤 증상이 나타나니?
- 생각을 많이 할 때 느낌이 어떠니?
- 떨어져 있는 것이 더 좋은 사람은 누구니?
- 지금까지 꾸중 들은 것 중에 아직도 마음에 남는 일은 무엇이니?
- 다른 사람과 이야기할 때 걱정되는 일은 무엇이니?
- 되돌아보고 싶은 일은 무엇이니?
- 너는 어떤 말을 들으면 감정이 빨리 상하고 고민하게 되니?
- 네가 가장 억울했던 일은 무엇이니?
- 네가 좋아하는 노래는 무엇이니?
- 의도하고 노력했는데 뜻대로 안 될 때 어떻게 하니?
- 네가 지나치게 깊이 고민했던 일은 무엇이니?
- 네가 싫어하거나 존경하지 않는 사람의 특징은 무엇이니?
- 네가 부자연스러울 때 너는 어떤 모습이니?
- 너를 부끄럽게 만드는 일은 무엇이니?
- 네가 괴롭다고 생각하는 것은 무엇이니?
- 믿었던 사람에게 배신감을 느껴 본 적이 있니?

- 너를 가장 편안하게 해 주는 환경은 어떤 환경이니?
- 네가 좋아하는 장소나 물건은 어떤 것이니?
- 네가 가장 아끼는 것은 무엇이니?
- 네가 생각하는 나쁜 일은 어떤 일이니?
- 네 불만은 무엇이니?
- 상처받은 마음을 극복하려면 어떤 방법이 가장 효과적일까?
- 네가 포기하는 이유는 무엇이니?
- 너는 어떨 때 의지를 잃는다고 생각하니?
- 너에게 어떤 자신감이 있으면 좋겠니?
- 오랫동안 하던 일 중에서 그만두고 싶은 것은 어떤 일이니?
- 괴로울 때도 그 상황을 즐거움으로 바꾸는 방법이 있니?
- 자신을 스스로 낮추거나 멸시하는 행동을 한다면 그 원인은 무엇이니?
- 지금까지 어떤 인정을 받고 싶었니?

C형 아이가 거꾸로 생각하게 만드는 질문

- 잊지 말아야 해서 계속해서 생각하고 있는 것은 무엇이니?
- 네가 가진 가장 큰 장점은 무엇이니?
- 친구들의 이해를 돕기 위해 너에 대해 알리고 싶은 것은 무엇이니?
- 너를 아는 사람들에게 제일 많이 설명하고 싶은 것은 무엇이니?
- 너 스스로가 이해할 때까지 그만두고 싶지 않은 것은 무엇이니?
- 너는 관심 없는 것을 하면서 무엇을 배우니?
- 약간의 용기가 있으면 완벽하게 해낼 수 있는 일은 무엇이니?
- 네가 시작하기를 주저하는 것이 있다면 그것은 무엇 때문이니?
- 너는 알고 있지만 다른 사람에게 알리고 싶지 않은 것은 무엇이니?

- 네가 해결하지 않아도 되는데도 계속 고민하는 것은 무엇이니?
- 네 인생에서 다른 사람은 겪지 못할 거라고 생각하는 사건은 무엇이니?
- 목표를 이루지 않아도 된다면 무엇을 하고 싶니?
- 어떤 일이든 실패하지 않는다는 보장이 있다면 무슨 일을 하고 싶니?
- 네가 동물로 태어난다면 어떤 동물로 태어나고 싶니?
- 우리가 네게 자주 하는 말의 진정한 의도는 무엇일까?

C형 아이의 꿈을 키우는 질문

- 네가 꼭 경험해 보고 싶은 것은 무엇이니?
- 네 재능을 찾아내고 그것을 사용하려면 어떤 일을 해야 할까?
- 너의 목표를 달성하기 위해서는 어떤 정보가 필요하니?
- 혼자 아무도 없는 섬에 살아야 한다면 어떻게 할 거니?
- 너는 무엇을 할 때 가장 즐겁니?
- 네가 자신 있게 설명할 수 있는 원리나 책의 내용은 무엇이니?
- 너는 어떤 일로 인류에 이바지하고 싶니?
- 지금 너에게는 어떤 지혜가 필요하니?
- 쉽게 이룰 수 없어도 기어이 해내고 싶은 일은 무엇이니?
- 네가 해야 한다는 걸 알고 있으면서도 하지 않고 있는 일은 무엇이니?
- 너를 힘들게 하는 것은 무엇이니? 그것을 어떻게 해결하고 싶니?
- 그것을 해결하기 위해 이번 주에 준비한다면 무엇부터 해야 하니?
- 네 뜻대로 되지 않는 것을 볼 때마다 어떤 생각이 드니?
- 네가 성장하기 위해 참고 있는 일은 무엇이니?
- 지금 감사한 것이 있다면 10가지만 말해 볼래?
- 너를 고통스럽게 하는 것은 무엇이니?

- 두려워하는 너를 관찰하면 어떻게 보이니?
- 네가 지금 80세라면 너에게 어떤 말을 해 주고 싶니?
- 너는 어떤 부분의 수준을 높여서 실력자로 인정받고 싶니?
- 네가 늘 책임져야 한다고 생각하는 것은 무엇이니?
- 두려움 없이 안전하게 살려면 무엇이 변화되어야 할까?
- 소극적인 목표 대신 적극적인 목표를 설정하려면 무엇을 바꾸어야 할까?
- 성공이 보장된다면 너는 무엇을 해 보고 싶니?
- 네가 대통령이라면 어떤 나라를 만들고 싶니?
- 네가 노벨상 수상자라면 어느 분야의 상을 받고 싶니?
- 네가 선생님이라면 아이들을 어떻게 가르치고 싶니?

이 세상에 부모와 아이가 함께 나눌 수 있는 주제는 무한하다. 그러나 부모와 아이가 함께 적합한 주제를 찾는 데에는 선택과 합의의 지혜가 필요하다. 이것을 잘해야 하브루타는 뿌리를 내릴 수 있다. 한국인들이 질문과 토론에 약점이 있는 것은 성격이 급해 문제를 빨리 해결하려 들기 때문이다. 과정을 모르는 답은 응용할 수 없다. 곱셈의 원리를 모른 채 구구단만 외우면 답은 빨리 찾을 수 있지만, 더 큰 셈을 하기가 어렵다. 아이에게도 부모가 방법을 알려 주어 문제를 빨리 해결하는 것보다는 스스로 해결하고 싶은 주제를 찾아내고, 문제의 원인이 무엇인지, 또 어떠한 방식으로 해결할 수 있는지 고민하여 답을 찾아가는 과정이 더 필요하다.

아이의 기질에 따라서 선호하는 주제를 찾아야 성공적인 하브루타를 할 수 있다. 지금부터 나와 내 아이의 성향을 알아보자.

우리 아이에게 주는 최고의 선물은?

DISC 유형대로 아이에게 최고의 선물을 해 주자. 물질적인 선물이 아닌 환경을 마련해 주고 경험을 제공하는 선물이 우리 아이를 바르게 성장시킨다.

D형 아이

리더십을 발휘하는 환경을 선물하라.

I형 아이

즐거운 경험을 하는 환경을 선물하라.

S형 아이

편안하고 풍족한 환경을 선물하라.

C형 아이

공부나 연구에 집중하는 환경을 선물하라.

5부

부모가 바로
하브루타 코치

하브루타 코치란 무엇인가? 우리는 흔히 코치를 사람들을 지도하고 가르치는 직업으로 안다. 그러나 인문학에서 코치란, 질문과 경청이란 도구로 내면의 탁월성을 발견하면서 꿈을 이루도록 돕는 사람을 말한다. 결국 하브루타 코치란 하브루타라는 도구를 사용하여 아이 스스로 자아실현을 하도록 돕는 사람이다. 이 때문에 하브루타 코치는 아이를 치유나 문제 해결의 대상, 혹은 노하우 전수의 대상으로 보지 않는다. 성장과 발전의 주체를 아이 자신이라고 보고, 하브루타를 통해 스스로 배우고 깨닫게 한다.

왜 부모는 하브루타 코치가 되어야 할까? 자녀를 빛나는 존재로 키우고 싶은 사람이 부모이기 때문이다. 사람은 누구나 자기다울 때 가장 빛난다. 부모라면 하브루타 코치가 되어 내 아이가 가진 보석을 발견하고, 아이가 그 빛을 발현하며 살아갈 수 있도록 도와야 한다. 자연스러우며 편안하게 하브루타를 진행해 보자. 처음부터 어렵게 하면 아이들이 하브루타의 하 자만 들어도 도망간다. 하브루타 코치가 되기 위해서는 2가지 기법을 익혀야 한다.

바로 경청과 질문이다. 이 둘은 몸과 정신이며 동전의 양면과 같다. 둘 중 하나라도 없으면 안 된다. 특히 경청 없는 질문은 사막에서 도시로 온 사람이 수도꼭지만 챙겨 사막으로 돌아간 것과 같다. 훌륭한 경청은 훌륭한 질문을 낳고, 깊은 경청은 깊은 질문을 만든다. 공감 어린 경청은 마음을 치료하고, 존재를 경청하는 코치는 아이의 자존감을 높여 준다.

12

자녀를 경청하라

아이의 작은 몸짓도 경청하라

경청이란 무엇인가? 여러분도 답해 보기 바란다.

  대부분 사람은 '상대의 말을 잘 들어 주는 것', '상대의 마음을 들어 주는 것', '상대의 감정을 이해하는 것' 등을 말한다. 여기에 공통으로 들어가는 것이 '상대'이다. 경청이란 자신과 마주한 모든 상대에 대한 듣기이다. 한국인은 서양 사람과 달리 듣고 보는 것을 크게 구분하지 않는다. 우리한테는 만지는 것도 보는 것이고, 보는 것도 보는 것이고, 먹는 것도 보는 것이다. 또 느끼는 것도 느껴 본다고 말한다. 듣는 것도 들어 본다고 한다. 우리의 경청은 구태여 귀에 국한되지 않는다. 온몸으로 경청한다. 좌뇌형은 사실^{Fact} 경청에 강하고 우뇌형은 의도^{Intention} 경청에 강하다. 좌뇌 구조의 서양인은 눈으로 봐야만 이해하지만, 우뇌를 사용하는 동양인은 온몸으로 듣는다. 그래서 경청의 폭이 넓은데, 너무 넓다 보니까 속단과 오해를 한다. 이제 내 아이의 멋진 하브루타 코치가 되기 위하여 진정한 경청의 세계로 들어가자.

사람은 어떤 방식으로든 자신을 드러내게 되어 있다. 목소리, 눈빛, 자세, 표정, 미세한 몸짓에서 의식적이건 무의식적이건 드러낸다.

아이와 하브루타를 하는 도중 잘되고 있는지 아닌지는 아이의 태도에서 알 수 있다. 훌륭한 코치는 지금 아이의 마음이 어떠한 상태인지 정확히 읽고 대응해야 한다. 이를 위한 핵심 기술이 8:2 대화 기준이다. 아이가 8번 말하면 코치는 2번 말하는 것이다. 효과적인 경청과 질문의 사용으로 아이가 신바람 나게 자신의 이야기를 하게 만드는 것이 코칭의 핵심 기술이다.

한편 아이들은 답을 만드는 시간이나 표현하는 방법이 제각각 다르다. 외향성(D형, I형)처럼 사안이나 사물의 원리를 통합적으로 받아들이고 추상적인 부분까지 빠르게 이해하는 아이가 있는가 하면, 내향성(C형, S형)처럼 이해가 늦는 아이도 있다. 여러 가지 걸리는 것이 많기 때문이다. 이런 아이는 부모의 의도를 빠르게 이해하지 못하고, 이해하여도 자기 생각을 빠르게 정리하기가 어렵다. 어떤 성질 급한 부모는 아이에게 하브루타를 하면서도 애써 준비한 질문에 빠르게 대답하지 못하는 아이를 쥐어박는다. 그러고는 한숨을 쉬면서 "왜 대답을 못 해! 어려운 이야기도 아닌데. 네 생각이 뭐냐고 묻는 거잖아, 네 생각을 말하라고! 응?" 이렇게 닦달할 것이다.

자기 생각이 없는 S형 아이와 자기 생각이 무엇인지를 찾아야 하는 C형 아이는 빠르고 정확한 대답을 해야 하는 부담 때문에 하브루타를 싫어할 수 있다. 한번 실패한 하브루타는 만회하기 어려운 탓에 시작을 잘해야 한다. 이를 위해서 아이들의 성향을 미리 공부한 것이다. 빠르게 하는 것이 좋은 아이도 있지만 충분한 시간을 주고 기다려야 하는 아이도 있다. 또 아무리 기다려도 영원히 답을 하지 않는 아이도 있다. 하브루타를 잘하기 위해서 아이들의 미세한 눈빛이나 몸짓 하나도 놓치지 말아야 한다. 아이의 성향을 염두에 두고 질문과 경청을 해야 하브루타가 재미있게 뿌리를 내릴 수 있다.

아이가 하브루타를 어렵게 느끼는 이유는 부모의 자기중심 경청 때문이다. 먼저 DISC 유형별로 경청의 걸림돌이 되는 부분을 살펴보자.

걸림돌을 제거하고 경청하라

D형 부모: 급한 성격을 조심하라

D형 부모는 특유의 빠른 직관 능력 덕분에 아이의 말을 몇 마디만 들으면 무슨 말을 하려는지 이미 안다. 그래서 더는 아이 말을 듣지 않고 답을 주려고 한다. "그럴 때 이렇게 하면 된다."라는 결정적인 답을 주는 유형이 D형이다. 아이 스스로 코칭 주제에 대한 답을 찾도록 도와야 한다. 그러기 위해서 D형 부모는 빠르게 반응하지 않는 C형이나 S형 아이를 기다려 줄 줄 알아야 한다. 호흡을 고르고 참아야 한다. 혀끝에 매달린 "그걸 왜 몰라, 이런 거잖아."라는 말을 삼키고 기다려야 한다. 당장 답이 나오지 않으면 나중에 다시 해도 된다. 소리를 높이거나 아이를 닦달하면 하브루타는 영원히 끝이다.

I형 부모: 주제에 집중하라

I형 부모의 경청 장애 요인은 곁가지에 마음을 빼앗기는 것이다. 부모가 산만한 편이라 아이의 얼굴이나 옷가지, 혹은 새로 산 물건 등에 마음을 빼앗긴다. 그러다 보니 코칭 주제를 놓치기 쉽다. 심지어 아이보다 자신의 경험담을 더 늘어 놓는 바

람에 거꾸로 아이가 경청자가 되기도 한다. 아무리 재미있고 자신의 경험과 유사한 것이 많아도 듣는 것이 우선이다.

I형 부모의 또 하나의 단점은 아이의 미세한 표정이나 제스처를 지나치게 긍정적인 시각으로 본다는 점이다. 그러니 아이 내면의 고통을 읽지 못하고 넘어갈 때가 많다. 특히 C형 아이를 대할 때는 표현하지 않는 아이의 내면을 읽는 눈을 하나 더 가져야 한다.

S형 부모: 이야기의 핵심을 들어라

아이의 이야기를 가장 잘 듣는 사람이 S형 부모이다. 하지만 코치란 하염없이 이야기를 듣는 사람이 아니다. 물론 아무 말 없이 들어 주는 S형한테 저절로 감정이 풀리는 경우도 많다. 하지만 하브루타 코치에게는 아이의 이야기를 다양한 채널을 통해 듣는 기술이 필요하다. 이야기를 듣기만 하는 것이 아니라 현재 상황을 파악하고, 이 상황에 적합한 질문을 사용하는 민첩성이 있어야 한다. S형 부모는 아이를 편안하게 하지만, 아이가 자신의 문제나 행동을 스스로 발견하는 데 민감하지 못할 수 있다. 두루뭉술하게 넘어가기 때문이다. S형 부모는 아이가 말하는 것을 생각 없이 듣다가 말을 마친 아이가 되물었을 때 답하지 못할 수 있다. 이런 경우, 아이에게 신뢰를 잃을 수 있다. 또 "그렇구나!"로만 응수하다가 대화가 의미 없이 끝날 수도 있다.

C형 부모: 자신을 잊고 이야기에 몰입하라

가장 완벽하면서도 신중한 C형 부모는 아이의 감춰진 생각을 놓친다. C형 부모는 아이에게서 비논리적이거나 상식과 거리가 먼 이야기를 들으면 거기서 경청을 멈춘다. 머리에 아이의 틀린 말이 남아서 계속 맴돈다. 결국, 아이에게 사실을 확인하거나 틀린 부분을 수정해 주려고 묻게 된다. 이렇게 되면 아이가 하려던 큰 틀의 이야기가 흐트러질 수 있다. 꼼꼼한 C형 부모는 사전을 찾아가면서 바른말로 고쳐 주거나 틀린 사실을 바로잡는데, 이런 행동은 아이의 사고력을 반감시킨다. C형 부모는 자신이 이해하는 단어와 아이가 사용하는 언어의 차이점을 인정하지 못한다. 자신만의 울타리에서 아이의 언어를 해석하기 때문에 경청 포인트를 놓칠 수 있다. 특히 이미지로 말을 하는 I형 아이는 C형 부모한테는 난해하기까지 하다. 이 경우 그림 하브루타나 동화 하브루타로 코칭하는 편이 더 좋을 수도 있다.

C형 부모는 I형 아이가 느끼는 행복감에 대해 공감 능력이 떨어진다. I형 아이가 기뻐하고 즐거워하는 이야기를 잘 들어 줘야 한다. 한편 C형 부모는 아이 눈에 비친 자신의 표정이나 태도를 의식하다가 경청을 놓칠 수도 있다. 또 C형은 타고난 분석가라 아이의 이야기를 액면 그대로 듣기보다는 그 원인을 찾으려 한다. 자기 생각에 몰입하지 말고, 아이의 이야기를 그대로 들어야 한다.

아이의 의도를 경청하라

모든 사람은 스토리텔링을 한다. 다만 자신의 고유한 성격에 따라 관심사에 따라 말하는 내용이나 방법이 다를 뿐이다. 경청은 상대가 말하고자 하는 이야기의 핵심을 듣는 것이다. 자신의 기질적인 습성이나 판단하고자 하는 마음을 비우고 아이가 무엇을 말하는지 귀 기울여야 한다.

DISC 유형별로 아이가 어떤 이야기를 하고 싶어 하는지 알아보자.

D형 아이
D형은 자신의 일이나 자신의 행동, 결과물이나 시사, 사건 이야기를 한다.

I형 아이

I형은 주로 사건이나 사람, 연예인이나 친구들 이야기가 많다. 언제나 사람 중심이기 때문이다.

S형 아이

S형은 보편적으로 기계와 같은 사물에 관심이 많다. 음식 이야기도 많이 한다.

C형 아이

C형은 학교 공부나 읽은 책, 혹은 못 한 일과 해야 할 일을 말한다. 상처나 억울한 일도 말한다. 원리나 과정도 설명한다. 자신이 아는 것을 타인은 모른다고 생각하기 때문이다.

아이의 감정을 경청하라

인간은 동물과는 달리 인간만이 가진 다양한 감정 세계가 있다. 감정은 결코 나쁘거나 제거해야 할 대상이 아니라 인간을 인간답게 하는 소중한 자산이다. 감정의 노예가 되어서는 안 되고, 자신과 타인의 감정을 잘 이해하고 운용할 줄 알아야 한다. 긍정적인 감정도 부정적인 감정도 모두 자기만의 소중한 자산이다.

하브루타를 할 때는 아이한테 드러나는 감정 세계를 이해해야 한다. 어떤 아이는 자기 속마음을 상대가 알아차렸을 때 혓바닥을 밖으로 내민다. 이처럼 아이는 자신의 의사를 말로만 전달하지 않는다. 큰 행동이나 아주 미세한 몸짓으로 자신을 드러낸다. 뇌에 있는 1백조 개가 넘는 시냅스가 반응하기 때문이다.

나폴레옹이 항상 조끼 주머니에 손을 넣고 있는 것은 멋을 내려는 것이 아니라 위장이 안 좋았기 때문이다. 그 사실을 알면 그의 고통을 느낄 수 있다. 헨리 8세가 다리를 팔자로 크게 벌리고 있는 초상화를 보자. 가톨릭을 떠나 독립하려는 그의 강력한 의지가 드러난다.

사람의 모든 동작에는 독특한 개인의 신체적 혹은 감정적 이유가 들어 있다. 부모는 아이의 행동을 읽고, 그 행동에 담긴 의미를 알아야 한다. 사람의 행동은 감정과 연결되어 있기 때문이다. 셜록 홈스가 왓슨 박사에게 말했듯이 '우리는 잘 보기는 하지만 늘 관찰하는 것은 아니기 때문'이다.

개인이 갖는 독특한 특성은 오랜 세월 함께 살아온 식구 외에는 잘 알아차리지 못한다. 특정한 몇몇 사람만이 그 메시지를 이해하고 의중을 짐작한다. 아이들은 무의식적으로 신호를 보낸다. 비밀을 들출 때나, 내면의 상처나 추억을 건드릴 때 일어나는 반응들을 눈여겨봐야 한다. 그러면 아이가 거짓말을 할 때 다리를 흔든다든지, 눈을 마주치지 않는다든지 하는 시그널을 알아차릴 수 있다. 심리학자들은 이 찰나의 표정이 약 8분의 1초 정도로 극히 짧은 순간 나타났다가 사라진다고 한다. 그러나 아이는 자신의 감정 상태를 항상 알려 준다. 조금만 관심을 가지고 관찰하면 아이에게 더 가까이 갈 수 있다.

아이의 감정은 대부분 얼굴에서 드러난다. 그만큼 얼굴 근육은 미세한 성질을 가지고 있다. 생각을 많이 하는 대화에는 표현이 많지 않지만, 감정적인 부분을 말할 때는 얼굴에 반응이 나타난다. 이 감정 반응은 다른 사람들에게 보이고 싶은 긍정적인 감정과 무엇인가를 감추려는 부정적인 감정에서 비롯된다. 과거의 상처나 아픔과 같은 감정을 동반한 사건을 경험할 때 아이는 고통을 드러낸다. 이때 아이의 마음으로 들어가는 문이 열린다. 탁월한 코치는 이러한 고통의 순간을 절대로 놓치지 않는다.

각 유형의 아이가 다른 유형의 아이보다 더 강하게 겪는 감정을 살펴보자.

아이가 겪는 일반적인 감정을 긍정적인 감정과 부정적인 감정으로 분류했다.

긍정적인 감정	부정적인 감정
기쁜, 행복한, 만족한, 따뜻한 든든한, 뿌듯한, 신나는, 즐거운, 좋아하는, 기대감, 새로운, 신기한, 시원한, 사랑의, 감사, 환희, 평화로운, 차분한, 경이로움을 느끼는, 편안한, 넉넉한, 보람찬, 긍정적인, 재밌는, 자신감 있는, 신비한, 희망찬	슬픔, 분노, 두려움, 불안한, 초조한, 우울한, 억울한, 서러운, 놀란, 역겨운, 불편한, 절망감, 낙담, 상실감, 답답한, 짜증 나는, 싫어하는, 서글픈, 무서운, 싸늘한, 미워하는, 갈등, 조바심, 산만한, 애틋한, 애타는, 섭섭한, 어설픈, 지겨운, 요란한, 외로운, 부끄러운, 갈급한, 괴로운, 후회하는, 아픈, 비난하는, 변덕스러운

DISC 유형별로 두드러지는 감정을 살펴보자.

D형 감정

신나는, 자랑하는, 다급한, 성취감, 뿌듯한, 기대감, 통쾌한, 열정적인, 환희의, 자신감 있는, 긍정적인, 의욕적인, 화를 내는, 경멸하는, 역겨운, 답답한, 짜증 나는, 미워하는, 싫어하는, 갈급한, 굴욕감, 지겨워하는

D형 아이의 대표적인 감정은 '분노'

대화 도중 D형 아이의 콧구멍이 많이 커져 있다든지, 눈동자에 강한 기운이 돈다든지, 상체가 앞으로 기울어져 있다든지, 윗입술이 많이 움직인다면 아이가 불편해하는 것이다.

D형 아이를 코치할 때는 이러한 감정 체계를 인식하고, 화를 내려 하면 빨리 에너지를 전환해야 한다. 부정적인 감정부터 처리해야 하브루타로 들어갈 수 있다.

아이와 함께 화를 처리하기 좋은 방법을 알아보자.

볼텍스 운동

첫 번째는 볼텍스^{Vortex} 운동이다. 일종의 에너지 회전 응집 운동으로, 왼쪽으로 회전하면 에너지가 풀리고 오른쪽으로 회전하면 에너지가 응축되는 원리다. 기지개를 켜면 곧 하품이 나온다. 하품은 이완 운동이다. 기지개를 켤 때 양팔은 바깥으로 향한다. 특히 왼쪽 팔이 왼쪽으로 도는 데에 핵심이 있다. 아이와 기지개를 켜고 나면 곧 신체가 이완된다.

수영할 때 배영의 원리도 마찬가지다. 양팔을 뻗어 돌리면 닫힌 임맥이 열리고 몸이 시원해지면 화의 기운이 풀어진다. 양팔을 대고 선 채로 팔 굽혀 펴기를 해도 분노의 기운은 풀린다. 쉽게 피로를 느낄 때는 반대로 양팔을 안쪽으로 돌려주면 에너지가 응축되어 단전에 온기와 함께 힘이 솟는다. 중국의 태극권, 자유형 수영, 큰절 등이 모두가 안쪽으로 팔을 회전시킨다. 힘을 만드는 원리이기 때문이다.

그러나 D형에게는 양손을 밖으로 돌려 주는 운동이 가장 좋다. 안으로 돌리는 운동보다 분노를 풀고 긴장을 이완시켜 주기 때문이다.

중부혈 두드리기

두 번째 방법은 중부혈 두드리기다. 오른쪽 어깨뼈 바로 아래 움푹 들어간 자리를 동양 경락에서는 중부혈이라고 한다. 분노 에너지가 지나가기도 하고 모여 있기도 하는 교차점이다. 오른손 두 번째 손가락에서 시작되는 양명 대장경이 지나가는 곳이기도 하다. 양명한 기운, 곧 칼칼한 서릿발 같은 기운이 지나가는 곳이다. 그래서 우리가 다른 사람의 잘못을 지적하거나 비난할 때 두 번째 손가락을 뻗어 흔든다. 옛날 우리 어머니들이 "아이고, 내 팔자야." 하며 두드리던 곳도 그 라인이다. 어깨뼈 아래 움푹 들어간 곳은 분노의 기운이 밀집되어 있다. 그곳을 손가락으로 톡톡 12번 정도 두드려 보자. 분노로 막혔던 혈이 열리면서 기운의 순환이 좋아진다.

손톱 마사지

세 번째는 손톱을 이용한 마사지인데, 두 번째 손가락의 손톱을 눌러만 주어도 화기운이 가라앉는다.

찬죽혈, 소충혈, 유부혈 두드리기

네 번째는 이마 한가운데 눈썹 사이(찬죽혈), 새끼손가락(소충혈), 목 아래 볼록 튀어나온 2개의 빗장뼈(유부혈)를 차례로 두드린다. 12번씩 두드려 주면 금세 분이 가라앉는다.

에너지장 벗어나기

다섯 번째는 잠시 그 자리를 떠나 신선한 외부 공기를 호흡한다. 화를 내거나 기분이 나쁜 것은 몸에서 만든 나쁜 에너지가 그 자리를 감싸고 있기 때문이다. 그 자리를 벗어나거나 아예 대화의 장소를 바꾸는 것이 좋다.

분노 공감하기

여섯 번째는 어떤 사건이나 대상 때문에 아이가 화를 내거든 아이보다 부모가 더 화를 내 본다. 아이에게 내라는 것이 아니다. 화가 나게 만든 대상을 향하여 더 강하게 내 보라. 아이는 오히려 분노하는 부모를 이해시키거나 그만하라고 스스로 정리한다. 아이 화의 대상이 엄마라면 스스로 꾸짖어 보라. "엄마가 밉지? 엄마 때문에 화났지?" 아이는 그런 엄마를 보면서 웃고는 관용의 마음이 생겨 금세 풀린다. 엄마는 자신의 잘못을 아는 사람이라는 인식 때문에 이해하는 마음이 넓어진다. 화난 아이에게 엄마의 정당성을 주장하며 야단쳐서 주저앉히면 D형 아이의 분노는 내면으로 잠식된다. 어린 동생들에게 화를 발산하여 문제를 더 크게 만들 수 있다.

여기에 D형 아이의 하브루타 코칭 주제가 숨어 있다. 나중에 다루겠지만 대화의 주제는 아이 자신에서 시작해야 한다. D형 아이의 이러한 감정 구조는 훗날 성장해서도 다른 사람에게 고통을 주기도 하고, 자신도 호되게 고통을 겪을 수 있는 중요한 사안이다. 그러니 화를 잘 내는 자기 감정을 처리할 수 있는 능력을 길러 줘야 한다. 그래야 화를 조절할 줄 아는 리더로 성장한다. 부모는 D형 아이의 감정 경청과 처리 능력을 갖춘 유능한 코치가 되어야 한다.

I형 감정

> 좋아하는, 명랑한, 기대에 찬, 새로운, 시원한, 환희, 경이로운, 신기한, 감사, 행복한, 즐거움, 재미, 위로하는, 기뻐하는, 공감하는, 친근한, 잘 웃는, 사랑하는, 자랑하는, 요란, 산만한, 쉽게 흥분, 덜렁대는, 과장이 심한

I형 아이의 대표적인 감정은 '즐거움'

I형 아이는 밝다. 일을 할 때는 단점이 많지만, 감정 체계에 있어서는 긍정심리의 표본이다. 자기의 창의적 생각을 표현하는 I형은 대화식 하브루타 코칭을 좋아한다. 이들은 좋은 것 하나라도 깨달으면 주변 사람에게 전해 줄 생각으로 가득하다. 코칭받을 때 깨달음을 온몸으로 표현하는데, 가장 표현 능력이 강하고 빠르다. C형 부모가 I형 아이를 코칭할 경우 아이의 감정을 가라앉히지 말고 행복한 상태를 유지하자. 특히 부모와 나누는 대화의 즐거움을 간직하도록 한다. 부모와 나누었던 감정 경험의 힘은 I형 아이를 친구들에게 도움을 주는 인재로 만든다. 탁월한 상상력을 발휘할 때마다 감탄해 주고 더 많은 창의적 발상을 하도록 긍정적인 감정을 북돋아 주자.

I형의 언어 발전기는 손이다. 손을 흔들어야 말이 나온다. 이들의 손을 꽉 붙잡고 있으면 말이 끊어진다. 언어 표현이 뇌의 운동 신경과 연관되어 있기 때문이다. 손을 흔들면서 이야기를 하거나 목소리 톤이 높아지는 것은 지극히 자연스러운 행동이다. 부모는 통제하지 말고 아이의 제스처를 즐기자. 어떤 종류의 말을 할 때 어느 손이 움직이는지, 눈동자 위치는 어떤지, 다리를 떠는지 등을 유심히 관찰하고 행동 패턴을 체크하면 된다.

I형 아이의 불편한 감정 상태는 대부분 인간관계에서 발생한다. 가까운 친구의 비난과 배신에 가장 상처를 많이 받는다. 자신을 향한 쓸데없는 잔소리나 분노를 드러내는 D형 친구, 까다로운 C형 친구와의 관계에서 화가 형성된다. 그럴 때는 손으로 무엇을 두드린다든지, 입술을 안으로 말아 들이거나 물어뜯는다든지, 다리를 심하게 떠는 몸짓을 한다. 친한 친구와 속이 풀릴 때까지 수다를 떨기도 하고, 쇼핑을 하는 등 밖으로 드러나는 행동도 한다. 이런 부정적인 상황이 발생했을 때는 이전에 행복하고 즐거워할 때 움직였던 동작을 하게 해야 한다. 우리의 뇌 속에는 이미 저장된 행복 패턴 동작과 고통 패턴 동작이 자리 잡고 있기 때문이다. 즐거웠을 때 저장된 기억대로 몸을 움직이고 자극하면 고통 모드에서 행복 모드로 전환된다.

이렇게 빠른 전환에 가장 탁월한 뇌 기능을 가진 유형이 I형이다. I형 아이는 D형 아이처럼 화를 처리하는 운동을 하지 않아도 시간이 흐르면 "흥, 내가 그렇다고 너 때문에 힘들 게 뭐 있니? 다른 애 만나야지." 그러면서 새 친구를 찾는다. 아무리 강한 스트레스도 30분 안에 스스로 처리하는 자정 능력이 있다. 이 아이에게는 슬프고 심각한 주제보다는 사람들을 행복하게 하는 주제를 선정해서 하브루타를 하는 것이 좋다. 배울 게 많고 의식을 높여 줄 수 있는 C형 멘토가 적합하다. 멘토와 함께 의식을 성장시켜 사회에 이바지하는 인재가 되도록 머릿속에 로드맵을 그려 놓아야 한다.

S형 감정

> 평온한, 무덤덤한, 무딘, 차분한, 온화한, 인정이 많은, 편안한, 여유가 있는, 강요하지 않는, 목가적인, 조용한, 좋아하는(사물), 흥분하지 않는, 두려운, 불안한, 부끄러운, 갈등하는, 게으른, 욕망의, 귀찮아하는, 회피하는, 무반응적인, 의존하는, 무서워하는

S형 아이의 대표적인 감정은 '편안함'

S형 아이의 감정 체계는 지나치게 행복하거나 즐거워하지 않고, 지나치게 화를 내거나 염려하지도 않는다. 아이라도 감정 체계는 거의 도인 수준이다. 심리 구조로 보면 두려움이 이들의 모든 행동을 만든다. 두려움 때문에 생존에 관련된 먹고, 자고, 살아가는 환경에 대해서 지극히 민감하게 되는 것이다.

그러므로 S형 아이를 코칭하는 부모는 그들의 두려움이라는 감정 체계를 아는 것부터 시작해야 한다. 이러한 감정을 알지 못한 채 아이에게 하브루타 교육이 세계적인 위인을 만든다고 하면 아이는 세계라는 말에 겁부터 집어 먹는다.

S형 아이는 세계사에 관심 없다. 큰 인물이 되고 싶은 야망도 꿈도 없다. 그냥 먹을 게 있고, 살 집이 있고, 큰돈이 아니더라도 꾸준하게 일할 곳이 있으면 그것으로 만족한다. 이들에게 두려움과 편안함이란 가장 중요한 가치다. 두려움에서 빨리 벗어나 편안함으로 가는 것, 잘 먹고 편안히 쉴 수 있는 것이 가장 기본적인 욕구임을 기억하자.

〈맛있는 녀석들〉, 〈세계의 음식 기행〉 같은 프로그램을 함께 보면서 하브루타 주제를 찾으면 좋다. "네가 음식을 먹는다면 무엇을 먹고 싶니?", "네가 만든다면 어떤 종류의 음식을 만들어 보고 싶니?", "그 음식은 어떤 사람이 먹으면 좋겠니?",

"음식 값은 얼마를 받을까?", "돈을 벌면 무엇에 쓰고 싶니?", "음식 재료가 많이 남 았는데 어떻게 하고 싶니?" 그렇게 묻다가 "동네 박스 줍는 할머니, 할아버지께 음식을 만들어서 대접하고 싶어요."라는 답이 나오면 이 아이의 의식 세계는 진일보한 것이다.

S형 하브루타는 자기 생존으로부터 타인의 생존으로 의식을 넓혀 가야 어리석은 우를 범하지 않게 된다. S형 아이에게 조심해야 할 부모 코치는 D형이다. 빠른 응답과 결단을 요구하는 자세로는 S형 아이의 두려움으로 덮인 감정 세계를 열기 어렵다. 코치는 '편하게 살고 싶은 한 사람'으로 S형을 대해야 아이가 하브루타에 적응하기 쉽다.

C형 감정

> 섬세한, 차분한, 조심스러워하는, 불안한, 우울한, 서러운, 억울한, 답답한, 서글픈, 싫어하는, 짜증 나는, 냉소적인, 불쾌한, 미워하는, 슬픈, 고독한

C형 아이의 대표적인 감정은 '불안'

C형 아이는 긍정적인 감정 요소보다는 부정적인 요소를 더 많이 갖고 태어났다. 그러나 C형은 감정에서 드러나는 부정적인 요소보다 이성에서 드러나는 긍정적인 요소가 많아서 학문이나 연구 활동을 하는 데 적합하다.

C형 아이는 친구들과의 관계에 서툴다. 말수가 적고 홀로 있으면서 책 읽는 것을 좋아하다 보니 자연스럽게 친구가 많지 않다. 그래서 집단에서 오는 비난 때문에 감정적으로 상당한 고통을 겪는다. C형 아이는 기본적으로 슬퍼하고 불안해하는 부정적 감정이 많다. 공부를 잘하는데도 스스로 자해하는 아이가 C형이다. 이

들은 쉽게 상처받고 작은 일에도 민감하다. 이런 아이는 한 번 생긴 상처를 또 받는 것이 무서워 상처의 정보들이 뇌의 감정 영역으로 숨어 버린다. 일생 트라우마나 공황 장애를 겪거나 막연한 불안 증세에 시달린다. 부모 코치는 아이의 일생을 위해서라도 어린이 시기에 감정을 처리해 주고 스트레스 대응법을 알려 주어야 한다. 유능한 코치라면 이러한 C형을 편안하게 하브루타하도록 인도할 수 있다.

감정 사인 파악하기

이제부터 어떻게 감정을 찾아내고 처리할 수 있는지 살펴보기로 한다. 대개 얼굴에는 부정적인 감정 요소를 가진 포인트가 많다. 유난히 얼굴에 손이 많이 가면 눈여겨봐야 한다. 어디를 만지고 있는가? 유심히 보고 아이의 감정을 읽어야 한다.

눈 안쪽에 눈곱이 끼는 자리를 만지면 수치심과 굴욕감을 느낀 것이고, 눈가를 만질 때는 죄의식이나 비난하는 의식이 발동한 것이다. 콧날을 세울 때는 자존심을 세워 달라는 사인이고, 코볼 옆에 길게 파인 골짜기를 만질 때는 현재 무기력하고 절망스럽다는 마음을 드러내는 것이다. 코밑의 인중을 비빌 때는 무엇인가 욕구가 발생한 것이고, 입술 아래 움푹 들어간 곳을 만질 때는 지난 일에 대한 후회와 슬픔을 표현하는 것이다. 이렇게 얼굴을 만지는 감정적 반응을 코치는 감각적으로 포착해야 한다.

포착된 감정들 처리하기

앞에서 화를 처리하는 방법처럼 아이가 고통받는 감정의 요소, 곧 손으로 만지는 자리들을 12번씩 두드려 주면 된다. 평소에 잘 드러나지 않으면 오링테스트를 한다. 신체 각 부위에 왼손을 대고 오른손은 엄지와 검지를 동그랗게 말아 링을 만든다. 코치가 두 손으로 아이의 오링 손가락을 벌려 볼 때 쉽게 풀어지는 부위가 바로 관련된 감정이 내재한 곳이다. 순환되지 않은 감정 분자들이 그 자리에 눌러앉아 자연스러운 에너지의 순환을 막고 있다. 이러한 상태를 지속하면 부정적인 감정은 인체의 원활한 흐름을 막고, 정신도 우울하게 만든다. 그러므로 반드시 감정 분자들을 처리해야 한다.

다행히 동서양 의학자들이 공통으로 연구한 EFT 기법으로 처리할 수 있다. 원리는 두드려 주는 것이다. 손가락으로 감정을 확인한 자리를 두드려 주면 자기 성분을 가진 뼈와 뼈가 충돌한다. 마치 불꽃 튀듯이 인체 내에서 자기장이 발생한다. 그 자기 에너지 파워와 두드릴 때 발생한 열이 감정 분자들을 녹여 에너지의 순환을 돕는다.

두드려 주고 나서 다시 오링테스트를 하면 깜짝 놀랄 일이 발생한다. 아이 손에 엄청난 힘이 생겨 오링이 풀리지 않는다. 내재한 감정 분자가 사라진 것이다. 다시 생길 때마다 EFT 기법을 활용하여 풀어 주면 된다.

'고통이 밥줄'이라는 말이 있다. 자기가 겪은 고통 때문에 그 분야의 전문가가 되는 것을 말한다. 유난히 감정적 고통을 많이 겪은 유대인 중에는 정신분석학자가 많다. 어려서 고통을 겪은 C형 아이는 잘 이겨 내면 자기처럼 고통받는 아이를 도울 수 있다. 하브루타란 이렇게 성장을 도우며 아이 스스로 남을 돕게 한다. 하브루타는 부모와 자녀, 사람과 사람 간에 깊은 신뢰를 쌓아 가는 또 하나의 대화이다.

아이에게 공감하며 경청하라

하브루타 코칭에 흥미를 갖게 하는 가장 좋은 방법은 공감 경청이다. 공감 경청은 아이 이야기 속에 담긴 긍정적인 의도를 듣고 반응해 주는 것이다. 긍정적인 의도란 뭘까?

예를 들어 살펴보자.

우람   엄마 나 학교 가기 싫어, 애들이 막 놀려.

아이가 이렇게 말했을 때, 아이가 진정으로 원하는 바가 무엇인지를 들어야 한다. 그때 만약 이렇게 말한다면?

엄마   무슨 소리야, 학교는 다녀야지. 학교 안 다니면 나중에 뭐 먹고 살래?

이런 대답은 빵점이다. 아이는 학교에 가기 싫은 이유가 아이들이 놀리기 때문이라고 말했다. 본래 마음은 아이들하고 친하게 지내면서 학교를 잘 다니고 싶다는 거다. 이것이 긍정의 의도를 듣는 것이다. 그렇다면 어떻게 말해 줘야 할까?

엄마   우리 아들이 친구들 때문에 속상했구나.

일차적으로는 학교 이야기를 하지 않는다. 원인이 친구들이기 때문이다. 그렇다면 이 아이의 하브루타 주제는 무엇이 되어야 할까? 자연스럽게 '친구들과 잘 지내기'가 된다. 지혜로운 부모 코치라면 이렇게 대화한다.

엄마   일단 우리 저녁을 맛있게 먹고, 어떻게 하면 친구들하고 잘 지낼 수 있을지 방법을 찾아볼까?

이것이 아이의 마음을 헤아리며 대화하는 공감 경청이다. 예를 하나 더 들어 본다. 흔한 일상에서 쓰이는 대화에서부터 공감하기를 훈련하는 방법이다.

보라   엄마, 난 영어는 재미있는데 수학은 싫어.

자, 어떻게 대화해야 할까? 만약 이렇게 말한다면?

엄마	무슨 소리야, 수학을 못 하면 좋은 대학에 들어가기 어려워. 수학은 무슨 일이 있어도 꼭 해야 할 과목이야!

이런 대화 역시 빵점이다. 아이의 속내는 수학도 영어처럼 재밌게 잘하고 싶다는 것이다.

엄마	아, 영어는 재밌는데 수학은 어렵구나?

아이의 말을 똑같이 따라서 대답한다. 사람은 자기가 말한 대로 따라서 말할 때 상대가 자신을 이해한다고 생각한다. 이것을 백트래킹^{Backtracking} 기법이라고 부른다. 그러니 대화 주제를 수학이 아닌 잘하고 재미있는 영어부터 시작한다. 영어가 왜 좋은지를 묻는다.

엄마	그런데 영어는 어떻게 그렇게 잘하니?
보라	엄마, 영어는 선생님이 재밌게 가르쳐 주세요. 제 발음이 좋고, 목소리도 예쁘대요. 애들도 다 그래요.
엄마	아하, 우리 딸 영어 발음이 좋구나! 목소리도 예쁘고. 선생님과 친구들도 알아보는구나.
보라	네. 저도 그렇게 생각해요.
엄마	그래서 영어가 재미있구나, 수학도 영어처럼 목소리로 하면 좋을 텐데, 수학을 영어처럼 잘하려면 어떤 방법이 있을까?
보라	수학도 영어처럼 떠들면서 공부하면 어떨까요?

이렇게 아이 스스로 수학을 재미있게 잘하는 방법을 찾도록 묻는다. 최대한 방법을 찾을 수 있게 돕는다.

엄마   하나만 더 찾아볼까?
보라   수학 잘하는 명석이를 집에 초대해서 함께 공부하면 어떨까요?

이렇게 자기만의 방법을 찾아본다. 여러 방법 중에서 제일 쉽고 재미있게 실행할 방법을 선택한다. 조금씩 실천해 나가면 수학도 극복할 수 있다.

아이가 "엄마, 배고파!" 말하면 그냥 똑같이 "우리 아들이 배가 고프시군요. 무엇을 드시고 싶으세요?" 배고픈 아이의 욕구에 장난기 어리게 응대해 주자. 절대로 "뱃속에 귀신이 붙어 있냐?", "어떻게 너는 머리에 먹을 생각만 꽉 차 있냐? 하라는 공부는 안 하고."처럼 부정적으로 말하면 안 된다. 아이의 솔직한 자기 욕구에 긍정하고 공감을 표시하면 된다. 이제 지혜로운 하브루타 코치가 되기 위한 공감 경청 대화를 실습하자.

봄이   엄마, 나 피곤해요.
엄마   우리 딸이 피곤하구나, 좀 쉴까?
봄이   집도 추워요.
엄마   아, 그렇지 않아도 엄마도 추웠는데, 온도를 좀 올릴까?
봄이   네. 그런데 엄마, 우리도 여행 가면 안 돼요?
엄마   우리 딸이 여행 가고 싶구나?

이렇게 말을 끊지 않고 공감해 주면 아이는 자연스럽게 마음속 이야기를 풀어

낸다. 여기에서 아이의 상상력과 경험이 열린다. 그래서 공감이 중요하다.

비슷한 사례로 이야기를 이어가 보자.

봄이   엄마, 가을이네는 이번 방학 때 프랑스에 간대요. 가을이는 좋겠다. 나도 가고 싶어요.

이렇게 말하는 딸에게 이렇게 대답하면 어떻게 될까?

엄마   가을이 아빠는 돈 잘 벌잖아. 어휴, 그런 말 하지 마라, 엄마도 속상하다. 결혼하고서 해외 여행은 꿈도 못 꿨어. 너는 능력 있는 남자하고 결혼해라. 그래야 여행도 가고 힘들지 않게 살 수 있어.

이렇게 말하면 갑자기 프랑스 여행에서 아빠의 무능함으로 주제가 변한다. 공연히 가족 간에 신뢰도, 사랑도 금이 간다. 엄마의 공감 경청 기술이 필요하다. 이 아이의 긍정적인 의도만 들으면 된다. 자기도 프랑스에 가고 싶다는 것. 이것도 '여행 하브루타'의 주제가 된다. 그렇다면 어떻게 대화를 나눠야 할까?

엄마   우리 딸이 프랑스에 가고 싶구나? 또 가고 싶은 나라는 어디야?
봄이   네. 이탈리아에 가고 싶어요. 유적 구경도 실컷 하고 맛있는 피자랑 스파게티도 먹고 싶어요.
엄마   언제 그런 생각을 다 했어?
봄이   지난번 친구들이 가고 싶은 나라 이야기할 때 나도 말했던 거예요.
엄마   그럼 우리는 가을이네 안 가는 이탈리아 여행을 해 볼까?

봄이	진짜요? 엄마, 응? 응?
엄마	그럼, 진짜로 가야지. 우리 딸이 가고 싶다는데.
봄이	와, 언제 갈 거예요?
엄마	지금부터 계획을 짜 보자. 무엇부터 준비해야 할까? 하나씩 찾아보자. 제일 중요한 것이 여행 자금인데 그 돈을 어떻게 구할까?
봄이	얼마가 있어야 하는데요?
엄마	글쎄, 몇 사람이 가는지, 언제 갈 건지, 며칠 동안 있을 건지를 먼저 생각해 봐야지.
봄이	엄마, 인터넷에 검색해서 우리가 가고 싶은 데를 찾아봐요.
엄마	그러자, 그게 빠르겠다.

검색하니 이탈리아 지도와 함께 여행을 다녀온 사람들의 사진과 기록이 많이 뜬다. 저렴한 여행 꿀팁도 많다.

엄마	어디가 좋을까? 로마하고 피렌체, 소렌토를 다녀오면 좋을 것 같은데, 거리가 어떻게 되니?
봄이	엄마, 이탈리아에서 스위스로 가는 야간 침대 기차도 있네요. 로마에 간 김에 스위스에 가도 좋겠어요.
엄마	그러자. 우리 딸, 어떻게 그런 생각을 다 했어?
봄이	그럼, 기차 편도 알아봐야겠네요.

봄이와 엄마는 6박 7일 일정을 살펴보고 계획을 세웠다. 비수기에 맞추어 저가 항공과 숙소를 찾으니 의외로 비용을 아낄 수 있었다. 두 사람 여행 비용으로 3백만 원 정도가 있으면 가능할 것 같았다.

엄마	여행 비용은 어떻게 마련할까?
봄이	네. 아빠한테도 얘기하고 우리 외갓집 카톡방에 이 계획을 공개해 보면 어떨까요?
엄마	오, 좋은 생각이다.

봄이는 외갓집 단톡방에 엄마와 나눈 대화를 공개했다. 엄마는 여행 비용을 보태 줄 수 있는 사람은 도와주기를 바란다고 글을 올렸다. 다음에 누군가 여행을 떠나면 우리도 비용을 보태겠다고 말이다. 할머니부터 이모, 삼촌에 이르기까지 조금씩 보냈고, 아빠는 상여금을 받았다고 1백만 원을 보탰다. 결국, 모녀는 이탈리아를 거쳐 스위스에 갔고, 스위스에서 오는 돌아오는 기차 편으로 프랑스까지 여행할 수 있었다. 딸의 의도에 적극적으로 공감하는 마음이 이렇게 계획을 실행으로 옮기게 했다.

13

하브루타 코치 되기
질문 연습

질문 기법을 쉽게 사용할 수 있게 질문의 기본적인 틀을 제공한다. 아이의 유형에 맞는 적절한 질문을 해 보자. 유형이 다를지라도 주제가 같으면 함께 활용하면서 질문 연습을 할 수 있다.

iGROW 하브루타

iGROW는 문제 해결 능력이 탁월한 기법이다. 기초적이지만 구조적 강점이 있어 누구나 쉽게 익힐 수 있다. 이름처럼 아이(i)를 성장시키는(Grow) 질문 기법으로 마음에 새기고 연습하자.

i(ice breaking): 관계를 형성하는 질문하기

질문의 첫 시작이다. 아이와 하브루타를 잘하기 위하여 관계와 신뢰를 형성하는 과정이다. D형 아이에게는 잘한 일, I형 아이에게는 즐거웠던 일, S형 아이에게는 맛있었던 음식, C형 아이에게는 재밌었던 책 이야기를 묻는다.

관계 형성 질문은 폼(FORM)나게 하라.

－F(Friend, Family): 친구나 가족
- 제일 좋아하는 친구는 어떤 아이니?
- 네가 제일 좋아하는 음식은 무엇이니?
- 너를 가장 잘 도와주는 사람은 누구니?
- 오늘 감사한 것이 있다면 한번 이야기해 볼까?

－O(Occupation): 부모나 친구, 자신의 탁월성
- 아빠가 제일 멋있을 때는 언제니?
- 네가 칭찬받고 싶은 일은 어떤 것이니?
- 네 친구 가운데서 제일 멋있는 애는 어떤 애니?
- 최근에 네가 새롭게 배운 것은 어떤 것이 있니?

－R(Recreation): 여가
- 우리 가족이 여행을 가면 어디로 갔으면 좋겠니?
- 돈이 1백억 원이 생긴다면 무엇을 해 볼까?
- 방학이 5개월이나 된다면 어떻게 지내고 싶니?
- 시간이 많다면 도전해 보고 싶은 일이 있니?

─ M(Motivation): 원동력
- 힘이 들 때 극복하는 너만의 비법이 있니?
- 우리 식구가 재미있게 살려면 어떻게 하면 되겠니?
- 보기만 해도 기분이 좋아지는 것은 무엇이니?
- 너에게 제일 큰 용기를 주는 사람은 누구니?

총 16개의 질문 가운데 아이의 상황에 맞는 질문을 2개 정도 하고 편하게 공감 경청하면 된다. "아, 그렇구나, 그랬구나, 그런 방법이 있구나." 고개를 끄덕이며 눈은 아이를 응시한다. 이렇게 하브루타를 열면 된다. 첫 번째 관계 형성에 성공을 거두어야 한다. 첫발을 잘못 디디면 다음이 어려워진다.

유형별 질문이 중요하다. D형 아이에게는 아이가 자랑할 만한 대답이 나오도록 잘한 일이나 생각의 그릇이 큰 것들을 물으면 되고, I형 아이에게는 친구들 모임이나 여가 같은 재미있는 경험을 물으면 된다. S형 아이에게는 주로 몸과 연관된 질문을 던지고, C형 아이에게는 감사한 것들을 찾도록 한다. 부정적인 답이 나오는 질문은 조심해야 한다.

G(Goal): 실행할 하브루타 주제 찾기
- 오늘 하브루타는 어떤 주제를 가지고 이야기하면 좋겠니?
- 오늘 하브루타 시간에 네가 가장 하고 싶은 것을 이야기하면 어떨까?
- 요즘 가장 신경 쓰이고 해결해야 할 것이 있다면 어떤 것이니?
- 그것 외에도 또 다른 해결하고 싶은 문제가 있니?

이런 식으로 하브루타 주제를 찾는다. 아이가 2개 이상을 말할 때는 그중에 무엇을 먼저 해결하고 싶냐고 묻는다. 그날 가장 명료한 하나의 주제를 선택하고,

그 주제에 집중해야 한다. 유형과 상관없이 아이들이 원하는 사안에 초점을 맞추고 목표를 설정해야 한다. 아이들이 선택하는 주제들은 각자의 성향에 따른 것이기 때문이다. 부모가 원하는 주제를 선정하지 말고 아이가 원하는 주제를 선정해야 지속적인 교육과 성장이 가능하다. 아이가 그날의 주제를 선정하면 코치는 다시 한번 명료한 문장으로 정리한다.

"친구들하고 잘 지내는 방법을 토론하면 좋겠어요."
"아, 그러면 오늘은 친구 관계 잘하기에 대해 토론할까?"

이렇게 한 번 더 백트래킹을 해 주어야 상호 간에 주제에 대한 집중력이 생긴다.

R(Reality): 주제를 방해하는 요소 찾기

주제를 선정했다면 그것이 왜 주제가 되었는지 숨은 원인을 찾아야 한다. 주제나 해결해야 할 목표는 그것이 이루어지지 않았기 때문에 선정된 것이다. 예를 들어 '친구 관계 잘하기'란 주제는 친구 관계를 이미 잘하고 있는 아이에게는 필요 없는 주제다. Reality(현실)라는 말을 사용한 것은 현실적으로 어려움이 있는 것을 발견하기 위해서다. 아이 속에 숨어 있는 부정적인 감정이나 외부적인 환경의 어려움을 아이 스스로 찾도록 질문하는 과정이다.

- 오늘 택한 주제에는 어떤 어려움이 있니?
- 친구들과 사귀는 것을 방해하는 것은 무엇이니?
- 너를 힘 빠지게 하는 것은 무엇이니?
- 오늘 주제를 생각하면 어떤 기분이 느껴지니?
- 오늘 이 주제와 관련하여 숨기고 싶은 네 모습이 있니?

- 오늘 토론할 때 가장 피하고 싶은 것이 있다면 무엇이니?
- 이 문제가 안 풀리고 계속된다면 어떤 일이 생길까?

이 질문은 특히 C형 아이에게 자기 마음을 바라보게 하는 데 강력하다. 절망감을 느끼다가 질문들을 통하여 스스로 고찰하면서 탈출로를 찾기 때문이다.

O(Options): 해결 방안 찾기

R 질문에서 해결되지 못한 원인을 발견했다면, 여기 O 질문에서는 해결할 방법을 찾아낸다.

- 그런데도 이 상황에서 네가 할 수 있는 것들은 무엇이 있을까?
- 아, 그런 좋은 방법이 있구나! 대단한데, 한 가지만 더 찾아볼까?
- 와, 2개나 찾아냈어. 힘들어도 하나만 더 찾아볼 수 있겠어?

이렇게 3개 이상 방안을 찾게 한 후에는 하나를 고른다.

- 그중에서 가장 효과가 있는 것은 무엇일까?
- 그중에서 제일 먼저 해 보고 싶은 것은 무엇이니? 하나만 골라 볼래?

아이 스스로 자기 문제에 대하여 답을 찾도록 코치는 질문만 던진다. 절대로 힌트나 답을 주거나 원하는 답을 요구해서는 안 된다. 이 iGROW 기법에서 가장 중요한 순간이 아이가 스스로 해결책을 찾아내는 때이다.

아이의 뇌는 모든 뇌세포가 단합하여 탁월한 발상으로 문제를 해결할 방안을 찾는다. 해결책이 많이 나올수록 좋다. 이때 아이가 코밑을 만지거든 다른 방법을 계속 물어도 된다. 그러나 코 옆을 만지거나 혹은 생각하기 싫어하는 S형 아이라면 몇 가지의 방안을 코치가 말해 주고, 그중에서 고르게 하는 것도 지혜로운 방법이다. 이 질문은 주제가 된 문제를 해결할 수 있는 한 가지 방안을 도출해 낸다. 반드시 한 가지 우선 실행 과제를 정해서 실행에 옮길 수 있도록 해야 한다.

W(Will): 실행 과제에 대한 실행 계획 세우기
O 질문에서 마지막으로 선택한 실행 과제를 가지고 실행 계획을 세우는 질문이다. 5W1H의 육하원칙을 사용해도 되고, 자연스럽게 실행할 수 있도록 세부적인 계획을 세워 나가도 된다.

- 그 실행 과제를 언제부터 하고 싶니?
- 무엇부터 시작해야겠니?
- 언제까지 해 볼래?
- 네가 피하지 않고 꼭 하게 만들려면 어떤 방법이 있을까?
- 그것을 하기 위해 하지 말아야 할 것이 있다면 무엇일까?
- 그것을 실천하는 데에 누가 도와주면 더 잘할 수 있겠니?
- 그것을 해결하고 나면 어떤 기분이 들까?
- 그것을 하기 위해 네게 필요한 것은 무엇이니?
- 네가 실행한 것을 엄마에게 언제쯤 알려 줄 수 있겠니?

이 W 질문은 아이가 선택한 해결 방안을 구체적으로 실천하기 위한 세부 계획으로, 코치와 함께 계획을 세우고 코치가 중간 점검을 해 주며 진행해야 한다. 진행이 더딜 때는 피드백으로 정리한 뒤 다시 조정해서 달성하도록 돕는다.

지금까지는 부모 코치가 묻고 아이가 답하였지만, 이 부분은 부모와 아이가 함께 계획을 세우고 부모는 코치로서 가능한 모든 도움을 지원한다. 아이가 스스로 문제를 해결해 나가도록 관찰하고 피드백하고 다시 지원해야 한다.

하브루타 코칭은 아이에게 필요한 모든 부분이 주제가 된다. 구태여 비즈니스나 라이프 코칭 모델을 사용하지 않아도 스스로 자기가 해결하고 싶은 목표에 대한 명료한 해답을 스스로 발견해 나갈 수 있다.

iGROW 질문 모델의 강점은 모든 걸 순서대로 똑같이 하지 않아도 된다는 것이다. 문제를 듣고 난 후에 바로 "어떻게 해결해야 할까?" 묻고 아이가 답을 하면 "또 어떤 방법이 있니?" 잘라서 물은 뒤 "그러면 뭐부터 해야 하니?" 이렇게 바로 핵심 부분만 골라서 코칭해도 된다. 문제 해결 코칭은 자기가 발견한 해답을 직접 실행에 옮기면서 해결한 기쁨을 맛보기 때문에 아이들에게 '할 수 있다!'라는 자신감을 회복시켜 준다.

iGROW로 대화하기

엄마가 아이에게 '솔로몬의 재판' 이야기를 들려준다.

엄마 옛날 이스라엘에 솔로몬이라는 아주 지혜로운 왕이 있었어요. 솔로몬이 다스리는 나라에 한집에 같이 사는 두 여자가 있었는데, 한 여자가 아기를 낳은 후 사흘 만에 다른 여자가 또 아기를 낳았어요. 그런데 밤에 잠을 험하게 자는 한 여자가 자기 아기를 깔고 자서 그만 아기가 죽었어요. 아기를 죽인 여자는 죽은 아기를 다른 여자의 아기와 바꿔치기를 했어요.

아침에 눈을 뜬 여자는 자신의 아기가 죽어 있는 것을 보고 무척 놀랐어요. 그런데 가만히 보니까 자신의 아기가 아니었고, 다른 여자에게 아기를 내놓으라고 했어요. 두 여자는 서로 자신의 아기라고 싸우다가 솔로몬 왕 앞에서 재판을 받게 되었대요.

이제 엄마는 아이에게 문제 해결을 위해 지혜를 자극하는 질문을 해야 한다. D형 성향이 강한 아이는 이런 문제 해결 방면에는 특별한 관심과 능력을 드러낸다. 이때 iGROW 질문을 사용하면 된다.

엄마 정열아, 오늘 하브루타는 문제 해결하기야. 괜찮겠니? I 질문

정열 좋아요.

엄마 방금 읽어 준 이야기에서 솔로몬 왕은 무엇을 해야 하지? G 질문

정열 진짜 엄마를 찾아 주고 아기를 바꿔치기한 여자를 혼내야 해요.

엄마 그래, 진짜 엄마를 찾아 줘야 억울하지 않겠지. 그런데 진짜 엄마를 찾는 데 어떤 문제가 있을까? R 질문

정열 아무도 본 사람이 없고, 아기는 말을 못 하고, 두 여자는 서로 자신의 아기라고 우겨서 진짜 엄마 찾기가 어려울 것 같아요.

엄마 정열이가 어려운 부분을 정확하게 잘 찾아냈어. 그러면 진짜 엄마를 찾아낼 방법은 없을까? O 질문 1

정열 먼저 아기 얼굴이 누구를 더 닮았는지 찾아요. 눈, 코, 입, 귀를 보고 찾으면 될 것 같아요.

엄마 그런 생각을 다 했구나. 그런데 아기가 태어난 지 얼마 안 되어서 얼굴을 들여다봐도 찾기 어려우면 어떡하지? 또 다른 방법은 없을까? O 질문 2

정열 그럼, 진실을 말하라고 하고 싶어요. 아무리 아기가 탐이 나도 남의 아기를 데려오면 안 되잖아요.

엄마 정열이는 아기를 죽인 여자가 진실을 말하기를 기다리는구나. 사람은 양심대로 살아야 하겠지? 그런데 들키는 게 무서워서 그 여자가 계속 거짓말을 할 수도 있어. 다른 방법은 없을까? O 질문 3

정열 두 사람한테 아이를 반반씩 나눠 가지라고 하면 어때요?

엄마	아이가 죽는데?
정열	진짜 엄마는 아이가 죽는 것을 원하지 않을 거예요. 가짜 엄마는 남의 아기니까 죽어도 괜찮다고 생각할지도 몰라요.
엄마	기발한 방법이긴 한데 무섭다. 그러다가 아기가 진짜 죽으면 어떡하지? 네가 지금 3가지 방법을 찾아냈는데, 그중에 어떤 방법이 제일 좋아? `W 질문`
정열	세 번째 방법이 제일 좋을 것 같아요. 그러면 진짜 엄마가 오히려 양보할 것 같아요.
엄마	와! 우리 아들이 솔로몬 왕처럼 지혜롭네. 솔로몬 왕도 아기를 반으로 나누라고 했거든. 그랬더니 한 여자가 "아기를 죽이지 마시고, 저 여인에게 주십시오."라고 했지. 그러자 솔로몬 왕은 "이 여인이 진짜 엄마다. 이 여인에게 아기를 돌려주고, 자신의 아기라고 속인 저 여인은 볼기를 30대 때려라."라고 했단다. 네 생각이 솔로몬 왕하고 똑같았어. 오늘 엄마랑 하브루타하면서 어떤 점이 좋았니?
정열	내가 솔로몬 왕처럼 생각할 수 있다는 게 좋았고, 억울한 사람 편에서 생각할 수 있어서 좋았어요.
엄마	오늘 하브루타에서 엄마하고 이야기하면서 무엇을 배웠어?
정열	엄마 질문에 답을 하나씩 찾다 보니까 아무리 어려운 문제도 계속 생각하다 보면 방법을 찾을 수 있다는 걸 배웠어요. 다음에는 더 어려운 문제에서도 방법을 찾을 수 있을 것 같아요.
엄마	아하! 그런 생각을 했구나? 또 오늘 이야기를 통해서 느낀 것은 무엇일까?
정열	잠을 잘 때 아기를 안전하게 두어야 할 거 같고요. 자기 아기가 죽었으면 슬퍼하고 장례를 잘 치러야지, 남의 아기하고 바꾸는 나쁜 행동은 하지 말아야 해요.
엄마	맞아. 우리 가족은 모두 정직하게 살도록 노력하자. 우리 정열이 오늘 하브루타 어땠어?

정열 되게 재미있었어요.

엄마 오늘 머리를 많이 썼으니 맛있는 소고기 찜을 해 줘야겠네?

정열 와, 엄마가 제일 좋아요.

 iGROW의 뼈대를 따라서 자연스럽게 이야기해 나가면 구태여 어려운 질문을 만들어 가는 수고로움이나 부담감을 줄일 수 있다. 활용하기 좋게 질문하는 공식을 만든 것이다. 그 뼈대를 바탕으로 자연스럽게 공감 경청을 해 주면서 이어 나가자. 아이들은 기발한 상상력을 발휘해 스스로 문제를 풀어 나간다.

5W1H 하브루타

일반 하브루타 교육에서도 많이 사용되는 육하원칙 질문이다. 5W1H 질문은 사실에 대한 정확한 이해와 그것을 바탕으로 한 논리적 설득력을 키워 주는 장점이 있다. 이 질문 기법의 탁월성은 아이의 현 상황에 맞게 필요한 부분을 선별하여 대화를 나눌 수 있다는 것이다.

 예를 들어 고양이 목에 방울을 다는 이야기에서 아이들은 '누가 이 일을 할 것이냐?'는 문제 해결을 위해 용기 있는 존재 'Who'를 찾는다. 그러나 흥부와 놀부 이야기에서는 '어떻게 흥부는 부자가 되었을까?'라며 'How'에 초점을 맞춘다. 또 '세종대왕은 어떤 업적을 남겼는가?'라는 질문에는 '한글'이라는 'What'을 다룬다. '링컨은 왜 흑인 노예를 자유인으로 해방했는가?'라는 토의는 인간의 존엄성 회복이라는 이유 곧 'Why'를 나누고, 제철 음식에 관한 토론은 시기 곧 'When'의 가치를 이야기해야 한다. 광개토대왕과 현재 우리의 영토를 주제로 토론할 때는 'Where', 즉 우리 영토의 변천사를 공부해야 한다.

5W1H 질문은 단순히 일련의 흐름으로 신문 기사를 쓰듯이 '누가', '언제', '어디서', '무엇을', '어떻게', '왜'만을 묻는 게 아니다. 하브루타의 주제에 따라 대화해 나가다가 핵심 영역에 들어설 때, 5W1H 중 가장 핵심 요소에 관한 대화를 깊이 있게 나눈다. 그래야 사실 논리적 전개를 하면서 아이가 중요하게 여기는 부분에 자기 생각을 펼칠 수 있다. 이러한 5W1H 질문 기법은 특히 논리성이 강한 C형 아이에게 잘 맞는다. 5W1H 질문은 장차 학문적 활동을 해야 하는 모든 기질의 아이에게 어려서부터 종합적 사고 능력을 키워 주고, 더불어 깊이 있는 자기주장을 펼 수 있도록 돕는다.

한국인한테 하브루타가 어려운 이유 중 하나는 조급한 성격 때문이다. 빠른 성과를 내길 원하는 사회문화적인 특성 때문에 아이돌의 경우도 금방 스타가 되었다가 금방 사라진다. 어떤 노래나 유행하는 스타일도 변화가 지나치게 빠르다. 이런 한국 특유의 조급증은 중장기적으로 훈련해야 하는 하브루타 교육에 큰 장애가 된다.

특히 묻고 답하는 과정에서 항상 재촉하기 때문에 지속성에 문제가 발생한다. 하지만 5W1H 하브루타는 한국인에게 적합한 질문 방식이다. 이 질문의 효능은 어렵지 않은 데 있다. 아이와 부모 모두에게 쉬워 지속하기 쉽다. 이것이 하브루타 교육인 줄도 모르는 채 하브루타를 하게 한다. 질문하기 싫어하는 S형 부모도 편안하게 교육할 수 있다.

아이한테도 "어떻게 했는데?"라고 묻는 법을 가르치면, 너무나 쉽게 질문 교육을 이룰 수 있다. 이 단편적인 5W1H 질문은 연속성 없이 잘라서 물어도 된다. "그것을 누가 하면 잘 할 것 같아?(who)", "네가 그것을 왜 하고 싶은데?(why)?", "그것을 하려면 무엇이 필요하니? (What)", "언제 해 볼까?(when)" 등과 같이 간단한 질문 하나로 아이는 상황을 인식하고 해야 할 것을 깨닫는다. 지혜로운 부모는 그날의 하브루타 질문에서 5W1H 중 가장 중요한 가치가 무엇인지 찾게 한다.

5W1H 진행 과정표

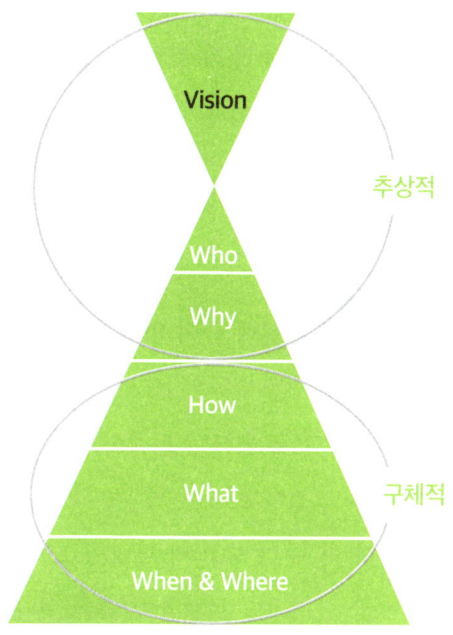

비전 무엇을 이루고 싶은가?

정체성 비전을 이루면 나는 어떤 사람이 될까?

가치 왜 중요한가?

새 능력 개발 어떻게 개발해야 하나?

해결 방안 무엇부터 해결해야 하나?

실행 계획 언제 어디서 그것을 실행할 것인가?

5W1H 설명 하브루타

토끼들이 모여서 회의를 했다. 촌장 토끼가 마을 토끼들에게 말했다.

"우리는 더는 이 산에서 살 수가 없소. 사자처럼 힘도 없고, 타조처럼 빨리 달리지도 못하고, 독수리처럼 날 수도 없어서 여우나 늑대에게 잡아먹히기 일쑤요. 요즘은 굴을 파도 여우가 파고들어 와서 새끼 기르기도 어렵소. 지구상에 우리보다 힘없고, 우리보다 약한 동물은 없을 것이오. 모두 여우나 늑대에게 잡아먹히니 차라리 강물에 빠져 죽읍시다."

촌장 토끼의 말에 모두 눈물을 흘리며 그렇게 하는 것이 낫겠다고 동의하고 강가로 달려갔다. 강으로 가는 길가에는 아주 큰 논이 있었다. 토끼들이 논 옆길을 달려가자, 이상한 일이 벌어졌다. 길섶에 숨어 있던 개구리들이 화들짝 놀라며 논으로 첨벙첨벙 뛰어들었다. 자고 있던 새들은 놀라서 푸드덕 날아갔다. 겁이 난 메뚜기도 떼 지어 하늘로 날아올랐다. 조용하던 논 주변이 갑자기 난리가 났다.

"우리를 보고 도망가는 것들도 있어요."

"쟤네들은 우리가 무서운가 봐, 우리 보고 다 도망쳐요."

어린 토끼들의 말에 강으로 달려가던 토끼들이 멈춰 섰다. 우리도 강한 존재라고 용기를 얻은 토끼들은 다시 산으로 올라갔다.

토끼 이야기를 들려준 후, 부모 코치는 5W1H로 질문하면서 아이와 이야기를 시작한다. 아이한테 육하원칙에 따라 설명하는 법을 가르친다.

엄마	누가(Who) 이 이야기의 주인공이지?
기쁨	토끼요.
엄마	그들은 무엇(What)을 얘기했을까?
기쁨	더는 산에서 살 수 없다고요.
엄마	왜(Why) 그런 이야기를 했을까?
기쁨	토끼는 사자처럼 힘이 세지 않고, 타조처럼 빠르지도 않고, 새처럼 날지도 못하는 약한 동물이기 때문이에요.

엄마	그래서 그들은 어떻게(How) 했지?
기쁨	모여서 회의하고 함께 죽기로 했어요.
엄마	죽으러 어디로(Where) 갔어?
기쁨	다 함께 강으로 달려갔어요.
엄마	그런데 토끼들이 달려갈 때(When) 어떤 일이 벌어졌어?
기쁨	토끼들이 달려오는 소리에 놀란 개구리들, 새들, 메뚜기들이 도망갔어요.

아이는 정확하게 육하원칙에 의하여 이야기하는 법을 익힌다.

5W1H 상상 하브루타

질문 방법은 아이의 나이에 따라서 달리해야 한다. 보통은 재미있게 시작하여 교훈을 발견해 나가는 방식을 많이 쓴다. "오늘 이야기 중에서 무엇이 제일 재미있었어?"라고 질문한 뒤, 5W1H로 생각을 차근차근 끌어내는 것이다. 이때 정답은 없다. 아이가 생각하는 것이 곧 정답이다.

엄마	오늘 이야기에서 무엇이 제일 재미있었어?
기쁨	토끼를 보고 도망가는 개구리(Who)요.
엄마	개구리의 어떤 행동(What)이 재미있었니?
기쁨	토끼들을 보고 논으로 첨벙첨벙 뛰어드는(How) 것이 재미있었어요.
엄마	개구리들은 왜(Why) 도망갔을까?
기쁨	토끼들이 무서워서요.
엄마	토끼들은 자기네가 제일 겁 많은 줄 알았는데 토끼보다 더 겁 많은 동물들이 있었구나. 기쁨이(Who)는 제일 무서운 게(What) 뭐야?
기쁨	사자요.

엄마	사자를 만나면 어떻게(How) 할 거야?
기쁨	도망갈 거예요.
엄마	그러면 기쁨이가 제일 겁 많은 동물(Who)인 걸까?
기쁨	아니요, 저 보고 도망가는 동물들도 많을걸요.
엄마	그러면 사자는 무엇(What)을 제일 무서워할까?
기쁨	총이요.
엄마	그렇겠다. 사자가 무서워하는 총은 누가 만들었을까?
기쁨	사람이요. 그렇지만 사람에게 총 같은 무기가 없다면, 사자보다 힘이 약하기 때문에 도망가야 해요.
엄마	그러니 사람은 동물보다 약할 수도 있고, 동물보다 강할 수도 있네. 오늘 토끼 이야기를 통해 배운 점(What)은 뭐야?
기쁨	동물들도 무조건 약하거나 강한 게 아니에요. 그래서 나보다 힘센 친구도 있지만 나보다 약한 친구도 있다는 걸 알게 되었어요.
엄마	그러면 앞으로 어떻게(How) 할 거야?
기쁨	나보다 약한 친구들에게 힘이 되어 줄 거예요.

　토끼 이야기를 통해 나눈 5W1H 상상 하브루타에서 우리는 무엇을 알 수 있을까? 육하원칙에 따라 아이가 자기 생각을 설명하고, 무엇(What)을 배웠는지 정리하는 과정을 배울 수 있다. 약한 친구들에게 희망과 용기를 주고 싶다는 동기(How)도 부여했다. 이 대화에서는 What과 How의 행동 결정은 중요한 요소이다. 아이가 스스로 생각한 후 행동을 선택했기 때문이다.

　하지만 어떤 아이는 토끼, 개구리처럼 약한 동물을 자신으로 설정하는 자체를 싫어할 수도 있다. 그런 아이에게는 어려움을 극복해 나가는 토끼(Who)에 초점을 맞춰 대화해야 한다. 또 어떤 아이는 토끼들이 사는 무대를 아프리카의 넓은 초원으로 생각하고, 다른 초식 동물들과 연합하여 여우나 늑대를 물리치는 상상을 한다. 이 아이에게는 환경이나 무대 설정이 중요하므로, Where에 관한 세밀한 이야기를 나눈다.

　이런 상상을 제일 잘한 사람이 스티븐 스필버그이다. 그는 엄청난 크기의 초식 공룡들과 아주 사나운 티라노사우루스 사이에서 살아남는 인간의 지혜를 상상했다. 그 상상을 〈쥬라기 공원〉이라는 영화로 그려 냈다.

　5W1H 질문 기법은 어떤 부분에 초점을 맞추느냐에 따라 아이의 상상력을 전혀 다른 영역으로 펼치게 한다. 이것이 5W1H 대화의 힘이다. 하브루타의 목적은 아이에게 자유롭게 사고하는 힘을 길러 주는 것이다. 무한대의 상상력을 동원하여 이야기를 다른 시각으로 각색하도록 이끄는 것도 좋은 대화 방법이다.

5W1H로 대화하기

뱀 한 마리가 있었다. 꼬리는 늘 머리가 가는 대로만 따라가야 했다. 어느 날 그 사실이 못마땅했던 꼬리는 머리에게 불만을 터뜨렸다.

　　꼬리　왜 내가 항상 네 꽁무니만 따라다녀야 하는 거지? 넌 왜 항상 나를 무작정 네 멋대로 끌고 다니는 거야? 이건 너무 불공평한 처사라고 생각해. 나도 너와 같이 뱀 일부분인데, 나만 노예처럼 네게 끌려다녀야 한다는 게 말이 안 돼.

　그러자 뱀의 머리가 말했다.

　　머리　이 멍청한 꼬리야, 바보 같은 소리 좀 하지 마! 너에게는 앞을 볼 수 있는 눈도 없고, 위험을 알아차릴 귀도, 먹이가 있는 곳을 알아차리는 혀도 없잖아! 그리고 행동을 결정할 수 있는 뇌도 없지. 내가 너를 끌고 다니는 것은 나만 위해서

가 아니야. 너를 생각해서 그러는 거야, 이 바보야!

머리의 말을 들은 꼬리는 큰소리로 비웃고 나서 다시 말했다.

꼬리   그따위 쓸데없는 소리는 귀가 아프도록 들어 왔으니까, 나를 쉽게 설득할 생각은 하지 마. 독재자나 폭군은 모두 자신을 따르게 하려고 그런 구실을 핑계 삼아 마음대로 휘두르고 폭력을 행사하는 법이니까!

하는 수 없이 머리가 제안했다.

머리   네가 정 그렇게 생각한다면 내가 하는 일을 꼬리 네가 한번 해 봐. 제대로 못 하기만 해, 꼬리를 잘라 버릴 테니까!

꼬리는 신나서 머리와 몸통을 끌고 다니다가 불타고 있는 숲으로 들어가서 타 죽고 말았다.

뱀 이야기를 해 주고 아이와 5W1H 대화를 나눈다.

- 이 이야기에서 누가 제일 중요하니?
- 이 일은 언제 벌어졌니?
- 이 사건은 어디서 발생했니?
- 이 사건은 왜 일어났니?
- 그래서 어떻게 되었니?
- 이 이야기에서 무엇이 제일 중요하니?

Who를 주제로 하브루타를 나누어 본다. 자, 그러면 이제 진짜로 꼬리(who)가 눈이 있다고 생각해 보자.

- 꼬리는 제일 먼저 무엇을 하고 싶을까?
- 눈 달린 꼬리는 머리를 어떻게 대할까?
- 눈이 생긴 꼬리는 어디를 가고 싶을까?
- 눈 달린 꼬리는 무엇을 먹고 싶을까?
- 왜 꼬리는 눈이 필요했을까?
- 꼬리는 누구를 제일 부러워했을까?

꼬리가 불타 죽은 숲을 주제로 where을 선택하여 대화를 나누어도 된다.

- 뱀은 혀로 냄새를 맡는데, 혀가 머리에 있으니 냄새를 못 맡아서 불타는 숲으로 갔어. 그래도 불이 나면 온도가 올라가서 뜨거울 텐데 꼬리는 몰랐을까?
- 꼬리가 그 길로 가면 머리도 죽을 텐데 왜 머리는 혀로 냄새를 맡았으면서도 꼬리를 말리지 못했을까?
- 꼬리가 어디를 갔으면 불편함 없이 재밌게 살았을까?
- 만약에 꼬리가 다른 뱀하고 결혼을 했으면 꼬리는 신혼여행을 어디로 갔을까?
- 꼬리가 불타는 숲으로 들어가는 것을 보면서 안타까워했던 동물은 어디에 있었을까?
- 이 꼬리를 발견한 동물은 누구겠니?

부모와 자녀가 함께 5W1H의 쉬운 구조로 질문을 만든다. 아이의 상상력을 자극하여 스토리텔링의 귀재가 되도록 하여야 한다.

5W1H는 대답하면서 정확한 이성적 논리성을 사용할 수 있게 한다.

VISION 하브루타

비전 하브루타는 꿈이 없는 아이에게 꿈과 자신감을 심어 주는 하브루타 기법이다. 주로 자기가 무엇을 하고 싶어 하는지 또는 자기가 무엇을 잘하는지를 모르는 아이에게 필요한 기법이다. 아이의 장점과 재능 그리고 부모나 가족의 특수한 능력이나 환경을 찾아내어 아이의 비전을 세워 줄 때 사용한다.

V(Vision): 원하는 미래를 소유, 행동, 존재의 부분에서 찾기

- 네가 제일 갖고 싶은 것이 무엇이니? (소유 3개 기록하기)
- 네가 제일 하고 싶은 일이 무엇이니? (행동 3개 기록하기)
- 너는 어떠한 사람이 되고 싶니? (존재 3개 기록하기)

소유 질문	질문	"네가 갖고 싶은 것 3개 중에서 가장 갖고 싶은 것 하나만 골라 볼래?"
	과제	1개 찾고 기록하기
행동 질문	질문	"네가 하고 싶은 일 중에서 가장 해 보고 싶은 것 하나만 골라 볼래?"
	과제	1개 찾고 기록하기
존재 질문 (가치 질문)	질문	"네가 되고 싶은 사람 중에서 가장 원하는 것 하나만 골라 볼래?"
	과제	1개 찾고 기록하기

선택한 소유, 행동, 존재의 단어들을 종합하여 하나의 문장으로 완성해 본다. 예를 들면 다음과 같다.

소유	가장 갖고 싶은 것 - 비행기
행동	가장 하고 싶은 일 - 아프리카 여행하기
존재	가장 되고 싶은 사람 - 아프리카 아이들을 돌봐 주는 사람
종합 문장	"나는 비행기를 사서 아프리카로 여행을 다니면서 불쌍한 아이들을 돕고 싶다."

종합 문장은 아이가 지향하는 가치를 드러낸다. 문장을 완성할 때 아이에게 소유가 중요한지, 행동이 중요한지, 가치가 중요한지 물어서 작성한다. "나는 아프리카의 불쌍한 아이들을 돕기 위해서 비행기를 사고 싶다." 이렇게 말하면 소유가 중요한 것이다. 만약 행동이 중요하다면 "나는 비행기를 사서 아프리카 아이들을 돌보기 위해 여행을 가고 싶다."라고 문장이 변환된다. 이는 아이의 자유로운 의지와 의식 세계를 반영한다. 부모는 무엇이 옳은 것이라고 강요하거나 충고하지 않는다. 아이들의 의식은 계속해서 성장하기 때문에 스스로 더 가치 있는 세계로 나가도록 부모는 질문으로 도우면 된다.

I(Image): 찾은 비전을 그림으로 그리거나 관련된 영상 찾기

비전을 그림으로 그리거나 관련 영상물을 찾아 같이 본다.

S(Say): 이미지를 말로 표현하기

아이가 그린 그림이나 함께 본 영상물을 가지고 아이 자신의 이야기를 상상하며 말하게 한다. 이때 부모 코치는 5W1H를 사용하여 질문하고, 아이는 이야깃거리를 답하게 한다. 아프리카에 타고 온 비행기도 그리고 그 안에 구호 물자도 가득 그렸다면? 이제 필요한 물품들로 아이가 무엇을 할지를 이야기하게 한다.

이때 그림보다 스토리로 더 많은 상상을 하게 하자. 그리고 그 상상을 다시 그림으로 그리게 한다. 이런 과정을 거치면 그림 하브루타와 스토리텔링 하브루타가 자연스럽게 실행된다. 이런 경험을 한 아이가 자라나 세계 구호 단체에서 인류를 위해 일하는 사람이 된다면 얼마나 가슴 흐뭇한 일인가!

I(Impressed): 감정으로 비전이 성취된 모습을 느껴 보기

아이들이 비전을 갖지 못하는 경우는 대부분 감정적인 동기 부여가 부족하기 때문이다. 부모가 부족함 없이 아이를 키우면 아이는 감정적 동기 부여를 갖기 어렵다. 반면 배고픔, 시련, 아픔을 겪은 아이는 자신이 겪은 고통 때문에 명확한 비전을 갖는다. 어른도 마찬가지다. 담배가 건강에 해로운 것을 알면서도 끊지 못하지만 기침하다가 목구멍에서 피가 나오면 그날로 끊어 버린다. 인간의 행동을 촉구하는 것은 생각보다 감정의 힘이 강하다.

마찬가지로 아이가 아프리카 아이들을 돕는 비전을 가졌다면, 그들이 어떤 물을 마시고, 어떤 질병에 걸리기 쉽고, 무슨 음식을 먹고, 어떻게 살아가고 있는지 삶의 현장을 깊이 체험해야 한다. 구호 단체의 TV 광고를 볼 때 우리는 '저 돈이 제대로 쓰일까?'라는 의구심에 불쌍한 아이들을 애써 외면한다. 이런 삶의 방식은 아이에게 위대한 사고력을 길러 주지 못한다. 이럴 때는 보다 적극적으로 밥 굶는 아이들과 함께 황토가 섞인 물을 길어 매일 4km가 넘는 거리를 오가는 아프리카인의 삶을 체험하는 것도 좋다. 물동이를 이고 사자와 같은 맹수들을 피해 다니며 물을 길어야 하는 이 작업을 각인시키는 것이다. 감정에 각인시키는 이 작업은 아이들에게 약자들을 위한 위인으로 살도록 비전을 심어 준다.

같이 느껴 보려면 어떻게 해야 할지 아이와 토론하자. 유니세프나 월드비전, 세이브더칠드런 등 구호 단체에서 주관하는 어린이 구호 활동에 동참하면, 게임을 즐기는 또래 아이보다 성숙하고 세계를 넘나드는 의식을 가진 아이로 성장한다.

O(Options): 미래의 모습을 더 크게 키워 보기

옵션 작업의 가치는 남을 돕는 것이다. 거리가 멀고 위험한 요소도 많은 아프리카를 택하지 않아도 된다. 탈북자나 조선족 동포를 통하여 북한이 겪는 고난을 알게 해 주어도 좋다. 그러면 이 아이는 통일을 위한 일꾼으로 성장할 것이다. 나는 심리학자 중에 빅터 프랭클을 제일 좋아한다. 그의 저서 《죽음의 수용소에서》에서 발견한 가치는 죽음 가운데서도 남을 돕는 사람들에 대한 심리적 동기였다. 우리는 희생을 감수하며 남을 돕는 위인들을 우리의 세월호 현장에서 보았다. 자기를 희생하면서 남을 살리는 사람들은 너무도 많다. 프랭클의 관심은 바로 그들의 '인간을 향한 사랑'이라는 가치였다. 이것으로 인하여 심리치료 이론인 의미 요법이 탄생하였고 그의 제자 엘리자베스 루카스를 통하여 세계에 확산했다.

나의 코칭 사례를 소개한다. 코칭 고객인 여성은 우리나라 일류 대학을 졸업하고 도시 설계 분야에서 탁월한 능력을 발휘하던 인재였다. 하지만 어머니의 손에 이끌려 왔을 때는 숨을 편히 쉬지 못할 정도로 감정적인 억압을 보였다. 자신에게는 실현하고 싶은 자아도 비전도 없다고 했다. 부모의 뜻에 따라 학교, 학과, 직업을 선택했지만 삶은 의욕 없는 나날의 연속이었다. 어떻게 해야 주도적이지 못한 삶에 동기 부여가 될까?

그녀에게 10살 티베트 소녀를 소개했다. 학비가 없어서 학교에 갈 수 없는 가난한 소녀였는데, 한 달에 3만 원이면 학교뿐만 아니라 가족의 삶에도 큰 도움이 된다는 사실을 알려 주었다. 그녀는 흔쾌히 티베트 소녀의 후원자가 되었다. 얼마 후 티베트 소녀가 한국어로 "언니, 고맙습니다."라는 글을 보내왔다. 빨간 가방을 멘 사진과 함께. 그녀는 눈물을 글썽이며 3만 원으로 아이에게 기쁨을 줄 수 있는 것에 감동하여 몇몇 아이를 더 후원했다. 방학 때는 휴가를 얻어 아이들과 함께 놀아 주면서 자기 삶의 비전을 발견했다.

이것이 옵션 작업이다. 자기가 처한 현실보다 더 큰 꿈을 찾게 하고 그 꿈을 실현하게 한다. 이때 사용하는 말은 "네 꿈을 두 배로 키워라."이다. 그렇게 키운 이미지를 다시 두 배로 넓힌다. 그 이미지를 다시 두 배를 넓히는 방식으로 의식을 확장해 나간다. 이런 과정을 통해 아이가 자기 능력 이상의 세계를 그리고 경험하면서 큰 사람으로 성장한다. 사람은 자기가 생각한 것보다 더 큰 능력과 가능성을 가지고 있다. 전체는 부분의 합보다 크다. 아이는 부모가 생각하는 아이보다 더 크다. 목표를 높이 세우고 의식도 높게 성장시켜라.

N(Note): 꿈을 이루기 위한 타임 테이블 짜기

마지막 노트 작업은 영국 디츨러 부부가 심혈을 기울여 만든 '생애 설계 프로그램'을 활용한 것이다. 대부분의 아이가 체계적인 일생 비전 관리를 하지 않는다. 그것은 타임 테이블이 없거나 인생의 방향이 아이의 비전과 맞지 않기 때문이다.

독일인들은 중학교를 졸업함과 동시에 자기 분야가 정해져 있어서 우리처럼 오랫동안 시행착오를 겪지 않는다. 공부할 아이들은 좋아하는 공부를 택하고, 실업 전선으로 들어가는 아이들은 자기가 하고 싶은 일을 일찍이 택하여 그 분야의 전문가가 된다. 길이 정해져 있어서 일생의 타임 테이블을 짜기가 수월하다.

아직 어린아이에게는 성향과 능력에 맞는 가장 적합한 일을 찾는 것이 우선되어야 한다. 어느 정도 아이의 능력과 성향적 강점의 윤곽이 드러나면 그때부터 비전을 설정하고 비전에 대한 세부 플랜을 일 년 단위로 세워야 한다. 물론 이 세부 계획은 상황에 따라서 얼마든지 변화와 변경이 가능하다.

계획을 세우고 실천해 나가는 사람과 아무 계획 없이 헤매며 시간을 낭비하는 사람은 인생의 종착점에서 거두는 열매가 너무도 다르다. 우리나라 교육에는 이러한 생애 설계가 전혀 없다. 이 소중한 아이들에게 진정 필요한 게 무엇일까? 왜 그렇게 지식에 집착하는지 모르겠다. 인터넷에 검색하면 다 알려 주는데, 여전히 외워서 시험을 봐야 하는지 답답한 마음을 금할 길이 없다.

하브루타 비전 달성을 위한 라이프그램

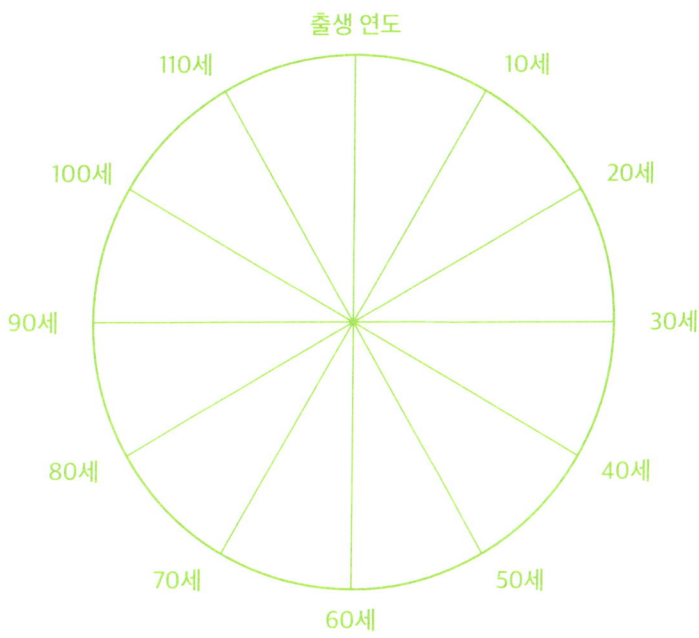

나의 비전

❶ '나의 비전' 칸에는 맨 처음 비전 만들기에서 완성한 종합 문장을 옮겨 적는다.
❷ 라이프그램(Lifegram) 칸에는 아이가 세운 인생의 계획에 따라 완성될 모습을 나이별로 기록한다. 완성될 모습이란 비전을 달성하기 위하여 적어도 20세까지는 무엇을 이루고, 30세까지는 무엇을 이루고, 언제 비전을 달성하고, 그 비전이 일찍 이루어졌다면 그다음 나이 때는 그 비전으로 어떤 영향력이 나타날지를 기록하면 된다.

비전을 실천하기 위한 일과표

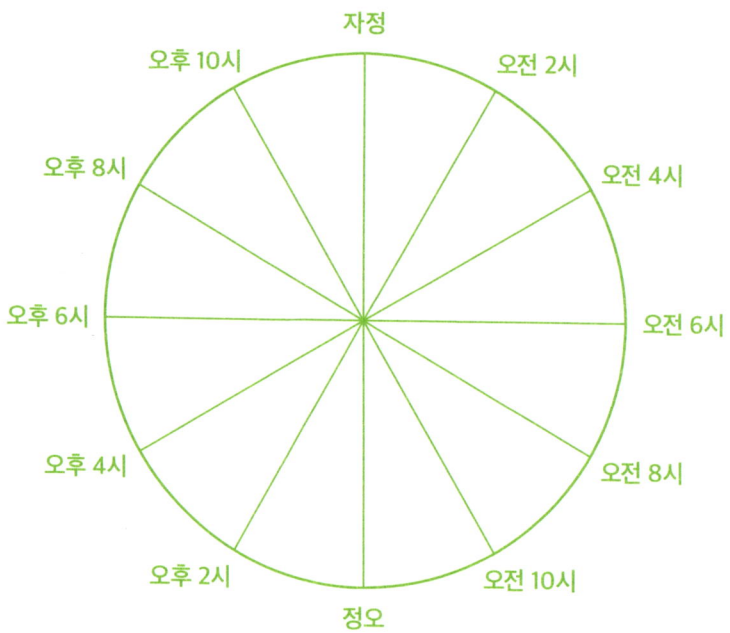

나의 비전

❶ 지금부터 비전을 달성하기 위하여 매일 해야 할 것(작은 것 하나라도)을 일과표에 써넣는다.
❷ 계획한 '비전을 달성하기 위해 매일 해야 할 것'을 매일 10분에서 1시간씩 꼭 실천한다.
❸ 부모는 아이가 잘 실천하고 있는지 함께 이야기 나눈다. 상황에 따라 수정, 보완한다.

비전을 실천하기 위한 매일 일과표 작성

작성할 때 아이들과 한 가지를 약속해야 한다. 지금부터 10세까지 혹은 10세가 넘은 아이들은 20세까지 작은 것 하나라도 비전을 달성하기 위하여 매일 해야 할 것을 꼭 계획표에 넣어야 한다.

다른 것은 편하게 계획을 세워도 상관없다. 그러나 비전 달성을 위해서 해야 할 것은 매일 10분에서 1시간씩은 꼭 실천하도록 계획을 세우고 코치가 함께 점검한다.

아이가 불필요한 일에 시간을 사용한다고 판단되면 그 시간에 새 실행 계획을 넣어야 한다. 마치 케이크에서 조각을 잘라내듯 작성한다. 혹시라도 실행이 안 될 시에는 아이의 감정이나 생각을 다시 짚어 주고, 수준을 낮게 조정해서라도 비전을 향한 실천 습관을 만들어야 한다.

유대인 인재들이 쏟아져 나오는 것은 그냥 가만히 있는데 만들어진 것이 아니다. 이러한 하브루타를 꾸준히 습관처럼 수행해서 훗날 세계를 주름잡는 인물들이 된 것이다.

성공하는 사람은 성공하는 습관이 있고 망하는 사람은 망하는 습관이 있다. 묻고 답하고 생각하고 토론하고 꿈을 꾸게 하자. 꿈을 이루기 위해 소년기부터 습관화하지 않으면 아이들은 남의 인생을 살게 된다.

어학도 마찬가지다. 아무리 통 번역기가 잘 나와도 학문적인 이야기나 기술, 사업 등 비즈니스를 하기 위해서는 여전히 언어의 장벽을 넘어야 한다. 언어는 어려서 배워야 빨리 익힐 수 있다. 꾸준히 시간을 할당하여 배우다 보면 어느 날 자연스럽게 언어의 장벽을 넘게 된다. 할 것은 해야 한다.

현대 우리 아이들은 부모와의 대화가 턱없이 부족하다. 부모는 맞벌이 때문에 아이를 교육기관에 맡긴다. 여러 학원에 보내니 밤늦게나 부모를 만난다. 아빠 얼굴을 특징 없이 그냥 동그랗게 그리는 아이들이 많다. 함께하는 시간이 적기 때문이다. 마주할 시간이 적으니 서로 말할 시간이 부족하고 모처럼 말을 하자니 서로 어색하여 피차 말이 없다.

몇 년 전에 대기업 상무 한 분을 코칭했다. 그분은 은퇴를 앞두고 있었는데, 은퇴 후의 계획을 물으니 자녀들과 함께 등산도 하고, 여행도 하고 싶다고 했다. 그러나 자녀들은 이미 30살이 넘었고 아버지의 계획을 듣더니 황당해했다고 한다. 이 아버지는 자녀와 함께할 계획을 세우고 실행하는 데 심한 내적 고통을 겪었다. 다 성장해 버린 자녀에게 아버지의 자리는 없었다. 아버지가 필요한 시간에 방치된 아이들이 무슨 인생의 비전을 갖게 될까?

지금이라도 부모는 금요일 하루라도 유대인 아버지처럼 퇴근하는 시간부터 아이들이 잠자는 시간까지 함께하자. 저녁 식사를 하면서 아이들의 이야기를 들어주고, 함께 계획을 세운 일과표를 잘 진행했는지, 어려운 것은 무엇이었는지 검토해 주고 놀아 주어야 한다. 부모와 함께 세운 일과표 중심으로 생활하는 아이들은 금요일을 기다리며 아버지의 빈자리를 이겨낼 수 있다. 이제부터 아이의 비전을 이루기 위해 아이와 함께 일과표를 만들어 보자.

거꾸로 학습 하브루타

학교에서 배운 내용을 부모에게 가르치는 하브루타다. 내용을 복습하고 학습 효과를 올리기 위한 수업 내용이 주제가 된다. 과목, 주제, 내용, 핵심 정리, 질문 만들기, 느낀 점을 토론하면 된다.

이 하브루타는 아이가 학교에서 배운 것을 자신이 선생님이 되고 부모가 학생이 되어 수업을 진행하는 것이다. 아이가 가르치는 것은 잘 배우기 위해서다. 아이가 거꾸로 선생님 역할을 하면서 가르치면, 수업 내용에 대한 복습도 되면서 학습 원리를 깨닫게 된다. 부모가 학생이 되어서 아이가 진행하는 수업을 듣고 질문하는 거꾸로 학습을 실천해 보자. 아이한테 놀라운 집중력과 이해력, 기억력을 선사해 줄 것이다.

3D 프린팅 하브루타

3D 프린팅 하브루타는 일종의 창작형 공예 하브루타로 미래에 자기 손으로 만들고 싶은 물건들을 만들게 하는 능력 개발 기법이다. 아래 단어들을 창작의 순서대로 나열하여 아이하고 함께 머리에 그림을 그리고, 디자인하고, 만들어 보는 것을 영어 이니셜로 표현했다. 이 기법은 특별히 창작에 재능이 있는 S형 아이에게 미래에 다양한 일거리를 제공할 것이다.

- Desire(만들고 싶은 것 찾기)
- Design(사물 디자인하기)
- Develop(사물 만들어 보기)

I형 아이와 C형 아이는 질문하고 대답을 잘하는 토론형이다. I형 아이는 풍부한 상상력으로 스토리텔링이나 미래 만들기를 잘한다. C형 아이는 5W1H 하브루타나 비전 하브루타, 거꾸로 학습 하브루타에서 탁월성을 보일 수 있다. D형 아이는 문제 해결의 iGROW 하브루타를 활용하여 어려운 문제들을 해결할 수 있다.

그러나 S형 아이는 질문도 부담스러워하고, 토론은 말 잘하는 아이들에게 뒤지고, 문제 해결을 할 동기도 별로 없다. 이 아이들에게 가장 흥미를 유발하는 분야가 공예 하브루타이다. 공예 하브루타라고 표현하였지만 사실상 '무엇이든지 만들어 드려요.'라는 명장들이 S형이다. S형 아이에게 미래의 3D 프린팅 산업은 거의 무한대의 것을 생산하는 일거리가 된다. 그것도 지금처럼 공장에서 만들어 내는 복제품이 아니라 장인들의 손길처럼 정교한 프린팅으로 개인이 자기 공방에 앉아 별의별 것을 다 만들어 파는 세상이 곧 온다. S형 아이는 지금부터 준비시켜야 한다. 이 아이를 위해 재밌는 공예 하브루타를 3D 프린팅 하브루타라고 이름 짓고, 질문 기법도 3D 기법이라고 명명했다.

무엇을 만들까(Desire)? 만들고 싶은 것을 주문받는다. 고객이 원하는 것을 듣고는 디자인한다(Design). 그러고는 형태와 색채를 가미하여 완제품을 만들어 내는 것이다(Develop). 아마도 실습해 보면 알겠지만, S형 아이는 상상할 수 없을 만큼 놀라운 집중력을 보인다. 무아지경의 상태에서 그들이 디자인하고 만들어 내는 상상력을 눈으로 보게 될 것이다. 부모는 S형 아이에 대한 교육 방향을 미래적인 관점에서 봐야 한다. S형 아이를 그저 조용하고 소리 없이 먹는 것만 좋아한다고 생각하면 안 된다.

S형 본인에게 공무원 같은 안정적인 직장을 권해서도 안 된다. 정보화 사회에서는 지금의 민원24나 국세청 홈택스로도 웬만한 서류 작업은 다 할 수 있다. 공무원이 더는 안정적이지 않은 직업이 될 것이라는 이야기다. 물론 국가 관리 시스템 속에서 관리자들이 필요한 것은 변함없지만, 시스템을 관리하는 사람이 필요한 것이지 자리에 앉아서 행정을 하는 공직들은 거의 사라진다고 보면 된다. S형 아이는 자신이 가진 탁월한 제작 능력을 개발해야 한다.

부모는 S형 아이에게 이러저러한 경험들을 많이 시켜서 어떤 부분에서 탁월성을 발휘하는지 찾아야 한다. 방학 기간을 활용하여 많은 전시회를 데리고 다니면서 아이가 흥미를 보이거나 실습할 때 아주 자연스러운 분야에서 아이의 미래를 읽어야 한다. 특히 흥미를 지속시키기 위해서는 사람보다는 사물을 접하게 한다. 흥미로운 사물을 접하며 창의적 창조성이 개발되기 때문이다.

이제부터 S형 아이와 재밌는 3D 프린팅 하브루타를 해 보자.

예솔	엄마, 오늘 저녁엔 만두를 먹고 싶어요.
엄마	그럴까? 예솔이가 도와줄래?
예솔	어떻게 하는 거예요?
엄마	먼저 밀가루 반죽으로 만두피를 둥글게 만들고, 만두소를 넣어 모양을 잡아 주면 돼.
예솔	아, 그렇게 하면 돼요? 엄마 하는 거 보면서 따라 할게요.
엄마	그래. 예솔이는 어떤 만두가 제일 맛있어?
예솔	고기만두가 제일 맛있고, 그다음이 김치 만두예요. 부추 만두도 맛있어요.

잠깐! 이때 부모가 "어이구! 너는 어째 먹는 것만 그렇게 밝히니? 공부를 그렇게 좋아하면 S대 들어가겠다."라고 말한다면? 아이는 자기가 잘하는 것까지도 자신감을 잃을 수 있다. 부모의 반응에 두려움을 느끼기 때문이다. 부모 방식대로 S형 아이를 대하면 안 된다. 아이의 말을 적극적으로 경청하고, 아이의 행동을 적극적으로 관찰해야 한다. 아이가 음식에 반응을 보인다고 느꼈다면, 음식의 달인이 된다는 상상을 하며 아이와 3D 하브루타를 해 보자.

엄마	예솔아, 밀가루는 이렇게 물만 부으면 반죽이 되네. 참 재미있지?
예솔	밀가루는 반죽이 잘 되네요. 밀가루 반죽이 아주 찰지고 부드러워요. 정말 신기해요. 모래는 물을 부어도 서로 안 붙잖아요.
엄마	예솔아! 만두는 왜 모두 둥글거나 반달일까? 엄마는 색다른 만두를 먹어 보고 싶은데.
예솔	어떻게 생긴 만두를 먹고 싶어요? 네모? 세모? 아니면 기다란 게 좋아요?

엄마	오, 엄마는 세모난 만두를 한번 먹고 싶은데?
예솔	알았어요. 엄마가 만두소를 만들어 주면, 만두를 세모형으로 빚어 볼게요. 카레 가루를 넣어서 노란색 만두도 만들어 볼까요? 시금치를 잘게 썰어서 반죽하면 초록 점박이 만두도 만들 수 있겠어요.
엄마	와, 좋아! 우리 예솔이가 색채 만두 개발자네.

이 대화에서 엄마는 예솔에게 욕구를 밝혔고(Desire), 예솔이는 엄마가 밝힌 욕구에 따라 자신이 가진 창작 능력을 발휘해 새롭게 디자인하였고(Design), 자연스럽게 색채 만두로 발전시키는 모습을 보였다(Develop). 부모는 아이에게 한 수 가르치려는 자세와 경쟁을 부추기는 자세를 버리고, 아이가 편하게 자신을 드러낼 수 있도록 질문해야 한다. 그런 다음 아이의 생각을 칭찬해 주면 아이는 저절로 자신감이 생기기 마련이다. 어린 예솔이가 만두의 달인이 될 수도 있다. 훗날 이 아이가 우리나라 최고의 3D 프린팅의 대가가 되었다면 전적으로 만두 공예 하브루타의 공로다.

이 공예 하브루타를 가능케 하는 3D 프린팅 기법은 S형 아이가 탁월한 역량을 드러내는 분야이기 때문에 코치는 S형 아이를 향한 각별한 관심으로 인재를 만들어 내자.

항상 아이에게 물어라.

- 어떤 것을 만들고 싶니?
- 그것은 어떻게 생겼니?
- 한번 만들어 볼까?

질문을 통해 아이의 창조적 다양성을 일깨워야 한다.

감정 하브루타

자연스러운 대화로 감정을 처리하는 BATE 기법은 이미 개발된 EFT 기법(감정 치유 기법)을 바탕으로 한다. 이것은 아이의 창작 능력을 개발하거나 상상력을 자극하는 하브루타는 아니다. 그런데도 이 기법을 소개하는 이유는 아이들이 스스로 자기감정을 처리하여 회복탄력성을 갖게 하기 때문이다. 이 기법을 활용하면 스트레스가 발생할 때마다 즉시 해소할 수 있다.

아이들은 어른들이 상상도 못할 스트레스를 받고 있다. 어른들은 자기들 나름대로 푸는 방식이 있지만, 아이들은 감정 처리가 어렵기 때문에 상당한 고통을 풀지 못한 채로 살고 있다. 그래서 하브루타와 같은 자연스러운 대화조차 나누기가 어렵다. 이 기법을 시작하기 전에 아이에게 고통스러운 감정이나 스트레스를 받는 내용을 듣고 감정의 정체를 찾아야 한다. 막연한 불안인지, 트라우마인지, 우울증인지, 외로움인지, 공포인지, 분노인지 알아야 한다. 부모나 친구 관계로 인해 말 못 하는 내면의 감정적 고통도 많다. 이 감정을 처리하기 위해서는 고통받는 감정의 이름을 찾아내야 한다.

예를 들어 학교에서 친구들에게 따돌림을 당하는 C형 아이가 있다. 친구들이 자기 흉을 본다고 생각해 두려움을 가지고 있다면, 두려움이라는 감정을 끄집어내는 것만으로도 치료가 시작된 것이다. 감정의 이름을 아는 건 중요하다. 그러나 아이에게 감정을 아이의 것이라고 인식시키면 안 된다. '너는 무슨 무슨 환자래.' 같은 식의 발언은 절대 금기다. 스티그마 효과처럼 아이의 마음에 각인이 되어 악순환을 가져올 수 있다. 이러한 감정은 절대로 아이의 것도 아니고 아이 자신도 아니다. 그냥 왔다가 스쳐 지나가는 것들인데 너를 아프게 하니까 처리해서 보내 버리자고 하자. 잘 배워서 편안한 마음으로 생활하도록 돕겠다는 자세로 이 기법을 시작해야 한다.

B(Breathe): 숨쉬기

제일 먼저 할 일은 숨을 쉬는 것이다. 아이에게 호흡하는 법을 가르치면서 코치도 함께한다.

> ❶ 의자에 앉는다.
> ❷ 편한 발 한쪽을 다른 발 위에 올려놓는다.
> ❸ 위에 올라온 발과 같은 방향의 팔을 앞으로 내민다.
> ❹ 반대편 팔을 그 위에 올리고 손바닥을 돌려서 서로 깍지를 끼고 안으로 끌어당겨 가슴 위에 얹는다. 이 자세를 했을 때 인체의 자기장이 바르게 잡히면서 하품이 나올 수 있다. 몸 안에 스트레스나 피로도가 높다는 증거이다.
> ❺ 이 상태로 2분 정도 숨을 쉰다. 숨을 쉴 때는 코로 들이마시고 입으로 내쉰다. 코로 들어가는 숨을 의식하면서 숨이 배로 들어가 배를 불리는 느낌이 들게 최대한 들이마신다. 내쉴 때는 입으로 천천히 내쉰다. 숨을 들이마실 때는 혀를 윗니 뒤에, 내쉴 때는 혀를 아랫니 뒤에 붙여서 호흡의 개폐 작용을 돕는다. 이때 천천히 길게 '후' 소리를 내면서 내쉰다.
> ❻ 2분이 지나면 천천히 눈을 뜨고 손을 편하게 풀어 준다.

마음이 흥분되어 있거나 성격이 급한 외향성 아이들은 이런 호흡을 항상 습관처럼 해야 한다. C형 아이는 이 호흡으로 내면의 스트레스를 배출하고 평정심을 유지하는 습관을 길러야 한다. 스트레스가 감정선까지 내려가서 자리 잡지 않도록 해야 한다.

습관적으로 자신의 부정적인 감정을 지속시키면 어떻게 될까? 뇌의 전기화학 경로를 타고 만들어진 화학 감정 물질들이 인체에 자리를 잡고, 부정적 감정을 증폭시킨다. 고통이 계속 이어진다.

A(Affirmation): 자기 긍정하기

수용 확인으로 마음속에 숨어 있는 부정적인 감정을 처리한다. 자기를 사랑하는 언어 기법을 사용하면 부정적인 의식을 몰아낼 수 있다.

> ❶ 오른손으로 목 아래 움푹 들어간 뼈로부터 아래로 7.5cm, 다시 왼쪽으로 7.6cm 정도 되는 지점을 고방혈이라고 한다. 가슴 위쪽의 살이 없는 지점이다. 심장과 폐 사이에 혈류와 에너지의 흐름이 막히면 고방혈에 스트레스가 모여 심한 통증을 느낀다. 오른손으로 시계 방향에 따라 세게 문질러 준다.
>
> ❷ 고방혈을 문지르면서 현재 스트레스받는 감정을 말한다. 예를 들어 "친구들이 나를 힘들게 해서 내 마음속에 두려움이 있지만, 그럼에도 불구하고 이러한 나 자신을 사랑하고 존중합니다."라고 말한다.

아이하고 문장 만들기를 하면 숨겨 놓았던 두려움이 자연스럽게 공개된다. 이 어포메이션 기법의 효과는 측두엽 베로니카 영역의 언어 활동과 밀접한 연관이 있다. 말로써 자기의 부정적인 감정을 표현하는 순간 우리 뇌가 일정 부분 감정의 정도를 가볍게 해 준다. 그리고 사랑과 존중의 언어를 사용하면, 우리의 영혼에서 감정을 치료하는 광선이 발하게 된다. 이것을 언어 테라피라고 하는데, 우리의 언어는 그만큼 영적인 힘이 있다. 항상 사랑과 존중의 언어를 사용하는 사람들의 영혼에서는 빛이 흘러나온다. 빛나는 사랑의 언어로 자기를 새롭게 사랑하기 시작하는 것이 이 어포메이션의 핵심이다.

그래서 반드시 2개의 문구를 말해야 한다. "나는 비록 _____ 때문에 _____ 하지만, 그럼에도 불구하고 이러한 나 자신을 사랑하고 존중합니다." 오른손으로 왼쪽 가슴 윗부분을 시계 방향으로 강하게 문지르면서 3번만 말하자.

T(Tapping): 두드리기

앞에서 두드리는 요법에 대해서 일부 기술했지만 여기서 상세하게 실행법을 살펴본다. 두드리는 원리는 뭘까? 손가락은 뼈로 되어 있다. 뼈는 자기 성분을 함유한다. 두드리는 포인트가 되는 곳도 뼈다. 뼈와 뼈, 곧 마그네틱과 마그네틱이 부딪치면 자기장이 발생한다. 이렇게 발생하는 자기장은 우리의 침술처럼 환부 물질에 영향을 미친다. 감정은 화학 물질이다. 두드리면서 발생하는 자기 에너지와 열이 화학 물질로 구성된 감정 구조를 파괴하는 것이 두드리기의 원리이다. 동서양의 의학자들이 연합하여 통합 포인트 15곳을 찾아냈다.

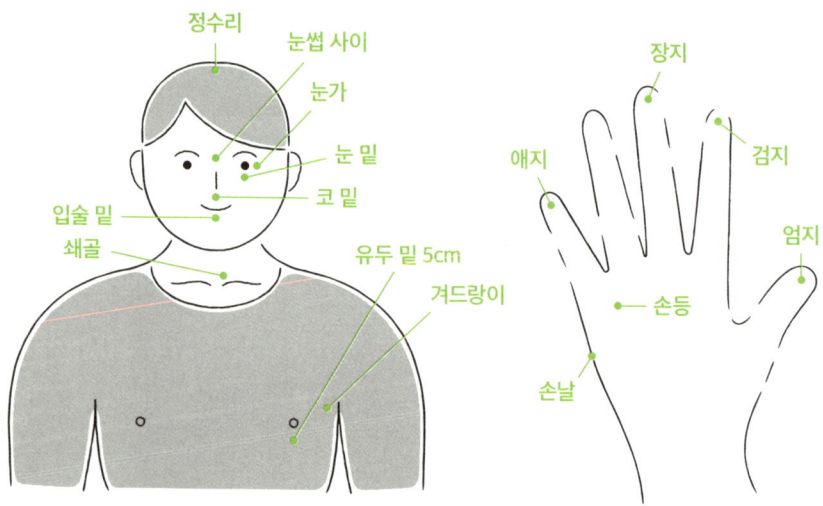

❶ 정수리 → 눈썹 사이 → 눈가 → 눈 밑 → 코 밑 → 입술 밑 → 쇄골 → 유두 밑 5cm → 겨드랑이 → 엄지 → 검지 → 장지 → 애지 → 손날 → 손등(네 번째 손가락과 다섯 번째 손가락 사이) 순으로 두드린다.

❷ 각 부위를 12번씩 두드린다.

그림을 참고하여 각 포인트를 손으로 톡톡 두드려 주면, 뭉쳐 있던 감정 분자들이 분해된다.

E(EMDR): 눈알 굴리기

지구상에 현존하는 트라우마 치료법 중 손꼽히는 기법이다. EMDR(안구 운동 민감소실 및 재처리)은 심리학자 프랜신 샤피로에 의해 우연히 발견되어 개발된 일종의 정신 치료법이다. 인간의 눈동자는 다양한 소통을 하는 도구일 뿐 아니라 사고와 감정, 과거, 현재, 미래를 드러내는 도구이기도 하다.

눈동자의 위치를 보면 그가 미래를 생각하고 있는지, 과거를 생각하고 있는지, 감정을 말하고 있는지, 들은 것을 떠올리고 있는지 알 수 있다. 눈동자가 오른쪽 위를 보면 앞으로의 일을 생각하는 것이고, 왼쪽 위를 보면 지난 일을 떠올리는 것이다. 눈동자가 수평으로 왼쪽 끝에 있을 때는 들은 말을 떠올리는 것이고, 오른쪽 끝에 있을 때는 할 말을 떠올리는 것이다. 눈동자가 왼쪽 아래에 있으면 감정을 느끼는 것이고, 오른쪽 아래에 있으면 지금 느끼는 감정을 정리하는 것이다. 눈동자의 위치가 아이 감정의 단서라고 볼 수 있다. 아이가 겪는 감정은 과거로부터 시작하여 현재까지 이어지면서 계속해서 새로운 감정들이 쌓인다고 보면 된다.

명랑한 I형 아이는 감정 상처에 관한 회복탄력성이 선천적으로 강하기 때문에 스스로 처리를 잘하지만, 문제는 C형과 D형 아이이다. D형 아이는 감정 상태를 내버려두면 친구를 공격하고 가해할 수 있으므로 빠르게 처리해야 한다. C형 아이는 감정을 드러내지 않는다. 코치와 자기감정에 관한 깊은 대화를 나눌 수 있도록 평소에 깊은 관계를 형성해 놓아야 한다. 가장 상처받기 쉬운 아이이기 때문에 제때에 처리하지 않으면 학교생활뿐 아니라 직장생활과 인생 전반에 걸쳐 자유롭지 못할 수 있다.

감정 하브루타를 통해 아이가 얼마나 고통받는지, 얼마나 두려움을 느끼는지 아이의 감정에 직면할 수 있다.

> ❶ 아이에게 자기가 겪는 고통을 떠올리게 한다.
> ❷ 부모가 손으로 원을 크게 그리면, 아이는 고통을 떠올린 채로 부모의 손을 보면서 눈동자를 돌린다. 대부분 시계 방향으로 돌리면 고통의 기억이 잘 지워진다. 아이의 뇌에 따라서 시계 반대 방향으로 돌리면 더 잘 지워지는 경우도 있다.
> ❸ 약 24회 반복한다. 이렇게 하면 뇌에서 고통을 만들어 내는 정보들이 상당 부분 희미해진다.

EMDR 기법은 아주 간단하다. 허물을 벗은 뱀 껍질처럼 희미한 기억은 있지만 더는 큰 힘을 쓰지 못한다. 뇌의 서로 다른 기능 때문이다.

우뇌는 과거에 겪었던 아픈 감정적 기억이 뒤죽박죽 섞여 있다. 논리도 없고 신문지를 뭉쳐 놓은 것처럼 혼란스럽다. 그래서 과거의 상처와 비슷한 상황을 겪으면 자기도 모르게 불안해진다. 얼굴이 붉어지거나 호흡이 가빠지고 이상 반응을 하게 된다. 자기 자신이 주체적으로 하는 것도 아니고 무의식이 그렇게 이끈다. 이런 행동은 자기 자신에게 자각을 신호로 보낸다.

그에 반해 좌뇌는 분석 기능이 있다. 눈동자와 함께 우측에서 좌측으로 오는 과거의 기억을 좌뇌가 정리해 준다. 좌뇌는 이렇게 말한다. "그때 너는 잘못한 것이 없고 그냥 당한 것뿐이야. 내가 정보를 지워 줄게. 아프지 마." 본인도 모르게 좌뇌에서 이러한 합리적 작업을 해 준다.

정보를 지워 가는 이 기법은 전적으로 신의 선물이다. 쾌락주의 철학의 시조인 에픽테토스는 이런 말을 했다. "당신이 겪는 고통은 지금의 일 때문이 아니라 지난 일에 대한 기억이 지금 당신을 괴롭히고 있다."

무수한 사람이 이 기법으로 트라우마를 극복했다. 노란색 옷을 입은 사람에게 받은 상처 때문에 달걀을 못 먹는 여성이 EMDR 후 달걀을 먹고 노란 옷을 입게 되었다. 사람들 앞에 나서지 못하던 아이가 타인들의 비난을 신경 쓰지 않고 발표하는 것도 보았다.

이 BATE 기법은 처음부터 순서대로 해도 좋고 필요에 따라서 선택적으로 해도 된다.

감정 하브루타는 타인의 감정을 처리해 주는 전문적인 미래 직업으로 이어질 수 있다. 지금도 수많은 EFT 코치들이 활동하고 있다. 인체의 신비는 무궁무진한 미래 연구 분야이다. 인체와 건강에 관심 많은 아이에게 하브루타로 연구할 좋은 길을 열어 줄 것이다.

언어 하브루타

아이는 부모나 사회공동체로부터 배운 언어를 사용한다. 어렸을 때 배운 말의 수준이 일생을 지배한다. 어려서부터 욕을 많이 하는 아이는 어른이 되어서도 욕을 많이 하고, 어려서부터 기품 있는 말을 배운 아이는 품격 있는 언어를 사용한다. 아이가 반드시 고귀한 언어를 사용해야 한다는 말은 아니지만, 중세 시대 수사학의 발달이 셰익스피어의 명문장이 탄생한 배경이 되었음을 기억해야 한다.

하브루타는 단순히 아이의 학습 능력이나 상상력을 키워 주는 것이 아니다. 아이가 일생을 살아가는 동안 가장 많이 사용하는 언어의 품격을 길러 준다. 개인적으로 방송 작가의 책임을 묻고 싶을 때가 많다. 대한민국 대중 언어를 만들어 가는 장본인이기 때문이다.

어느 나라나 국가의 철학은 그 나라의 문학을 만들고, 문학은 영화나 드라마나 대중가요 같은 문화를 만든다. 하부 구조인 문화는 아이들의 정신 구조에도 큰 영향을 미친다. 아이들끼리 사용하는 언어는 아이들이 만든 것이 아니다. 사회의 저속한 문장을 만들어 내는 방송 작가들은 자신이 사회에 미칠 영향력을 심각하게 고려하여 언어 선택에 신중해야 한다.

기품 있는 언어는 사람을 존귀하게 만들고 사회를 품격 있게 만든다. 기품 있는 언어란 자신도 기분이 좋고, 타인에게도 선한 영향력을 끼치는 언어다. 아이들은 자신만의 언어를 사용한다. 외향성 아이는 사회적인 언어를 사용하고, 내향성 아이는 반듯한 언어를 사용한다. 외향성 아이는 언어가 거칠고, 내향성 아이는 언어에 자신감이 부족하다. 아이가 부정적이고 비관적인 언어를 사용한다면 코치는 아이의 언어를 단계별로 높여 주어야 한다. 희망과 용기를 주어 멋있는 언어를 사용하는 모습을 보일 수 있도록 능력을 성장시켜야 한다. 다음 6개의 사다리 기법을 서로 나누며 언어 수준을 올려 보자.

운명 언어 버리기

부모 자신이 환경의 희생자라고 생각하는 경우에 운명 언어를 사용한다. 이러한 부모로부터 영향을 받는 아이도 무의식적으로 운명 언어를 사용한다. 부모가 운명의 사슬을 벗어나지 못하는 언어를 사용하면, 아이도 의식 성장을 하지 않게 된다.

- 우리 엄마가 그러는데 나는 수학 머리가 아니래.
- 친구들이 나는 얼굴이 못생겨서 아이돌이 될 수 없대.
- 송충이는 솔잎을 먹고 살아야지.
- 나는 어쩔 수 없는 사람이야.
- 그가 그렇게 하도록 만들었어.
- 내 병은 유전적이라서 고칠 수 없어. 우리 아버지도 이렇게 앓다가 돌아가셨어.
- 나는 평생 배운 게 이것이라, 이것만 해 먹고 살아 왔어.

- 너는 손가락이 짧아서 피아노를 연주할 수 없어.
- 너는 엄마를 닮아서 과학을 잘 못할 거야.

이와 같은 언어를 사용하는 부모가 운명에 굴복하는 아이를 만든다. 부모 코치는 아이에게 부정적 영향을 미치는 속담까지 검토해서 운명적 언어를 관찰하고 아이와 함께 고쳐야 한다. 그리고 다음과 같은 질문으로 가능성 언어를 한 단계 업그레이드시켜야 한다.

가능성 언어 선택하기

코치의 대화 기법 중 4단계 질문 기법을 사용해 보자.

- 이슈

  아이　애들이 나는 얼굴이 못생겨서 아이돌이 될 수 없대. `아이의 운명 언어`

- 1단계 질문

  엄마　그 말이 사실이니? `사실 확인`

  아이　예쁜 것은 아니니까 애들 말이 맞을 수도 있지!

- 2단계 질문

  엄마　애들이 말한 예쁘다는 기준이 뭐니? `기준 설정`

  아이　모르겠어, 블랙핑크나 트와이스처럼 생겨야 하나 봐.

- 3단계 질문

  엄마　그런 말을 들은 네 기분은 어떠니? `느낌`

아이   기분 안 좋지.

- 4단계 질문

    엄마   만일 너한테도 아이돌이 될 가능성이 있다면 어떤 느낌이니? <mark>가능성 질문</mark>

    아이   기분 좋지, 나라고 못 할 것도 없는데.

운명적 언어에서 가능성 언어를 끌어내는 코칭 대화가 핵심이다.

"애들이 안 된대."라는 운명적 언어에서 "나라고 못 할 것도 없는데."라는 가능성 언어로 변한 것이다. 이러한 언어의 변화는 놀라운 에너지를 동반한다. 운동선수들은 경기에 임하기 전에 끝없이 입술을 중얼거리며 "나는 할 수 있다."라고 자기 암시를 한다. 자기 한계를 넘는 가능성을 자기에게 주고 싶은 것이다. 자기가 먼저 포기하면 안 된다. 항상 용기와 가능성을 주는 언어를 사용하도록 말의 습관을 바꿔야 한다. 운명의 틀에서 벗어날 가능성이 열렸다는 것이 이 단계의 긍정적인 요소이다. 가능성을 말하는 아이의 언어를 듣게 되면, 이제 세 번째 사다리로 이끌어야 한다.

선호 언어 사용하기

부모는 아이돌이 될 가능성을 말하는 아이에게 "기왕이면 어떤 아이돌이 되면 좋겠어?"라고 묻는다. 이와 같은 질문은 아이에게 가능성을 넘어 자기가 좋아하고 되고 싶은, 자신의 구체적인 선택을 말하게 한다. "나는 아직 다 자라지 않았으니까 자라면서 예뻐지도록 노력하고, 가수가 되어야 하니까 노래를 더 잘해서 오랫동안 활동하고 싶어." 아이는 자신이 원하는 가수의 삶을 위해 얼굴도 가꾸지만, 노래를 더 잘하고 싶다고 한다. 이것이 자기의 선택이다. 부모는 아이에게 가능성을 뛰어넘어 좋아하는 쪽을 선택하도록 질문한다. 집착과 선호는 다르다. 집착은 꼭 가수를 해야만 하는 것이고, 선호는 더 많은 가능성 중에서 기왕이면 가수로서 성공하고 싶다는 자신의 선택이다. 이렇게 좋아하는 것을 선택하게 하면, 아이는 이미 운명을 벗어나 있다.

열정 언어로 흥분하기
아이로부터 좋아하는 선택, 즉 선호 언어를 들었다면 가수로서의 가장 멋진 모습을 묻자. 그러면 아이는 실제로 활동하는 모습을 상상한다. 그런 다음 이미 이루어진 스타의 삶을 말하게 한다.

엄마   네가 진짜 미국에서 공연하는 대한민국 최고의 아이돌이 된다면 어떻게 살고 싶니?
아이   엄마, 아빠를 비행기 일등석으로 미국에 모신 뒤, 공연장 맨 앞에 앉아서 내 공연을 보시게 할 거예요.
엄마   와, 생각만 해도 신난다. 그다음엔 또 뭘 해 보고 싶니?
아이   그다음엔 돈도 많이 벌 거니까, 시골에 새집을 사 드릴 거 같아요. 정원 있는 집에서 바비큐도 해 먹을래요.

이때 아이가 떠오르는 대로 말하게 둔다. 그리고 부모는 "그다음에는?" 하고 계속 질문한다. 그리고 중간에 "스타 딸을 둔 엄마는 너를 위해 무엇을 해야겠니?" 웃으면서 물어본다. 그러면 아이는 이미 스타가 된 것 같은 열정으로 환상적인 대화를 나눈다.

계획 언어로 설계하기
아이의 스타가 된 후의 인생을 들었다. 이때 부모는 "그렇다면 스타가 되기 위해 지금부터 무얼 해야 꿈을 이룰 수 있을까?"라고 실행을 위한 계획을 묻는다. 아이와 타임 테이블을 만들고 인생 성공 계획을 같이 세워 본다. 스타로서 가져야 할 것들과 버려야 할 것들을 나누고, 기록하고, 준비시킨다.

약속 언어로 퍼뜨리기

최상층 사다리는 '약속'이다. 약속은 꿈을 성취한 사람이 되기를 미리 선포하는 것이다. 자신과 자신을 아는 사람들에게 자기 인생을 선포한다. 약속은 잠재력을 끌어낸다. 아이의 잠재력을 가로막았던 생각과 장벽에서 벗어나게 하는 결정적인 행동이 약속 선포다.

중국 알리바바의 창업자 마윈은 인터넷의 인 자도 모르는 동료 20명과 세계 500대 기업에 들어가자고 떠들었는데 꿈을 이루었다. 유엔 사무총장을 지낸 반기문 총장은 어려서부터 유엔에서 총장이 되고 싶다 말하고 다녔다. 나도 고등학교 시절에 노트에 '대학입학 수석'이라는 글귀를 써 놓고 공부했다. 결국 수석 입학을 했다. KBS 〈아침마당〉 특강에 나가기를 원해서 〈아침마당〉에 나가서 강의할 때가 되었다고 떠들고 다녔다. 3개월 후 〈아침마당〉 작가로부터 섭외 전화를 받았다.

아이가 운명 언어 장벽에서 열정을 넘어 실행하도록 약속하는 것이 언어 하브루타이다. 아이가 떠들게 해야 한다. 꿈을 말하게 하고, 꿈을 이루는 방법을 말하게 하고, 꿈을 이루도록 함께 설계하고, 함께 도와야 한다. 유대인만 세계적인 인물을 배출하란 법은 없다.

소크라테스 하브루타

소크라테스 이전 시대는 하늘의 별들과 태양과 달의 움직임을 파악하여 우주와 지구의 본질을 알리려 했다. 그러나 소크라테스 시대부터 비로소 그들은 우주의 원리를 파악하려는 인간 자신에 관해 묻기 시작했다. 소크라테스의 유명한 "너 자신을 알라."라는 말도 이러한 인본주의 배경으로부터 나온 말이다.

당시 그리스 사람들은 소크라테스와 만나기를 꺼렸다. 한번 걸려들면 끝없는 질문 공세를 받아야 하기 때문이다. 그는 사람들이 스스로 '진리'라는 '아이'를 낳도록 깨우칠 때까지 질문을 던졌다. 이것이 소크라테스 산파술 대화법이다.

소크라테스 산파술의 문답 가운데 우리가 하브루타의 주제로 삼는 부분은 꿈과 개념(정의)을 묻는 질문법이다. 소크라테스는 어느 날 한 청년을 길에서 만났다. 그 청년에게 묻는다.

"자네의 희망은 무엇인가?" "저는 군인이 되고 싶어요." 여기서 일반적인 질문은 "왜 군인이 되려고 하나?"일 것이다. 그러나 소크라테스는 이렇게 묻는다. "그러면 군인에게 가장 필요한 것은 무엇인가?" 청년은 말한다. "용기요." 소크라테스는 말한다. "그러면 용기란 무엇인가?" 청년은 용기의 정의를 생각하기 시작한다. "아, 모든 사람이 두려워할 때 앞장서는 것이요." 소크라테스는 말한다. "자네는 이제까지 앞장서 본 적이 있는가?" 청년은 자신의 지난 시간을 되돌아본다. "학교에서 친구가 다른 애들로부터 놀림을 당할 때, 다른 애들을 말리고 친구를 도와준 것이요." 소크라테스는 또 묻는다. "그러면 군인에게 필요한 용기란 무엇일까?" "전쟁 중에 다친 동료들을 적에게서 구해 내는 것이요." 소크라테스는 또 묻는다. "자네는 적들의 숫자가 너무 많아서 동료를 구하러 가다가 죽을 수 있는 상황이라도 동료를 구하겠나?" 청년은 한참을 주저하더니 "그것은 못 할 것 같아요. 내가 죽는데 어떻게 그렇게 할 수 있나요?" 소크라테스는 말한다. "자네는 진정한 용기가 없다. 자네에게 군인이란 직업은 어울리지 않는 것 같군. 다시 한번 자신이 용기가 있는 사람인지 생각해 보게."

이런 소크라테스의 질문법은 아이가 희망하는 미래의 꿈과 그에 부합한 성격이나 덕목이 있는지 그 개념을 파고 들어간다. 여기서 제일 중요한 관점은 개념이다. 꿈의 정의를 명확히 이해해야 아이와 미래에 대한 진지한 하브루타를 할 수 있다.

묻고 또 묻는 소크라테스 하브루타는 어렵지 않다. 실습을 해 보자.

엄마가 아이와 하브루타를 시작한다. 아이에게 묻는다. "너의 꿈은 무엇이니?" "의사가 되고 싶어요." 이때 엄마는 무엇을 물어야 할까? "이야, 아들 덕에 엄마는 공짜로 치료받겠네!" 하고 만나는 사람들에게 "앞으로 의사 아들 두게 생겼어!"라며 자랑하고 다닌다면 아이는 큰 부담을 갖는다. 아이가 진짜 의사가 되기를 원한다면 엄마는 아이에게 소크라테스 하브루타를 해야 한다.

"왜 의사가 되려고 하니?"가 아니라 "의사란 무엇을 하는 사람이니?"라고 의사라는 직업의 개념을 물어야 한다. 그래야 아이는 의사가 무엇을 하는 사람인지 명확하게 이해할 수 있다. 아이가 대답한다. "아픈 사람을 고쳐 주는 사람이요." 엄마는 이때 개념 질문을 던져야 한다. "그러면 의사에게 필요한 것은 무엇일까?" 의사가 가져야 할 덕목이나 의사의 자기 이해, 사명감을 생각하게 하는 질문을 하자. 아이가 말한다. "병을 잘 치료하는 의술이요." 생각의 폭이 좁은 아이에게 엄마는 한 번 더 묻는다. "돈이 없는 사람이나 불쌍한 사람들이 아플 때 의사에게 필요한 것은 무엇일까?" 아이는 여기서 다른 방향으로 생각을 하게 된다. 병원비를 낼 수 없는 사람까지 치료한다고 생각하면, 아이의 의사에 대한 정의는 '의사는 병을 고치는 사람이지만, 의술이 필요한 불쌍한 사람들까지 돕는 사람이다.'로 자기 인식을 확대한다. 자본주의 사회에서 돈이란 중요한 목표지만, 인생의 진정한 목적은 아니다. 아이의 목표는 의사가 되는 것이지만 목적은 아픈 사람을 치료하는 사랑의 구현이다. 아이는 대답한다. "돈을 받지 않고 따로 치료해서 도와줄래요."

이렇게 시각이 열린 아이들은 국경 없는 의사회나 월드비전 같은 세계적인 구호 활동을 벌인다. 우리나라도 슈바이처 같은 위대한 인물을 탄생시킬 수 있다.

DISC 유형별 부모의 반응은?

지난번 수학 시험에서 100점을 받은 아이가 이번엔 90점을 받았다. 유형별 부모의 반응을 살펴보자. 각 부모의 분노, 낙관, 무관심, 걱정 반응을 보면 어떤 생각이 드는가?

D형 부모

정신 좀 차려! 더 열심히 해!

I형 부모

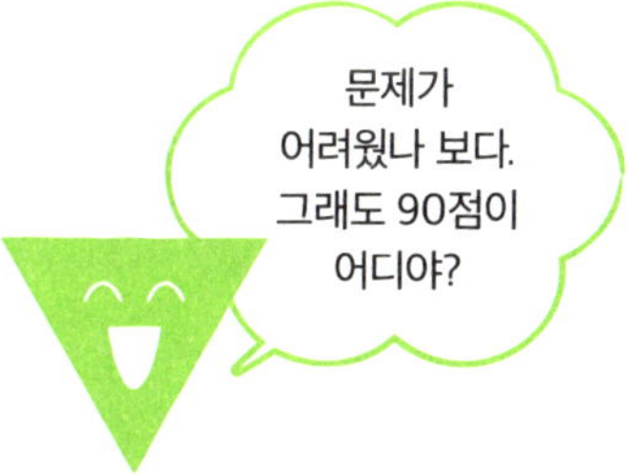

문제가 어려웠나 보다. 그래도 90점이 어디야?

S형 부모

그래. 저녁 뭐 먹을래?

C형 부모

왜 이런 결과가 나왔을까? 어디서부터 잘못된 거지?

6부

성격 유형별 자녀 양육법
갈등 해결과 보완

14
하브루타로
D형 자녀 코칭하기

D형 자녀와 D형 부모

부모와 자녀가 같은 유형인 경우 추구하는 가치에서 충돌이 생길 수도 있고, 반대로 협력과 시너지가 발생할 수도 있다. D형의 최고 핵심 가치는 '일'이다.

  D형 부모는 일을 잘하고 추진력이 강한 자녀를 좋아한다. 어린아이라 할지라도 D형 자녀는 그 기질이 드러난다. 다른 애들보다 앞장서고 무엇이든지 자기 뜻대로 하려는 강한 자아 때문이다. 하지만 그런 소신은 학교에서나 가정에서 충돌을 일으킨다. 상대가 강한 D형 부모일 때는 갈등이 더 심할 수 있다.

  융의 이론에 의하면, 가장 강한 에고의 충돌은 페르소나^{Persona}를 쓰게 만든다. 자녀가 쓰고 있는 가면은 부모에게 순종이라는 미덕으로 포장된다. 그러나 이러한

'가면'이라는 뜻의 라틴어로, 세상을 살아가기 위해 만들어진 사회적 인격.

페르소나가 강할수록 그 뒷면에 있는 그림자$^{Shadow^*}$도 강해진다. D형 부모와 D형 자녀의 관계에서 이러한 페르소나와 그림자가 만들어지는 것은 부모의 강한 압력 때문이다.

D형은 자신에게는 관대하고 타인에게는 높은, 비대칭적이며 비합리적인 기대치를 갖고 태어난다. 그래서 D형 부모는 자신의 필요에 따라서 자녀와의 약속을 가벼이 여기고, 자기는 잘하지도 않으면서 자녀에게 강하게 요구한다. 이런 이율배반적인 부모의 모습에 자녀는 저항심이 생겨난다. 특히 아빠가 강한 D형인데 폭력성이 심할 경우 D형 자녀는 속으로 복수의 칼을 갈기도 한다. 그러나 힘이 모자라고 무섭기도 하니까 그림자 속으로 자아를 숨겨 놓는다. D형 자녀의 내면 갈등은 언젠가는 터지고 만다. 결국은 저항하고, 일을 저지르고, 야단을 맞고, 이런 과정이 반복되면서 자연스럽게 D형 아빠를 미워한다. 이런 갈등을 지속적으로 겪으며 성장한 자녀는 결국 D형 아빠를 버린다.

〈나는 자연인이다〉라는 TV 프로그램을 보면 자녀가 부모를 만나 주지 않는다. 어떤 가장은 자기를 버려두고 가족이 이사를 가 버려 산에 올라와 살게 되었다고 한다. 대부분 D형이다. D형 아빠에게 겪은 억눌림이 아빠의 노쇠와 함께 가족의 반발이나 복수 형태로 나타나게 된 것이다. 종종 사회적으로 야기되는 남편 살해 사건도 D형 남편과 D형 아내와의 사이에서 벌어지는 일이다.

D형 부모는 자녀의 강한 성향을 알아야 한다. 자녀 안에는 자신이 숨어 있다는 것을 알아야 한다. "쟤는 누구를 닮아서 저 모양이야."란 말은 책임 회피이다. 책임감^{Responsibility}이란 반응^{Response}과 능력^{Ability}의 합성어이다. 곧 책임을 진다는 것은 '반응하는 능력'을 말한다. 장애를 갖고 태어난 사람은 장애가 있는 것에 대해 책임질 필요가 없다. 자신이 그렇게 만든 것이 아니기 때문이다. 그러나 장애가 있는 몸으로 세상을 어떻게 살아가고, 사람들과 어떤 방식으로 관계를 맺으며 살 것인지 그 결정은 자신의 책임이다. 마찬가지로 D형 자녀가 태어난 것에 대해서 누구

---

* 자신이 숨기고 싶은 열등 기능이나, 좋은 능력인데도 숨겨 놓거나 사용하지 않는 기능.

를 닮아서 저렇냐고 원망할 것이 아니다. 부모인 나는 자녀에게 어떻게 반응할 것인가를 물어야 한다. 피해서 되는 문제가 아니고 화를 낸다고 되는 문제도 아니다.

D형 부모와 D형 자녀의 갈등 에너지를 지혜롭게 시너지로 승화시키는 방법이 있다. 그것은 그들의 강점인 일을 함께하는 것이다. 일을 가정 공동의 과제로 만들어 온 가족이 함께 해결해 나가자.

예를 들어 가정 경제가 어려울 때 이 문제를 주제로 삼자. 가정 경제를 회복시키기 위한 프로젝트를 세우고, 세부 계획까지 아이와 함께 설계한다. 옛날 부모들처럼 '애들은 몰라도 되는 일이니 너희는 그냥 공부만 잘하면 된다.'라는 교육 방식은 잘못됐다. D형 자녀에 대한 지혜로운 양육 방식은 아이를 가정의 일원으로 인정하여 함께 고민하고, 부모의 아픔도 함께 나누는 데 있다. 해결책을 함께 모색해 나가자. 짐을 함께 지게 하자. D형 자녀는 부모와 고통을 분담하고 가정을 세워 나간다는 큰 목표를 세울 때, 돈의 소중함과 검소함, 절약을 배우고 어려서부터 성공할 방법을 연구한다. 학교에 다니면서도 공부 못한다는 소리 듣기 싫어서 자연스럽게 공부에 대한 동기 부여도 얻는다.

D형 자녀에게 50년 후의 큰 비전을 세워 주고, 함께 공동 과제를 만들고, 책임과 함께 권한을 부여해 주는 것이 가장 좋은 양육법이다. 자녀에게 멋진 별명도 붙여 주자. 평생 그 별명만 들으면 없던 힘도 생길 만큼 동기가 유발된다. 평생의 멘토로 삼을 만한 위인들의 별명을 붙여 주면 그 사람처럼 되어 간다. 물론 별명도 자녀가 스스로 찾도록 해야 한다.

D형 부모와 D형 자녀의 충돌 상황 시 갈등 구조는 주도권 싸움에서 온다. 부모는 힘으로 자녀를 억누르려 하면 안 된다. 누르면 튀어 나간다. 이럴 때 자녀와 갈등을 푸는 방식은 2가지이다. 하나는 서로 도움이 되는 지혜로운 협상을 하는 것이다. 또 하나는 갈등 상황을 피하지 말고 자녀의 에너지를 다른 곳으로 돌려서 또 다른 성취를 맛보게 하는 것이다. 이를 에너지 전환이라고 한다. D형은 에너지가

가장 강하기 때문에 힘의 방향만 틀어 주면 그곳에 에너지를 쏟아부을 수 있다. 자녀에게 보람 있고, 가치와 부합되는 일을 주면 태도를 바꾸는 건 당연한 일이다. 갈등 에너지를 좋은 일을 하도록 전환하라는 이야기다.

어린이집에서 D형 여자아이를 본 적이 있다. 친구들의 간식을 빼앗아 먹고 있었다. 그런데 선생님도 D형이었다. 친구의 간식을 돌려주라는 말을 들은 척도 안 하는 아이에게 화가 난 선생님은 "빨리 안 돌려줘?"라고 소리를 높였다. D형 아이는 입에 넣은 간식과 손에 든 간식을 바닥에 집어 던지고, 소리 지르며 울기 시작했다. 선생님은 나에게 와서 물었다. "쟤, 어떻게 해요? 매일 저래요." 간단명료하게 답을 주었다. "우는 D형 아이에게는 일을 시켜요." "네?" 선생님 눈이 휘둥그레졌다. "해 보세요."라고 재차 말했다. "지은아, 저 밖에 문 열려서 애들이 춥대. 문 좀 닫고 와!" 드러누워 울던 지은이는 벌떡 일어났다. "어느 문이요?" 하고 물었다. "저쪽 문." 벌떡 일어난 지은이는 부지런히 달려가서 문을 닫고 와서는 또 무슨 일을 하면 되냐는 얼굴빛을 하고 서 있었다. 선생님은 "와, 어떻게 이럴 수 있어요?"라고 놀라워했다. "D형 아이는 우는 게 재미없거든요. 차라리 일하는 게 낫지요." 이것이 에너지 전환이다.

D형이 대인관계에서 가장 큰 문제가 되는 건 분노다. 분노를 푸는 기법은 이미 여러 번 설명했지만 반복해서 익히도록 다시 설명한다. 분노를 일으키는 기분 나쁜 상황을 떠올리면서 눈동자를 24회 회전시키면 화가 났던 기억이 흐려지고(EMDR), 오른쪽 어깨뼈 아래 움푹 들어간 중부혈을 12회 톡톡 두드려 주거나(EFT), 양팔을 바깥으로 기지개 켜듯이 회전시켜 주면(Vortex) 화가 가라앉는다. D형은 일은 잘해 놓고 화를 처리하지 못해서 마지막에 욕을 먹는다. 긴 숨을 쉬면서 호흡하는 것도 좋은 방법이다.

D형에게 담배는 죽음으로 가는 지름길이다. 담배라는 성질은 가볍고, 열이 있고, 도파민 생성을 위한 타르 성분이 있다. 이것들이 합작하여 폐 세포의 자연스러

운 순환을 막는다. 분노가 많은 D형, 거기에 욕심까지 많은 D형에게 담배는 꿈과 인생의 비극적 종말을 준다는 사실을 잊지 말자. 자녀한테도 일생 담배를 배우지 않도록 교육해야 한다. 술도 D형의 약한 간을 힘들게 한다. 분노를 주관하는 간 기운이 점점 더 약해져서 화를 통제하기 어렵게 된다. D형한테는 많이 걷는 운동이 제일 좋다. 자연스럽게 호흡하면서 폐와 발바닥의 용천으로 신체의 노폐물을 발산하기 때문이다. 부모는 자녀에게 분노가 담긴 언어를 절대로 삼가야 한다. 그 언어를 그대로 갖기 때문이다.

D형 자녀와 I형 부모

I형 부모는 명랑하고 긍정적이다. 자녀의 기를 죽이지 않고 자녀가 원하는 대로 다 들어주는 유형이다. 이 부분이 D형 자녀의 사회생활에 문제를 일으킨다. 원래 기가 센 아이인데 집에서도 제어하지 않은 채로 양육하기 때문에 아이는 사회공동체에 대한 도덕성이나 죄의식이 약하다. 그래서 사람을 무시하고 대형사고를 저지르게 된다. 자녀는 왜 가정에서의 자신과 공동체 속에서 자신의 행동이 달라야 하는지를 아는 데 큰 대가를 치른다.

긍정적인 I형 부모는 의사결정 구조에서도 항상 장밋빛 결정을 내리고 잘될 거라고 생각한다. 강한 D형 자녀가 타인에게 상처를 줄 때도 긍정적으로 해석하거나 오히려 타인의 가정을 비난하기도 한다. 아주 위험한 양육 심리다. 조건 없는 사랑을 위해서는 반드시 비판적 지지를 병행해야 한다. 자녀의 행동에서 좋은 점만 보지 말고 공동체나 친구들, 혹은 자신에게까지 이르는 위험 요소가 있는지, 무엇인지 자녀와 나누어야 한다.

I형 부모는 자녀의 꿈을 위해서 질문을 던지는 하브루타를 배우는 것이 좋다.

I형은 야단을 치지도 않지만, 야단을 쳐도 부드럽게 하므로 D형 자녀의 감정을 상하게 하지 않은 채 지혜롭게 핵심을 고쳐 나갈 수 있다. 간단하고 명료한 것을 좋아하는 D형 자녀에게 I형 부모는 쓸데없는 자기 자랑이나 왕년의 자기 경험을 오래 늘어놓지 않도록 한다. D형 자녀는 워낙 경청이 약하기 때문에 재미도 없는 이야기를 또 하는 부모를 참지 못하고 핀잔을 준다. D형 자녀의 '핵심만 간단히'라는 정서를 알자. D형 자녀가 항상 스스로 해 나가게 한다. I형 부모의 위로와 용기를 주는 멘트도 D형 자녀에게는 그다지 소용없다. 그런 것을 필요로 하지 않기 때문이다. 그 대신 자녀가 성취를 이루었을 때 아주 짧고 강력하게 "와! 대박. 이야! 대단한데." 이런 반응이면 충분하다.

D형 자녀와 S형 부모

부모와 자녀의 위치가 거의 역전된 가정이다. 어려도 거꾸로 부모를 돌보는 성숙한 D형 자녀가 있고, 게으르거나 술만 마시는 부모 아래 방치된 미성숙한 D형 자녀가 있다. 전자의 경우 D형 자녀는 돌봄이라는 책임감을 얻지만, 후자의 경우 D형 자녀는 훗날 부모를 멸시하고 학대한다. S형 부모는 자녀의 미래에 대한 명료한 비전이 없다. D형 자녀는 성장하면서 자신과 상극인 S형 부모를 무능하고 답답하게 여긴다. 일을 명료하게 해결하지도 않고, 자기들을 아낌없이 사랑하는 것도 아니고, 언제나 그 자리에 가만히 있기만 한 S형 부모를 보면 화가 난다.

S형 부모는 거친 D형 자녀가 부모를 무시하거나 타인을 함부로 대했을 때 피하지 말고 엄하게 꾸짖어야 한다. 그리고 잘했을 경우는 분명한 포상을 해야 한다. 이렇게 몇 차례 가정 교육의 틀을 만들어 가다 보면 자녀는 자상하면서도 한번 화가 나면 무서운 부모를 조심한다. 부모는 어찌 되었든 부모라는 이름으로 권위를

가진 존재다.

　공자는 제자들이 "효란 무엇입니까?"라고 물었을 때 "자식이 아플까 봐 걱정하는 것이다."라고 하였다. 얼핏 들으면 이해가 안 가는 말이다. 자식이 해야 할 행동이 아니고 부모의 행동을 말하니 이해되지 않는다. 그러나 조금만 깊이 들여다보면 '효는 이렇게 자식 걱정을 해 주는 부모에게서 나온다.'라는 말로 해석할 수 있다. 이러한 속 깊고 자상한 사랑이 S형 부모의 장점이다. 표현하지 않지만 언제나 자식 걱정을 하는 부모에게 자식은 더 많은 부모 걱정을 하게 된다.

　귀찮거나 두려워서 내버려두는 방임 양육이 제일 위험하다. D형 자녀 앞에서 게으른 모습을 보이지 말고 솔선수범해야 한다. 어렵거나 힘들 땐 D형 자녀와 문제 해결을 의논하자. 자녀가 해결해 나가는 멋진 모습을 보는 것은 피차간에 좋은 일이다.

　S형 부모는 직접 대놓고 말하지 않기 때문에 집안에 엄하면서도 배려심 깊은 규칙을 만들어 놓자. 규칙을 지키도록 상벌이 분명한 틀을 만들어 놓아야 D형 자녀를 다스릴 수 있다.

D형 자녀와 C형 부모

일반적으로 가장 갈등이 심한 유형이 C형과 D형이다. D형 자녀 입장에서 볼 때 C형 부모가 가장 어렵다. 이들은 성격뿐 아니라 자아와 신념, 일하는 방식과 사람을 대하는 방식 전체가 상극이다.

　C형은 아무리 어려워도 법과 질서를 지키지만, D형은 빠른 결과를 원하기 때문에 편법도 불사한다. D형은 결과만 나오면 되지만, C형은 과정이 정직해야 한다. D형은 빠르게 처리해야 하고, C형은 완벽하게 처리해야 한다. C형은 이념적인 신

념이 있고, D형은 필요하다면 신념 같은 것은 하루에도 수십 번을 바꾼다. D형은 예의가 없이 거칠지만, C형은 타인을 함부로 대하지 않는다. D형은 사람을 자기 멋대로 평가하지만, C형은 타인에 대해서 말하기를 꺼린다. D형은 자기 공을 드러내지만, C형은 성취한 것도 숨기려 한다. D형은 목청이 크고 시원시원하지만, C형은 소리도 작고 매사에 조심스럽다.

이 두 유형이 부모와 자녀로 배치가 된 것이다. C형 부모는 D형 자녀를 보면 불안하다. 성격이 급하고 화를 자주 내며 사람을 함부로 대하는 자녀의 모습에 화가 난다. 그러면서도 쉽게 자녀의 마음을 달래기도 힘들다. 원칙을 가진 부모와 마음대로 해야 하는 강한 자아를 가진 자녀와의 관계에서 C형 부모는 다른 유형의 부모보다 마음고생이 더 심하다. 그렇다고 자녀를 사회적인 규범에 맞추려고 하면 자녀는 더 튕겨 나가게 된다. 우선 자녀의 심리 구조가 복잡하지 않다는 것을 알자. D형 자녀는 의외로 생각이나 행동 그리고 욕구가 복잡하지 않다. 자기가 원하는 대로 하고 싶은 마음이 강하고, 자기가 옳다는 생각 때문에 충돌이 일어난다. 하지만 D형 자녀에게 디테일에 강한 C형 부모가 있다는 게 큰 자산이라는 것을 알 때가 온다. 그러나 그때까지 C형 부모는 마음이 상할 수 있다. 자녀를 교정하려고 지켜야 할 규율을 알려 주고 잔소리를 쉬지 않고 하는 C형 부모의 마음을 D형 자녀가 몰라주기 때문이다. 그렇다고 자녀에게 실망하거나 짜증을 낼 필요는 없다. 이 자녀는 여름 사람이다. 무엇이든지 빨리 하고 빨리 잊는다. 그러곤 다시 또 새로운 것을 준비한다.

C형 부모는 자녀가 대꾸한 말의 내용이나 부모를 바라보는 눈빛, 무시하는 듯한 자세에 마음이 상해서 밤잠을 못 이룬다. D형 자녀는 그렇게 해 놓고도 부모의 마음을 헤아리지 않는다. 원래 그렇게 설계되었기 때문에 작은 감정에 흔들리지 않고 큰일을 해 나간다. 오히려 그런 세밀한 감정을 왜 헤아리지 못하느냐고 한숨 쉬는 부모가 자기 자신을 더 괴롭히는 셈이다. 그럴 필요가 없다.

C형 부모는 비록 부모이고, 나이가 많더라도 자신과 D형 자녀의 사고 구조가 다르다는 것을 알아야 한다. D형 자녀에게는 디테일한 부분에 대한 요구보다는 전체적인 차원에서 숲을 보고 통찰하게 해야 한다. 어떻게 이끌고 관리해야 할 것인가를 훈련하는 것이 현명하다. 예를 들어 자녀에게 "네가 한 나라의 대통령이라면 이런 상황에 어떻게 대처하겠니?"라고 물으며 큰일을 해결하는 미래의 기둥으로 길러야 한다. D형 자녀에게 자랑스럽게 네 꿈을 펼쳐 보라고 하며 권한과 함께 책임을 주어야 한다. 친구들을 위해서 돈을 쓰라고 준 뒤에 어떻게 사용했는지 물어야 한다. 잘한 부분은 칭찬해 주고 잘못한 부분은 토론하는 것이 좋다. 어려서부터 돈의 사용법을 배워야 훗날 D형 자녀가 사업 때문에 패가망신하는 일이 발생하지 않는다.

C형 부모는 자신의 강점인 세밀함으로 아이에게 도움을 주어야 한다. 아무것이나 함부로 대하면 고통이 온다는 사실을 체험시켜야 한다. 예를 들어 교통 법규를 무시하는 D형 아빠 때문에 벌금을 낼 때는 아이와 함께 해 보자. 어렵게 돈을 벌고도 법을 어겨서 벌금을 내고 부끄러움을 당하는 것이 얼마나 어리석은 일인지를 깨닫게 하자. 급하다고 과정을 무시하면, 결국은 손해 본다는 교훈을 통해서 질서의식을 배우게 하자. 그래야 D형 자녀는 큰일과 함께 세부 사항에도 강점을 가질 수 있다.

D형 자녀는 타인을 함부로 대하기가 쉽다. 그러므로 C형 부모는 항상 부부간에도 서로 높임말을 사용하며, 혹시 부부 갈등 때문에 다툴지라도 자녀 앞에서 소리 내지 말자. 지혜롭게 문자나 이모티콘으로 싸우는 등 자녀를 배려하며 해결해야 한다. 그래야 자녀가 자기 상처나 분노를 타인에게 보복하지 않는다. 집에서 부모의 바가지가 새면 자녀의 바가지는 밖에서 더 크게 샌다. 까다로운 C형 부모는 자기의 문제라 할지라도 D형 자녀의 감정적인 요소들을 격발시키는 행동은 백 번 천 번 조심해야 한다.

15

하브루타로
I형 자녀 코칭하기

I형 자녀와 D형 부모

D형 부모와 I형 자녀는 아주 묘한 관계를 이룬다. D형 부모는 I형 자녀의 열정적이고 화려한 대인관계를 보며 자녀가 큰일을 할 것이라고 착각하기 쉽다. 그러나 자녀는 자랄수록 점점 부모에게 실망을 준다. 원래 I형은 추진자가 아니라 촉진자이기 때문이다. 친구들을 좋아하는 것이지 원대한 비전을 갖거나 일을 열심히 하는 성향이 아니다.

  I형이 근원적으로 외향적이라 활달하고 긍정적이며 미래지향적인 것은 D형과 똑같다. 그러나 무엇을 성취하려는 욕구보다는 마음이 밖에 있어서 친구들과 어울려 놀기를 좋아한다. I형의 삶에는 목적이 없다. 그냥 친구가 좋고, 친구들과 얘기

하고 노는 것 그 자체가 즐거운 것뿐이다. D형처럼 사람을 일이나 목적으로 대하지 않는다. 여기서 D형 부모와 갈등이 발생한다.

I형 자녀를 공부시키는 방법은 조금 다르게 접근하자. 이미지로 보는 만화나 소설 형태로 공부하거나 공부 잘하는 친구를 사귀게 하면 공부에 취미를 붙일 수 있다. D형 부모의 I형 자녀 양육은 방향성이 중요하다. D형 부모는 자녀 양육에 극적인 방법을 택할 때가 많다. 믿음이 가는 자녀에게는 전적인 신뢰를 보내고, 믿음이 가지 않는 자녀에게는 아주 엄한 통제적 방식을 택한다. 특히 공부보다는 친구하고 놀거나 게임을 즐기는 I형 자녀를 대할 때 심한 통제를 가할 수 있다. D형 부모는 좀 더 미래를 보는 시각으로 I형 자녀를 바라볼 필요가 있다. 앞서 기술한 대로 미래 사회는 아직 인류가 경험하지 못한 세상이다. I형 자녀의 상상력으로 어떤 미래 세계가 펼쳐질지 기대해도 좋다. 상상을 현실화시킬 디자인을 하는 사람이 바로 I형이기 때문이다.

D형 부모는 자녀가 마음껏 상상의 나래를 펼칠 수 있도록 넓은 세계를 구경시켜 주는 것이 좋다. 방학 기간에 자녀와 함께 여행을 다니면서 문화의 아름다움을 경험하게 하자. 즉, 시각적 교육을 많이 해 주는 것이 좋다는 이야기다. 그러면서 "네가 경험한 세계들을 바탕으로 더 멋진 도시를 만든다면 어떨까?", "더 멋진 집들을 짓는다면 어떻게 하고 싶어?", "더 멋진 명품을 디자인한다면 뭘 해 보고 싶니?" 같은 질문으로 자녀의 상상력을 강화해야 한다. 우리나라에서만 머물게 하지 말고 좋아하는 나라에 가서 마음껏 끼를 발산하도록 도와주면 I형 자녀는 빛나는 존재로 살 수 있다. 일반적이고 정형화된 학교 교육은 그다지 도움이 안 된다. I형 자녀를 틀에 넣지 말고 개성이 어느 쪽으로 발달했는지를 관찰하고 도와주어야 한다.

화를 내어도 I형 자녀는 그다지 두려워하지 않는다. 도리어 회피하는 방법만 빠르게 배우기 때문에 화를 내어 자녀를 변화시키려는 것은 효과가 없다. 도리어 칭찬으로 긍정 에너지를 마음껏 발산시키자. 사람들이 행복한 세상에서 살도록 영향력을 발휘하라는 의식을 심어도 좋다. 조심할 것은 I형 자녀는 죄의식에 대한 감각이 떨어지고 도덕성이 약하기 때문에 죄를 짓지 않도록 관리해야 한다.

I형 자녀와 I형 부모

사실상 이 가정의 문제가 제일 심각할 수 있다. 부모와 자녀 모두 계획성이 없어 규모 있게 사는 것이 힘들기 때문이다. 쉽게 흥분하고 낭비성이 심하며 돌아다니는 것을 좋아한다. 거침없이 물건을 사고는 카드빚에 허덕인다.

내 아내와 딸은 전형적인 I형이다. 대형 할인점에 가면 카트 하나 가득 물건을 산다. 그러다 카드 잔액이 부족하여 계산대 옆에 물건을 내려놓기 일쑤다. 나와 아들은 C형이라 물건도 한참 고르지만, 골랐다가도 도로 제자리에 갖다 놓는다. "이건 별로 필요 없다."라고 서로 조율하면서 거의 빈 카트를 끌고 나온다.

I형 가정의 분위기는 밝은데 방마다 옷가지들을 정리하지 않아 정신이 없다. 손님들을 데리고 오면 후다닥 치우기는 잘하는데, 나중에 옷장을 열어 보면 쌓아 놓은 옷가지가 쓰나미처럼 쏟아진다. I형 가정은 늘 내일은 잘될 것이라는 긍정적 격려 속에 살며 서로의 모자람을 비난하지 않는다. 항상 명랑하고 매일 얼굴을 보는 존재로서 서로 기뻐한다. 가장 행복한 가정이라고 보아도 된다.

문제는 삶의 방향성과 세부 계획이다. 꿈을 말하면서 벌써 세계적인 인물이 다 된 것 같은 긍정적 마음은 훌륭하지만, I형 부모와 I형 자녀는 계획을 세우지 않는다. 설령 계획을 세운다 해도 다음 날의 상황에 따라 더 재미있고 즐거운 쪽으로 계획을 바꾼다. 새해에 멋진 다이어리를 사고 거창한 표어를 앞장에 기록해 놓는다. '올해의 목표: 착하게 살자!' 3일 정도 사용한 뒤에 그 해가 지날 때까지 더는 기록이 없다. 이런 다이어리가 한두 권이 아니다.

이 가정은 자신들을 믿기보다는 외부 코치와 함께 자녀 교육을 체계적으로 해 나가는 것이 좋다. 피차간에 감정적인 흥분 상태가 되거든 밖으로 나가지 말고 말로써 돈을 쓰고, 말로써 여행하고, 말로써 옷을 사서 입어 보길 바란다. 그래도 나가야겠다면 집에서 잔뜩 먹고, 가장 아름답게 옷을 차려입고 쇼핑하는 습관을 지녀 보자.

I형 자녀와 S형 부모

I형 자녀와 S형 부모는 방임적인 가정 교육을 하는 구조다. C형 자녀나 D형 자녀는 자신이 할 일을 알아서 한다. 약간의 방임 상태가 아이에게 자유와 권한을 주어서 유익하다. 그러나 I형 자녀를 방임으로 키우면 잘못된 길로 나아가거나 일찍 이성에 눈을 떠서 인생이 꼬일 수도 있다.

S형 부모의 무관심과 무계획성이 이런 일을 만드는 구조적 원인이다. S형 부모는 자녀가 I형이라고 해서 특별히 계획을 세우지 않는다. 도리어 I형 자녀로부터 사랑을 받거나 선물 받기를 더 좋아하고 기대한다. I형 자녀는 밝고 긍정적이고 사람을 향한 사랑이 많지만, 일하거나 공부하는 데에는 철저한 관리가 필요하다. 중간중간 점검하며 칭찬도 해 주고 고칠 부분은 함께 수정하면서 공부해야 하는 아이다. 혼자 두면 다른 곳으로 도망가거나 놀이를 택하기 때문이다.

I형 자녀는 미리미리 준비할 것도 아침이 되어서야 급하게 찾는다. S형 부모는 I형 자녀를 잘 챙겨 주지 않을 확률이 높다. 미리 준비해 놓는 시스템을 만들어 놓으면 피차가 좋다.

I형 자녀의 방을 이름하여 실크로드라고 지어 주면 어떨까? 작은 방에서라도

숙제, 게임, 내일 준비물 챙기기와 같은 지정 위치를 지나야 잠자리에 들어가는 코스를 만들어 준다. I형 자녀는 코스 놀이를 차례차례 재미있게 즐기며 정해진 틀 속에서 나름대로 무의식적인 습관을 만들게 된다.

　I형 자녀의 장점인 공상의 나래를 펴는 일은 주말을 활용하자. S형 부모는 함께 놀이하러 나가는 것이 좋다. S형 부모 본인이 움직이는 것을 싫어해서 돌아다녀야 할 I형 자녀에게 바깥세상을 보여 주지 않는다면? 친구들과 몰래 다니면서 애써 만들어 놓은 자기 방 실크로드를 사용하지 않게 된다. I형은 음식보다 옷을 좋아한다. S형 부모는 자녀에게 먹을 것을 주면 좋아할 것으로 생각하지만 사랑의 언어가 서로 다르다. I형 자녀는 예쁘고 멋있게 해 줘야 한다. 그러면 잔소리하지 않고 무한대의 자유를 허용하는 S형 부모에게 I형 자녀는 일생 따뜻한 사랑으로 보답한다.

I형 자녀와 C형 부모

C형 부모는 I형 자녀의 성향에 대한 깊은 이해만 있다면, 가장 자녀를 잘 길러 낼 수 있다. 원래 C형 부모는 자녀 교육에 가장 관심이 많다. 그러나 I형의 특수성인 행복감과 긍정적인 심성은 별도로 이해해야 한다. 특히 자신과 타인에 대해 기대치가 높은 C형 부모와 달리 I형 자녀는 자신과 타인에 대한 기대치가 낮다. 기대치의 차이는 부모와 자녀 사이에 큰 괴리감을 만든다.

　C형 부모는 자신도 완벽한 부모로서 본을 보이려 하고 I형 자녀도 완벽한 사람으로 살기를 원한다. 이러한 기대치가 I형 자녀를 숨 막히게 한다. I형은 아이나 어른이나 자신과 타인을 향한 기대치가 제일 낮기 때문에 아주 작은 성취에도 자화자찬하고 타인에게 자랑을 늘어놓는다. 그러나 C형은 I형의 수십 배의 성과를 올

리고서도 부끄러워 드러내지 않는다. 이 말을 반대로 보면 I형 자녀가 C형 부모로부터 야단맞기는 쉬워도 칭찬받기는 어려운 구조라는 이야기다.

I형 자녀는 칭찬받고 싶은데, C형 부모는 늘 편잔만 늘어놓고 야단만 친다. I형 자녀는 자연스럽게 자기를 칭찬해 주는 친구들이나 다른 사람들에게 마음을 열게 된다. 엄하고 완벽한 부모에게 반항하거나 아니면 지능적으로 부모를 속일 수 있다. C형 부모는 자신과 완벽한 상극이 되는 I형 자녀의 이러한 기대치부터 읽어야 한다.

EBS 〈60분 부모〉라는 프로그램에 출연하여 I형 아이에 대해서 강의한 적이 있다. 방송을 본 어떤 C형 부모가 눈물의 후기를 올렸다. 자신은 완벽주의자인데 자녀는 너무 명랑하고, 정신이 하나도 없고, 말도 많다고 했다. 친구들하고 놀기만 좋아해서 자녀를 미워하고, 부부끼리도 자녀 때문에 자주 다투었다고 했다. 그러나 방송을 보고 자녀가 I형이라는 사실을 알게 됐으며, 이런 기질의 아이가 훗날 기쁨을 주는 따뜻한 사람이 된다는 사실에 그동안 자녀에게 심한 요구를 많이 해서 미안했다고 글을 올렸다.

I형 자녀는 C형 부모를 제일 어려워한다. D형 부모에게는 애교를 부리며 살살 죽는시늉을 하면 되는데, C형 부모는 철저한 원칙과 완벽한 실행을 요구하니 자녀가 힘든 것은 당연한 일이다. 거기에 심한 잔소리까지 동반하기 때문에 욕먹을 거리를 제일 많이 저지르는 I형으로서는 부모를 좋아할 리 없다.

내 주변의 I형은 문자를 보낼 때 항상 오타투성이다. 아내는 전형적인 I형인데, 교회에 새로 등록한 류명수 성도를 위해 기도하면서 "사랑하는 주님, 우리 박명수 성도를 기억하셔서 그의 가정에 복을 내려 주옵소서." 했다. 기도를 듣던 교인들은 웃음을 참으려고 입술을 깨물었다. I형에게 이런 해프닝은 다반사다. 고향 경북 봉화에 가서는 동창 남병진을 "어이, 주병진. 오랜만이야!"라고 했지만, 고향 친구들은 그러려니 했다.

이제 중요한 이야기다. I형 자녀의 우뇌로부터 오는 공상력과 창의성이라는 자원을 현실로 만드는 설계 능력이 C형 부모에게 있다. 자녀와 협업을 할 수 있는 셈이다. 미래 사회를 그리는 I형 자녀의 발상을 칭찬하고 메모하라. 좌뇌 일색인 일본인들은 우뇌를 개발하려고 별의별 과학적 연구를 다 한다. 태양을 바라보는 태양시 훈련부터 왼손을 많이 사용하게 하는 등 수많은 우뇌 개발법을 쓴다. 하지만 좌뇌는 개발이 되어도 우뇌는 하늘의 뇌이기 때문에 개발이 쉽지 않다.

일본의 중앙박물관에 가 보면 임진왜란 당시에 한국인들이 마시던 막걸리 막사발을 중앙에 모셔 놓았다. 왜 그런 막사발을 박물관에 비치했을까? 좌뇌형 일본인들은 규격에 맞추어 설계된 것은 잘 만든다. 하지만 자연스럽게 손의 감각으로 장난치듯이 만드는 일은 쉽지 않다. 규격을 벗어나는 한국 막사발의 자연미에 홀랑 반한 것이다. 우뇌형 천국인 우리나라에서 한국인의 맛과 멋은 비정형적인 우뇌적 흥취 문화에서 비롯됐다. 이것이 세계적인 것이다.

비정형적인 I형 아이를 정형화된 기계 틀에 집어넣지 말자. 마음껏 생각하게 하고, 그 생각 자체를 마음에 귀하게 새겨 놓으라는 이야기다. 야곱은 꿈쟁이 아들 요셉이 꿈 이야기를 할 때 가슴 깊이 간직했다. C형 부모가 I형 자녀의 꿈같은 이야기를 대할 때 기억해야 할 자세이다.

상상력을 가진 사람이 미래의 지도자가 된다. 이들 옆에 차분하고 완벽한 부모가 세부 계획을 세워 주고 꿈을 현실화시켜줄 수 있다면 얼마나 행복한 가정이 될까? 산만하고 허황한 말을 하는 듯 보이는 I형의 밝은 영혼을 사랑하자. 그 빛으로 인하여 모두가 행복하게 됨을 감사해야 한다.

16

하브루타로
S형 자녀 코칭하기

S형 자녀와 D형 부모

부모가 자녀를 향해 가장 화를 많이 내거나 비인격적 압박을 가할 수 있는 관계다. 급하고 결과주의 성향이 강한 D형에 반해 S형은 게으르고 수동적인 행동 특성을 갖는다.

   S형은 어느 단체, 어느 조직에서도 D형으로부터 강한 압박을 받는다. 심지어는 회사의 상사가 S형이고 부하가 D형이면 무능하고 게으른 상사에게 D형 부하는 서슴없이 직언한다. S형은 자신이 상사라도 D형 부하를 두려워하고 피한다. 오히려 D형 부하가 상사 대신 일을 처리하고 조직을 이끌어가는 경우가 많다. 이러한 상황이 발생해도 S형은 자존심이 상하지 않고 도리어 자기 일을 처리해 주는 D형

을 감사하게 여긴다. 같은 D형끼리라면 어림도 없는 일인데 유독 D형과 S형 사이에서는 이런 묘한 현상이 벌어진다.

능력 있고 알아서 자기를 챙겨 주는 강한 D형의 연상 여성하고 결혼하려는 S형 남성이 있다. S형은 D형의 매력에 끌리게 되어 있다. D형이 무섭기는 하지만 그 대가로 얻는 것이 많으므로 무서운데도 좋아한다. 또 D형은 여름 사람이라 버리는 것이 많은데, S형은 겨울 사람이라 수렴 기능이 강해서 D형이 버린 것을 모두 가져온다.

이러한 행동 양식을 가진 S형 자녀를 D형 부모는 어떻게 양육할까? 느리고 의사가 명료하지 않으며 질문을 해도 답하지 않고 먹는 것만 탐하는 S형 자녀를 보면 D형 부모는 눈이 뒤집힌다.

D형은 '모든 사람은 쉬지 말고 계속 움직여야 한다.'라는 무의식적 신념을 갖고 있다. 그러므로 D형 부모는 '될 수 있으면 가만히 있는 것이 좋다.'라는 신념을 가진 S형 자녀를 보면 화부터 난다. 대부분 탄식조의 경멸 언어를 자녀에게 사용한다. 부모는 억압하고 자녀는 두려워하니 상호 소통도 거리가 제일 멀고 대화가 어렵다. 서로 피하다 보니 자녀의 마음 세계와 미래에 대해서 부모는 관심조차 두지 않는다.

앞에서 S형의 제일 중요한 가치는 생존이라고 했다. 가족 치료 전문가인 보우웬의 이론에 따르면, 부부 싸움이 심한 가족이나 서로 간에 짐이 무거운 가족은 분화가 필요하다. 예를 들어 엄마, 아빠가 부부 싸움을 할 때 D형 자녀는 적극적으로 뜯어말리고, 자신이 재판관이 되어 잘못한 쪽의 사과와 행동 수정을 요구하면서 싸움을 평정한다. I형 자녀는 눈물을 흘리면서 중재하고 약한 자의 편에서 보호하면서 가해자를 이해시킨다. 그러나 놀랍게도 S형 자녀는 그 피해가 자신에게 돌아올까 봐 가만히 있으며, 싸움의 추이를 보면서 어느 편에 서야 자신이 살아남을지를 생각한다. C형 자녀는 부모의 갈등이 자신의 죄인 양 구석에서 숨죽여 우는데

C형 자녀가 받는 상처가 가장 깊고 오래 간다.

S형 자녀는 극단적인 자기 생존 능력 때문에 상처받는 마음보다 독립적 생존을 향한 욕구가 발달한다. 가정이란 곳이 편하지 않고 늘 불안하니까 분화될 준비를 하는 것이다. S형 자녀는 큰 인물이 되거나 큰돈을 벌려는 욕심이 그다지 없다. 그래서 다양한 직업을 가질 수 있다. 우유부단한 것 같아도 자기 생존에 위협을 느끼면 상상 외로 빠른 결단과 행동을 한다.

나는 인천에 거주하는데 몇 년 전 연평도 포격 사건이 벌어졌을 때 여러 현상을 보았다. D형은 "이참에 다 때려 부숴라. 그리고 우리도 북침하자. 이 자식들이 말이야, 혼 좀 나야 해!" I형은 "금방 어떻게 잘 되겠지." 하면서 삼겹살을 구워 먹고 있었다. C형은 숨을 죽이며 혹시 모를 단전 단수에 대비하여 욕실에 물을 받아 놓았다. 주변엔 우리 아버지를 포함하여 S형이 많은데, 이들은 마트에 가서 라면과 건빵, 식수와 마른 육포 등 다양한 비상식량을 사 왔다. 방 한가득 쌓아 놓아서 오래도록 비상식량을 먹었다.

S형은 좋은 쪽으로 발달하면 의인 열사가 되고, 반대로 극단적 이기주의로 발달하면 자기만 살아남는 행동을 한다. 이렇게 S형은 생존 능력이란 강한 힘을 갖고 있다.

S형 아이에 관한 강의를 들은 한 부모가 소감을 말했다. 자녀가 S형인 걸 알게 됐고, 장래 무엇을 해서 먹고살 것인가를 많이 염려했는데 한숨 덜었다고 했다. 의외로 맞는 직업이 제일 많으며, 조직에 충성하는 팀플레이어들이고, 자기 분야의 전문가로 사회에 공헌하는 사람이라는 것을 알았기 때문이다. 결론은 이렇다. D형 눈으로 보는 S형은 불안해 보인다. 이것은 S형 자녀가 D형 부모를 두려워하여 능력을 드러내지 못하기 때문이다. 그러니 D형 부모는 S형 자녀를 대할 때 항상 먹을 것을 제공하면서 부드러운 눈빛으로 대화하는 습관을 길러야 한다.

S형 자녀는 질문받는 것을 싫어한다. 그러므로 "네 생각은 어떠니?" 하고 폭넓

게 묻는 것보다 "문과가 좋니? 이과가 좋니?" 아니면 "좋아? 싫어?"처럼 둘 중의 하나를 택하도록 좁혀서 묻는 것이 좋다. 단, 먹는 것이나 선호하는 기계류의 물건을 살 때는 선택할 수 있는 폭을 넓혀서 본인이 결정하도록 확대 질문하는 것이 좋다. "어떻게 하고 싶니? 어떤 것을 고르고 싶니?" 슬그머니 의사를 물어보고 "그것을 고른 이유가 뭐니?"라고 내면의 이유를 물을 때 자녀의 숨은 욕구와 생각을 들을 수 있다.

보편적으로 S형은 자신이 선택하기보다는 누군가가 길을 열어 주고 시킨 일만 하면 되는 구조를 더욱 선호한다. D형 부모는 S형이라는 자녀의 독특한 성향에 맞추어서 들여다보아야 자식이 제대로 보인다. 말수도 적고 조용하기 때문에 그냥 간과하기 쉽다. 하지만 이 아이가 가장 돌봄이 필요한 아이이다. S형 자녀를 키우다 보면, 부모가 할 일이 얼마나 중요하고 많은가를 알게 된다. S형 자녀는 장래에 고급 기술을 가진 엔지니어나 로봇, 드론 제작이나 통제 관리자로 일할 수 있다. 인류가 먹고살 가장 기초적인 분야에서 일하는 기초 산업 일꾼들이다. 그러므로 어려서부터 편안한 환경을 만들어 주고 잘하는 분야에서 역량 개발을 시켜 주어야 비로소 자기의 삶을 살게 된다.

S형 자녀와 I형 부모

I형 부모와 S형 자녀의 조합은 자녀에게는 천국과 같다. 자녀를 힘들게 압박하지도 않고 언제나 재미있으며 안전을 지켜 주는 존재가 바로 I형 부모이기 때문이다.

말하기 좋아하는 I형 부모는 아무 소리 없이 들어 주는 S형 자녀에게 무한 자랑과 무용담을 늘어 놓는다. 말을 잘하지 않는 S형 자녀는 들어 주기만 해도 부모가 즐거워하는 것을 보며 편안해한다.

I형의 중요 가치는 친구이기 때문에 I형들끼리 좋아한다. 그러나 말하고 싶어 미칠 지경일 땐 S형이라도 찾아서 한꺼번에 쏟아낸다. S형은 그들이 말을 마칠 때까지 지겨워하지도 않고 말을 잘 들어준다.

I형은 S형을 데리고 쇼핑을 간다. S형은 오직 먹을 것을 향한 마음으로 따라가서 실컷 얻어먹는다. I형은 영화를 보여 주고, S형은 영화를 보다가 잠든다. I형은 끌고 다니고, S형은 끌려다니기를 좋아한다. 이토록 절묘한 두 기질의 보완 관계는 상호 유익하지만, 양육은 신중하게 대처해야 한다.

S형 자녀에게는 빠른 행동이나 결단을 요구하는 일, 사람의 생명을 책임져야 하는 사명감이 필요한 일, 위험성이 따르는 일은 금물이다. 주로 기술적인 부분이나 관리 혹은 제작하는 부분에서 자녀의 양육 포인트를 찾아야 한다. 대부분 S형 자녀는 그런 분야에 강점을 보이기 때문에 어렵지 않다.

가장 무난한 직종은 공무원인데, 이 분야도 미래 사회에서는 예측할 수 없다. 드론이나 로봇, 3D 프린터 제작과 같은 공학이나 4차 산업 산물들을 관리하는 기술을 익히도록 해야 한다. 기계들을 만지게 하고 실습하도록 개인 방을 공장처럼 만들어 주어도 좋다. 아마도 S형 자녀는 I형 부모라는 가장 큰 안정적 자산 때문에 성공할 확률이 높다. 정서적으로도 상당히 안정되어 대인관계에서도 불안 심리를 보이지 않는다.

S형 자녀와 S형 부모

같은 S형 가정의 장점은 가업을 잇는 데 있고, 단점은 둘 다 아무것도 안 하고 살 수 있다는 것이다. 그만큼 인생의 진보나 가정의 변화가 없다. 기질별로 모아 놓고 세계 여행을 하면 S형들은 조장도 뽑지 않고 그냥 가만히 앉아 있는다. 자기들끼리는 조급하지도 않고 누군가가 나서서 '우리도 하자.'라는 말도 하지 않는다. S형의 일반적 특징이다. I형들은 여행 갈 나라와 유명 관광지를 선택하고, 복장 스타일까지 결정했는데 말이다.

이렇게 수동적인 부모와 자녀가 함께 모여 사는 가정은 평온하기 그지없다. 서로에게 잔소리도 없다. 자고 싶으면 자고, 먹고 싶으면 먹는다. 놀이보다는 쉼을, 갈등보다는 회피를, 쟁취보다는 양보를 택한다. 초원의 초식 동물들처럼 서로 간에 다투지 않는다. 누우, 얼룩말, 임팔라, 가젤 들이 함께 풀을 뜯어 먹는다. 참으로 평화로운 풍경이다.

실제로 S형 가족은 몇백 년을 두고 가업을 이어 간다. 도자기를 만들고 한옥을 지으며 궁궐 보수를 하고 한복을 만든다. 농수산업을 대대로 이어가는 가정들을 볼 때면 숭고하기까지 하다. 무조건 아버지가 했기 때문에 이 일을 이어서 하는 것이 아니다. 성향이 맞기 때문에 하는 것이다. 이렇게 몇백 년을 유지하여야 할 문화재 관리 기술은 미래 사회에는 장인 기능으로 대접받게 된다. 첨단의 고급 기술로 문화재들을 수리하고 관리하는 전문가들이 S형이다. 이들은 이런 분야에서는 국보급 명장들이다.

그러므로 S형 가족은 부모가 하던 일이 있으면 자녀에게도 슬그머니 소개하고 늘 눈에 익도록 구경을 시켜 주면서 장인 정신을 길러 주는 것이 좋다. 부모가 힘들다고 "너만은 새로운 일에 도전해서 돈을 많이 벌고 성공해라."라고 신신당부하는 부모는 S형 자녀에게 더 무거운 짐을 지워 주는 것이다.

현대인들이 걸핏하면 시골에 내려가서 농사나 짓겠다고 말하지만 사실 그게 그렇게 말처럼 쉬운 것이 아니다. 온종일 뙤약볕에 앉아서 풀을 뽑고 나면, 보따리 싸서 다시 도시로 돌아가는 사람들이 얼마나 많은지 모른다. 돈을 적게 벌지라도 가족과 함께 밥 먹고, 얼굴 보며, 잠자는 환경이 있다는 것이 S형에게는 최고의 행복이다.

S형 자녀에게는 시간을 소모해서 만들어 내는 일들을 선택하게 하라.

S형 자녀와 C형 부모

항간에 사람들은 자신이 낳은 자식인데도 자신과 너무 달라서 의문을 갖고 묻는다. 대답은 간단하다. 혼자서 만든 것이 아니기 때문이다. 가족이 살아온 DNA나 이 땅에서 살아온 조상의 집단적 무의식 정보들이 합해졌기 때문이다. 인간이란 이렇게 서로 다르고 이해하기가 어렵다. 아마도 사람의 기질적 유형 중에 심리적 구조가 제일 복잡하고 예민한 사람을 찾으라 하면 무조건 C형이라 말할 수 있다. 그만큼 정밀하고 예민하다.

역사 이래로 C형이 부모일 경우 자녀들은 혹독한 윤리적 교양을 받아야 한다. 그래서 세계적인 위인이 많이 탄생한다. 율곡이 신사임당으로부터 그렇게 자랐고, 감리교를 창시한 요한 웨슬리의 어머니 수산나 웨슬리가 그렇게 자녀들을 양육했다. 아마 지금도 C형 엄마들은 마음속 자녀 교육의 멘토로 신사임당을 꼽을 것이다. 반듯하고 예의 바른 사람이 되도록 아이에게 교양을 가르치고 선진 시민으로 자라게 한다.

뉴스에 수시로 오르내리는 기업인들의 가족 전체가 갑질을 해대는 것은 그 집의 자녀가 부모에게서 보고 배웠기 때문이다. C형 부모는 그런 자녀를 용납하지 않는다. 지나치게 자녀를 엄하게 기른다. 그러나 이렇게 중요한 교양 교육도 S형 자녀에게는 쉽사리 결과가 드러나지 않는다. S형 자녀는 타인에게 손해를 끼치지 않지만 그렇다고 싹싹하게 배려하지도 않는다. 그냥 있는 듯 없는 듯, 인사도 하는 듯 마는 듯, 말도 듣는 듯 듣지 않는 듯 구분 안 될 정도로 자신을 드러내지 않기 때문에 C형 부모에게 야단을 맞는 경우가 종종 있다. 그러나 S형 자녀 중에는 근본적으로 악인이 없다. 좀 게으를 뿐이다.

집에 놀러 온 이웃이나 친척에게도 인사하지 않는 조용한 S형을 보면 애들이 왜 저러냐고 속으로 한마디씩 할 수 있다. 그러나 이 아이는 이미 인사를 다 한 것이다. 표현하는 방법이 사회통념하고 다를 뿐이지 눈을 마주치고 잠깐이라도 끔벅한 것이 이 아이의 인사법이다. 나의 방법을 강요하지 말고 S형 자녀의 방식대로 인사를 해 보면 자녀를 이해하게 된다.

요즘 길고양이들이 많다. 아무래도 사람 손을 타지 않으니 야성이 드러나서 사람을 피해 도망 다닌다. 가끔 길에 나와 있는 고양이들을 보거든 눈을 마주 보고 눈을 끔벅거려 보라. 고양이가 나를 보고 같이 눈을 끔벅이면 그 고양이는 나를 두려워하지 않고 반길 것이다. 이것이 상대방 중심의 경청법이다.

EBS 〈부부가 달라졌어요〉 프로그램을 진행할 때 서울의 어떤 부부 이야기를 다룬 적이 있다. 이 부부는 서로 일은 열심히 잘하는데 자주 싸웠다. 왜 싸우냐고 물었더니 남편이 부르면 빨리빨리 대답을 안 하고 밥을 먹으라고 불러도 늑장을 피운다고 했다. 그래서 어떻게 남편을 부르냐고 했더니 높은 톤으로 "여보, 식사해요!"라고 한다고 했다. 지켜보니까 남편은 전형적인 S형이었다. 그래서 부인에게 음을 조금만 낮추고 편안하게 부르라 하니 남편이 낮은 소리에 반응을 보였다. 이번엔 남편에게 음을 조금만 높여서 "알았어요. 갈게요."라고 하랬더니 부인이 그렇게 좋아할 수 없었다. 너무 빠르게 부부를 회복시켜 놓아서 방송 프로그램에는 조금 미안했지만, 부부는 이 음조를 맞추는 페이싱^{Pacing} 기법으로 서로의 사랑을 회복했다.

S형 자녀에겐 고음이나 날카로운 음성 자체가 내면으로 숨게 하는 요인이다. 편안한 음성으로 원인을 묻지 말고, 행동의 반복적 시스템으로 습관화해 주는 것이 우선이다. S형 자녀는 물어도 답을 제대로 하지 않는다. 정확한 이유를 듣길 원하는 C형 부모는 더욱 짜증이 난다. 출발선이 잘못된 것이다. 묻지 말고 S형의 특징

을 먼저 이해해야 한다. 서로 간에 편하고 만족할 수 있는 합의점을 찾아내야 한다. 완벽한 정리 정돈을 요구하면 피차 더욱 힘들어진다. 그냥 발명가라고 생각하고 영화 〈박물관은 살아 있다〉처럼 아이의 환경을 이해하면 된다.

S형 자녀는 깨끗이 치워진 방보다 자기 물건들로 복잡하고 어지러운 방에서 안정감을 느낀다. 움직임이 없으므로 지저분한데도 먼지가 별로 일지 않는다. 그 속에서 자녀는 쉼을 누리고 일할 수 있는 에너지를 축적한다. 추운 겨울에 아무 일도 안 하며 봄에 씨를 뿌리기 위하여 양분을 축적하는 대지처럼, S형 자녀도 에너지를 과하게 소비하지 않고 느긋하게 산다. 그 때문에 장수하고 오랜 세월 복을 누린다. 105세를 넘긴 김형석 교수의 강의법은 큰 소리를 내지 않는다. 작은 소리로 천천히 편하게 강의한다. 대부분 S형은 인생의 노년이 풍족하다. 그들은 모험을 즐기지도 않고 위험한 투자도 하지 않는다. 자기 스스로 벌어서 적으면 적은 대로 꾸준히 모으고 가족과 함께 오순도순 살아간다. 이러한 거북이 같은 꾸준함을 장점으로 여기면 된다.

여기에 C형 부모가 도와줄 것이 있다. 방을 깨끗이 치워 주는 일보다 자녀에게 50년 프로젝트를 만들어 주자. 한 치 앞도 예측할 수 없는 미래 사회에 50년 동안 지속할 일이 무엇일지 알 수 없지만, 인간과 지구 환경이라는 큰 주제를 놓고 가장 기본적인 일들을 생각하면 오랜 세월 동안 꾸준히 이어 나갈 일이 보인다. 먹거리, 마셔야 할 물, 숨 쉬어야 할 공기, 살아야 할 집의 구조와 냉난방 같은 가장 기초가 되는 부분들을 보자. 인간이 생존하는 날까지 존재하는 것들이다. 미래 인류가 먹고살아야 할 생존 환경에서 자녀와 함께 만들고 싶은 구조를 토론하면, S형 자녀의 능력이 드러난다. 이런 기초 학문과 기초 생존 분야에 관심을 갖게 하자. 자녀는 세상에 이바지하는 생존 기여자로 살아가게 될 것이다. 그리고 본인도 자신의 삶에 행복과 만족을 누리게 된다.

S형 자녀는 신께 받은 선물이 많다. 온유한 성품으로 장수하고, 사람하고 다투

지 않기 때문에 원수진 사람이 적다. 말수가 적기 때문에 실수도 적어 구설수가 없다. 동작이 빠르지 않기 때문에 불의의 사고를 당할 일도 상대적으로 적다. 대신 신으로부터 손의 재능과 신체의 원시적 감각 능력을 선물받아서 시각형과 다른 감각적 관찰이 뛰어나다. 이들은 실제로 이성적 시선으로 분석하지 않아도 감각 기관을 통해 느낌으로 알아차린다. 그래서 우리나라의 수많은 S형 장인이 수치를 재지 않고 감각으로 이루어 낸다. C형 부모는 S형 자녀의 감각을 믿어 주자. 고유한 인간의 감각으로 인간만이 누릴 수 있는 기능을 갖고 있기 때문이다. 이 기능으로 초이성적인 일을 해낸다. 이성적인 C형 부모는 이러한 장점들을 보는 눈을 열어야 한다. 이들은 이성으로 분석되지 않는다.

17
하브루타로 C형 자녀 코칭하기

C형 자녀와 D형 부모

생각 없이 화부터 내고 튀어나오는 대로 거침없는 폭언하는 D형 부모라면? C형 자녀에게는 평생 같이 있고 싶지 않은 첫 번째 사람이 될 것이다. 특히 D형의 이율배반적인 기대치 구조가 C형 자녀에게는 치명적 고통이다. 자신이 말한 것을 스스로 지키지 않으면서 자녀에게는 도덕군자처럼 명령(물론 D형은 자기 나름대로 진실성이 있다.)하면, 가장 이성적이고 합리적인 C형 자녀는 D형 부모에게 미움과 불신이 깊어진다.

 D형 부모는 C형 자녀를 양육할 때 근본적인 자기 패러다임을 변화시켜야 한다. 좀 힘들 수도 있지만 자기와 가장 거리가 먼 C형의 가면을 쓰고 아이들을 대하

라는 이야기다. 이렇게 C형의 가면을 쓰지 않는 한 C형 자녀의 마음속을 알 길이 없다. 대부분 D형 부모와 C형 자녀는 세월이 지날수록 거리가 멀어져 간다. 훗날 D형 부모가 세상을 떠나도 그렇게 슬퍼하지도 아쉬워하지도 않고 도리어 안도하며 해방감을 누릴 수도 있다. 주변에 이런 유형의 가정을 너무 많이 보았기 때문에 C형 자녀의 말 못 할 고통을 깊이 통감한다.

D형인 나는 C형인 아들에게 많은 상처를 주었고, 아들이 받은 고통의 결과물을 보았다. D형 부모가 화를 참지 못하여 무심코 던지는 말 한마디, 부숴 버리는 물건 소리와 파편, 이어지는 폭력은 쉽게 상처받는 C형 자녀에겐 강한 트라우마를 만든다. 심지어는 숨조차 쉬지 못할 공황 장애나 대인 기피증도 겪는다. 전부 D형 부모의 영향을 받은 탓이다. D형 부모는 C형 자녀의 특수성을 백번이고 이해하고 조심해야 한다.

부부 싸움도 자녀가 있는 곳에서는 피해야 한다. 부부의 갈등도 자녀에게는 공부나 삶의 가치를 잃게 만든다. 항상 화목하고 서로 존중하는 부부의 모습을 보이는 것이 중요하다. C형은 누가 야단친다고 하거나, 야단을 안 친다고 하지 않는 그런 성향이 아니다. 자기 할 일을 스스로 알아서 한다. 잔소리가 독이 된다. 완벽함을 추구하는 자녀에게 자기만의 조용한 공간을 주고, 마음대로 공부하고 쉴 수 있게 해 주는 것은 최상의 배려이고 부모의 할 일이다. D형 부모는 스케일이 크기 때문에 통 큰 선물을 주려 하지만 그것도 C형 자녀에겐 부담이다. 부모의 기대가 큰 만큼 부모를 실망하게 하지 않으려는 부담이 커지기 때문이다.

"믿는 것은 너밖에 없다.", "너는 반드시 SKY에 들어가야 한다.", "엄마의 한을 풀어다오.", "집안의 운명이 네게 달려 있다.", "너를 바라보는 눈길이 많다." 이런 말은 C형 자녀를 옥죈다. 그냥 내버려두는 것이 제일 좋다. 자율적으로 공부하고, 자율적으로 쉬고, 자율적으로 게임 하도록 허락해 주어야 한다.

무엇보다도 조용한 환경을 좋아하니 책 읽기와 혼자 있기 같은 일들만 지지해 주면 일단 D형 부모로서는 큰일을 한 것이다. 가끔 인간관계나 학업, 나아가서 인생 전체에 있어서 방향을 잡을 만한 멋진 질문, 혹은 깊이 사고할 수 있는 한 방짜리 격언을 주는 D형 부모는 만점이다.

지나치게 세부 사항을 따지는 C형 자녀에게 전체를 보게 하는 시각적 비전 훈련을 시키는 것은 전적으로 D형 부모의 몫이다. 훗날 C형 자녀가 생각의 미로에 빠져서 헤어 나오지 못할 때 인생의 길을 찾아 주기 때문이다. 또한 D형 부모는 C형 자녀의 고민과 생각을 존중해야 한다. 자녀가 고민하며 스스로 발견해 가는 가치가 귀하기 때문이다. C형은 대부분 이 세상에서 영원한 것을 추구하는 것이 가장 귀하고 보람된 것임을 안다. 이러한 가치 발견은 인생을 귀하게 만든다. C형의 어린 시절 방황은 헛되지 않다. 자녀의 삶을 보살피고 학문적 역량을 마음껏 발휘하도록 도움을 주자.

C형은 자수정 같다고 했다. 아름답지만 건드리면 깨진다. C형 자녀에겐 시간적인 배려가 중요하다. 자녀가 충분히 생각하고 이해할 때까지 기다려 주고, 시간이 오래 걸릴 일이라면 사전에 알려 주어야 한다. 그렇게 이해가 빠르거나 행동이 빠른 유형이 아니다.

어린이집에서 아이들의 행동을 보면 금세 C형 아이를 찾을 수 있다. D형 아이는 가만히 있지 않고 격하게 놀거나 남을 괴롭힌다. I형 아이 역시 가만히 있지 않으나 괴롭히는 것이 아니라 호기심에 이것저것 찔러 보고 눌러 보고 하다가 사고를 낸다. S형 아이는 가만히 누워 있는다. C형 아이는 가만히 있으나 자기 혼자서 독서나 그리기에 열중한다. D형 부모는 자신이 얼마나 자녀를 이해하는지 분석해 보아야 한다.

C형 자녀에게 제일 좋은 배려는 자녀만의 도서관을 만들어 주는 것이다. 책과 세계에 대한 지도나 정보들로 가득한 자기만의 학습 공간에서 클래식 음악을 일찍부터 접하게 해 주면 행복이 무엇인지를 알게 된다. 원래 C형은 아이나 어른이

나 행복이라는 감정을 잘 모른다. 행복은 아는 것이 아니기 때문이다. 행복은 느껴야 하는데 우리가 살아가는 공간이 C형을 위해서 존재하지 않기 때문에 어려서부터 행복감을 느끼지 못하고 자란다. 우리 시대 C형은 그렇게 배려받지 못한 채로 자라 왔다.

C형은 말을 거칠게 하고 사람을 무시하는 D형을 선천적으로 꺼린다. D형 부모는 C형 자녀가 상처받지 않도록 존중이 담긴 단어를 선택해야 한다. 거친 명령어나 자녀의 존재감을 무시하는 말은 절대로 금물이다. 내가 왜 저런 애를 낳았는지 모르겠다며 혀를 차거나 경멸하면 자녀가 받는 상처는 거의 자기 학대에 이르러 결국 죽음에 이를 수도 있다. 공부를 잘하면서도 자살하는 아이는 대부분 C형이다. 기대치가 높으므로 상처를 잘 받고 한번 받은 상처는 쉽게 지워지지 않는다. 항상 낮은 소리로 조곤조곤 논리적으로 대화하는 것이 해답이다.

원래 C형은 학자다. 사업가도 아니고 군인도 아니고 정치인도 아니다. 공부하는 것을 좋아하니 역사와 인물들의 세계를 찾아가며 공부를 도울 때 C형 자녀는 큰 인물로 성장할 수 있다. 외우게 하는 주입식 교육은 금기다. 왜 그렇게 되었는지 원리를 통해 알아가게 하는 하브루타가 제격이다. 5W1H 하브루타와 거꾸로 학습 하브루타 같은 방식으로 양육하면 시간이 지날수록 성적이 향상된다.

나의 경험도 똑같다. 나는 D/C형이다. 초등학교에 다닐 때까지 중간 성적에 결석 한 번 없는 그저 그런 학생이었다. 그러나 책 읽기를 좋아했다. 20리 길을 걸어 아낀 차비로 책을 사서 읽었다. 그런 세월이 10년 이상 지나면서 어느 날 지각변동이 일어난 산맥처럼 나도 모르게 방대한 지식으로 사람들을 가르치는 사람이 되었다. 나는 공부는 C형으로 일은 D형으로 하기 때문에 마음먹고 준비한 대부분의 일은 성취를 이룬 편이다. 그러나 C형 자녀에게 다급하게 결실을 보려 하면 일찍 퇴보한다. 백년대계란 말처럼 시간과 함께 실력과 인성을 갖춘 인재로 천천히 길러 나가야 한다.

C형 자녀와 I형 부모

C형 자녀와 I형 부모는 상반된 기질을 가지고 있지만, 실제로 많은 가정이 여기에 해당한다. 엄마가 I형이면 가정 분위기가 밝다. 엄마가 I형이고 아빠가 C형이면 부부간 성격적 갈등이 있다. 엄마가 I형이고 아빠와 자녀가 C형이면 소통할 주제가 별로 많지 않다. 하지만 엄마는 분석적이고 완벽한 자녀를 자랑스럽게 여긴다. 이때 드러내기 싫어하는 C형 자녀와 드러내고 싶어 하는 I형 엄마 사이에 충돌이 생길 수 있다. 과정을 중요시하는 C형 자녀에게는 사실Fact이 지식의 근거이다. 그래서 거짓말이나 과장된 말을 싫어한다. 쉽게 이해하지 못하기 때문에 이해가 될 때까지 묻고 또 묻는다. 이것이 이 아이들의 장점이다. 강력한 신장 기능이 이들의 집요한 학구적 에너지를 지속시켜 준다. 말하는 걸 좋아하는 I형 부모가 하브루타 토론 방식으로 C형 자녀를 교육하면 최상의 결과를 기대할 수 있다.

 C형 자녀는 I형 부모의 다정다감하고 자상한 사랑을 원한다. 청각과 후각이 예민하므로 깨끗하고 조용한 환경을 만들어 주길 원한다. 부모의 이러한 정서적인 지원이 C형 자녀에게는 든든한 안정감을 준다. C형 자녀에게는 언제나 용기와 격려를 해 주는 I형 부모 자체가 위대한 자산이다.

C형 자녀와 S형 부모

간섭하지 않고 방임하는 S형 부모와 독자적으로 살아가고 싶은 C형 자녀와의 관계는 상호 보완적이다. C형 부모가 S형 자녀를 볼 때는 속이 터져서 게으름을 피우지 않도록 잔소리를 쉴 새 없이 한다. 그런데 부모가 S형이면 C형 자녀는 살기가 편하다. 지나치게 방임하는 것이 문제가 될 정도로 편하게 두기 때문에 알아서 공부하고 자기 일을 해결하는 C형 자녀한테는 좋은 결과가 나온다. 그러나 S형 부모는 C형 자녀가 상처 입고 집에 들어와도 내버려두기 때문에 자녀는 혼자 아픔을 이겨 내야 한다. S형 부모는 편한 게 무조건 좋다는 생각을 경계하자. C형 자녀가 불안한 눈빛을 보이거나 자주 이상한 행동을 할 때는 관심을 보여야 한다. 교육 지침을 규율로써 만들어 놓는 것이 좋다. '가정 십계명'과 같은 서로 간에 지켜야 할 규칙을 만들고, 함께 지켜 나가면 좋다. 항상 지금보다 조금만 더 들여다보고 조금만 더 세밀하게 자녀를 관찰하라. 자녀에게 불편한 것은 없는지, 모자란 것은 없는지, 아픈 데는 없는지, 세밀히 살피는 부지런함이 C형 자녀에게 좋은 부모로서 자리매김하게 한다. 반면 교육에 세밀한 계획을 세울 때는 C형 자녀에게 맡기자. 어려울 때는 말을 하라고 사전에 약속하는 것도 중요한 사항이다. 잘 치우지 않는 S형 부모는 C형 자녀를 위해서 집안 환경을 깨끗이 해 주는 것도 중요하다. 좋아하는 드라마도 소리를 줄여서 보는 배려를 해야 한다. 누구보다도 착하고 성실한 S형 부모지만 미루거나 게으른 모습은 신경 써야 할 부분이다. C형 자녀가 근본적으로 완벽하기 때문이다.

C형 자녀와 C형 부모

피차간에 같은 유형이기 때문에 서로 사랑의 마음만 있다면 최상의 관계가 될 수 있다. C형 부모와 C형 자녀는 하브루타 교육이 제일 잘되고, 깊은 질문과 진지한 토론을 할 수 있는 사이다. 한편 이들은 상호 기대치가 높다. 자기 할 일을 스스로 잘 하면서도 상호 기대치가 높아서 불만을 토로한다. I형의 눈으로 보면 엄청난 성과인데, C형은 만족하지 않는다.

  C형 부모는 C형 자녀가 소외를 당하거나 속 끓이는 상처를 받는 것을 누구보

다 잘 알기 때문에 가장 큰 공감의 위로자가 된다. C형 자녀는 상처받은 위로자인 C형 부모가 필요할 때도 있지만, 어떤 때는 부모가 더 괴로워할 수 있어서 자녀도 말하기를 꺼린다.

사회복지사 출신의 여성 심리학자 새티어는 가족 치료를 통하여 이런 C형 가족을 치유했다. C형 부모와 C형 자녀 집단을 상담하면서 치료를 병행했다. C형 가족은 상처를 공개하고 서로 해결 방안을 찾았다. 새티어가 이러한 가족 치료에 성공할 수 있었던 것은 이론적인 공부를 잘해서가 아니라 그녀의 헌신적인 사랑 덕분이었다. C형은 측은지심이 많고, 정의롭고, 눈물이 많다. 가족이라는 공동체 안에서 사랑하는 훈련을 하지 않으면 외부적 환경에서 사랑하기가 쉽지 않은 사람이다. 부모가 진실한 삶과 사랑을 실천하면 C형 자녀는 일찍부터 사랑을 배우게 된다. 나무 한 그루, 풀 한 포기, 동물들의 털끝에서도 사랑하며 살아야 할 이유를 배워야 한다. 그냥 공부만 하도록 내버려두면 이들은 정감 없고 까다로운 사람이 되어 주변에 붙어 있는 사람이 없다.

C형 자녀가 사랑하면서 행복한 삶을 살게 하려면 매일 감사일기를 기록하게 하자. 오늘 무엇이 감사했는지 잠들기 전 노트에 3개씩 기록하면, 감사의 에너지가 뇌에서 도파민과 세로토닌을 생성한다. 생성된 물질은 회로를 만들어 자연스럽게 감사의 습관화가 이루어진다. 감사할 줄 아는 C형은 위대하면서도 감성이 풍부한 영적 리더까지도 될 수 있다.

식사 시간에도 밥상머리 대화를 통해 자연스럽게 다양한 소재를 가지고 대화를 나누자. 부모와 함께 묻고 답하는 밥상 교육은 C형 자녀의 장래에 큰 도움을 준다. 이때 부모는 자녀가 좋아하는 음식과 함께 토론 자리를 자연스럽게 만들어야 한다. 부모의 일방적인 자기 성공담이나 지식 전달은 피한다. 자녀가 배우고 싶고, 알고 싶은 세계로 들어가도록 앞에서 공부한 하브루타 기법들을 잘 활용하기 바란다. 세계적인 학자들의 경우 이런 작은 습관들이 그들의 학문적 기초가 되었다.

C형은 경험이 보약이다. 작은 일을 성취했을 때 부모는 반드시 축하 피드백을 해 주고 성공했음을 인정해 주어야 한다. 이러한 작은 성공 경험들은 C형 자녀의 두려움을 제거하고 자신감을 만든다.

앞에서도 말했지만, 우리나라는 C형 인재를 길러 내는 데 국가 구조적으로 실패했다. 질문을 많이 하는 친구들을 싫어하고, 잘난 체한다고 따돌림을 시키거나 대충 하는 것이 통 큰 사람인 양 치부하는 풍토도 좋지 못하다. "대충 하지, 뭐 그렇게 피곤하게 사느냐?"라는 사회적 풍토가 공부를 많이 시키는데도 세계에 나가 질문 하나 하지 못하게 만든 것이다. 우리는 받아서 적고, 적은 것을 외워서 시험을 본다. 그래야만 성공하는 까닭에 무조건 외워야만 했다. 왜 그런 원리가 만들어지는가에 대한 실험도 과정도 생략한 채로 외웠다. 가설을 세우고, 가설을 증명할 이론을 만들고, 이론을 실험하여 현실화시키는 좌뇌 국가처럼 공부해야 한다. 공부하기 싫은 사람들, 공부 머리가 안 되는 사람들은 독일처럼 일찍 기술 학교로 보내서 평생 일하고 잘 먹고 잘 살게 하면 된다. 공부는 아무나 하는 것이 아니다. 공부를 해야 할 사람이 하는 것이다. 사업할 사람은 사업을 하고, 코미디를 할 사람은 코미디를 하고, 기계를 만드는 사람은 기계를 만들고, 원리를 세우는 사람이 공부해야 한다. 이것이 C형이 이 땅에서 살아갈 이유이다. 우리도 노벨상을 타는 한국 학자들을 보고 싶다.

"대한민국의 C형 자녀들아, 두 팔을 활짝 펴고 세계에 등장하라!"

하브루타 훈련을 잘 하려면 어떻게 해야 할까?

하브루타 훈련을 잘 하려면 어떤 부모가 되어야 할까? 자녀를 대하는 부모의 질문과 태도가 성공적인 하브루타를 만든다.

부모가 D형이라면?	부모가 I형이라면?	부모가 S형이라면?	부모가 C형이라면?
일단 생활계획표를 짜 볼래? VS. 계획적인 생활을 위해 뭐부터 해 볼까?	굉장한 글을 써 볼래? VS. 좋은 글을 쓰려면 어떻게 해야 할까?	오늘 점심 뭐 먹었니? VS. 오늘 점심 어땠어?	그 친구 안 좋은 점은 뭐니? VS. 그 친구의 좋은 점은 뭐니?
부모부터 모범을 보여라.	아이에게 지나친 긍정을 삼가라.	아이에게 적극적 관심을 가져라.	아이가 나처럼 완벽하기를 바라지 마라.
아이 말을 자르지 마라.	부모부터 약속을 지켜라.	아이 상태를 세밀하게 관찰하라.	단점보다 장점을 보는 습관을 기르게 하라.
아이에게 답을 주지 말고 질문하라.	과장된 언어를 삼가고 진실한 언어로 질문하라.	힘들더라도 질문을 만들어서 하라.	과거 질문보다 미래 질문, 확대 질문을 하라.
분노와 저주, 거친 언어를 삼가라.	내 눈에 좋은 것보다 아이가 좋아하는 걸 해 줘라.	지나친 순응이나 수동적인 태도를 자제하라.	긍정문을 쓰는 습관을 들여라.
참고 기다려 보라.	검소한 삶, 아이와 함께 하는 삶을 지향하라.	게으름을 주의하고 외부 활동을 하라.	기대치를 낮추고 감사의 언어를 실천하라.

마치며

이제 더 좋은 세상이 열린다
질문을 현실로 만드는 아이로 성장시키자

외국인은 우리나라 아이가 젓가락으로 메밀묵을 집거나 콩자반을 집는 걸 보면 감탄한다.

우리 민족의 재주는 엄지손가락의 민감성에 숨어 있다. 젓가락질은 손가락 전체를 사용한다. 손가락에는 인체 경락 6개가 흐른다. 이 경락은 우리 몸의 모든 신경과 연결되어 있다. 그래서 우리는 이성을 중시 여기는 서구보다 감성이나 감각이 더 뛰어나다. 우리 민족의 대표적인 DISC 유형은 S/D형이다. 서양인처럼 이성적, 정량적 접근을 하지 않고 대충 하는 성향이 많다. 사용 설명서를 대충 읽는다. 보험을 들어도 약관을 대충 본다. 식당 주인은 손님에게 묻지도 않고 카드 결제 사인을 대신한다. 한마디로 표현하자면 착한데 급하다. C형 성향이 약하기 때문이다. 그런데 C형이 많은 일본인은 한국인의 자유롭고 창의적 예술에 경외감을 품는다. 그들의 정확성으론 우리의 감각적 풍류를 따르지 못하기 때문이다. 한국인은 감으로 무엇을 만드는 데는 천재적이다. 벽돌을 쌓는 인부는 벽돌을 대충 넣어도 모퉁이를 딱 맞춘다.

어린 시절, 나는 인천 도화 시장 근처에서 자랐다. 시장 옆 공터는 아이들의 놀이 마당이었다. 요즘 아이들은 컴퓨터 게임을 하지만, 그때는 밤을 새워서 놀 만큼 수십 가지 놀이 문화가 있었다. 그중에 제일 시시한 놀이가 '무궁화 꽃이 피었습니다'였다. 그런데 그런 놀이를 활용한 드라마 〈오징어 게임〉이 세계인을 사로잡고 엄청난 수익을 올린다. 자원이 없는 우리나라가 경제 대국이 된 것은 바로 이런 창의성 덕분이다.

나는 20개국 이상의 나라를 돌아보고, 강의도 했다. 외국에 나갈 때마다 특유의 놀이 문화와 일 문화를 관찰한다. 각 나라의 국민이 가진 DISC 특성도 찾아본다. 그런데 아무리 둘러봐도 한국인처럼 열정적으로 싸우면서도 창의적으로 즐겁게 노는 민족은 드물다. 한국은 심심한 천국이 아니라 재미있는 지옥인 셈이다. 우리 민족은 억압당하고 옥죄이면 기가 죽고 울분이 터진다. 동아시아 국가에서 대통령을 탄핵한 나라는 한국이 유일하다. 반대로 편안한 상태가 되면 S형의 대표적인 성향대로 잘 먹고, 일도 잘 하고, 순종적이다. 일과가 끝난 저녁에는 한잔하는 풍류를 즐긴다. 이렇게 편안하게 일하고, 신나게 놀게 하면 국운이 열린다.

세계를 다녀 보라! 대학마다 한국학과가 속속 생기고 있다. 다양한 한국 문화를 즐기는 이들이 갈수록 늘어난다. 한국 영화와 드라마를 보고, 한국 아이돌 춤을 춘다. BTS의 나라에 가기 위해 한국어를 배운다. 가장 우수한 두뇌를 가진 우리 민족에겐 너무 늦었지만, 한강 작가가 처음으로 노벨 문학상도 받았다. 만약에 노벨 아이돌상이 있었다면 우리나라가 휩쓸었을 것이다.

역사를 잘 보라! 시저의 로마 제국은 지금 이탈리아의 수도로 쪼그라들었다. 알렉산더의 마케도니아는 이집트와 이란, 인도까지 점령했지만 지금은 유럽의 관문인 보스포루스 해협을 지날 때 만나는 작은 나라일 뿐이다. 칭기즈칸의 몽골은 아시아 전체와 유럽까지 점령했지만, 이제 땅덩어리만 큰 나라에 불과하다. 나폴레옹이 점령한 땅도, 히틀러가 호령하던 땅도 모두 다 사라졌다. 이러한 부질없는 땅 싸움을 왜 하는가? 전쟁광들을 영웅으로 숭배하는 어리석음을 더는 범해선 안 된다. 나폴레옹 같은 사람 10명만 나오면 인류는 멸절한다. 히틀러 한 사람 때문에

5천만 명이 죽은 2차 대전을 잊으면 안 된다. 이런 미치광이들의 시대는 이미 지난 지 오래다.

대한민국은 국민 의식 수준이 높은 세계의 민주 모범국가이며, 정신적으로 이미 강대국이다. 교육과 정치, 이 2가지 방향만 잘 잡으면 세계의 리더로 부상할 수 있다. 하브루타 교육을 창의적으로 실현하고, 우리 아이들을 문화민족으로 성장시키면 대한민국은 세계의 리더 국가가 될 수 있다.

이제 세계인은 인류 생존의 존망이 달린 노동시장의 홍역을 치러야 한다. 바로 인공지능 때문이다. 인공지능을 개발한 그 천재들은 자신들이 만든 인공지능에 쫓겨 직업을 잃었다. 자율이라는 인공지능의 특수성 때문에 기사 없는 자율택시가 등장한다. 택시기사들은 어떻게 살아야 하나? 반려 로봇 등 로봇산업도 점점 더 호황이다. 로봇이 커피를 만들고 음식을 조리한다. 배달도 로봇이 대신한다. 사업자로서는 로봇의 등장이 반갑다.

인공지능의 등장으로 인간의 업무 시간은 줄어들 것이다. 인간의 쉼을 위한 것이 아니라 일이 사라지기 때문이다. 이런 상황은 일이 없어 굶주리는 사람이 생길 수도 있는 지구촌 전체의 문제이다. 돈이 없는 사람에게는 지옥이다. 국가는 지금부터 인공지능으로 돈을 버는 모든 사업자에게 큰 세금을 부과해야 한다. 그 재원을 인공지능에게 일자리를 빼앗긴 사람들에게 제공해야 한다. 잘 노는 문화가 만들어질 때 한국은 소프트 강국으로 세계를 지배할 수 있다. 국가가 제공하는 복지 혜택을 받아 마음껏 쓰고 살면 도리어 경제의 선순환을 이룰 수도 있다.

이제는 기술과 기업의 시대다. 인류의 기술력으로 모든 정보를 공유하는 시대다. 눈에 보이지 않는 화폐로 공짜 돈을 버는 화폐 혁명의 시대다. 육체 노동은 로봇들이 대신 하는 시대다. 앞으로는 세 부류의 인간이 존재한다. 미래 첨단기술로 지구과학의 하드웨어를 만들어 내는 사람들과 그 위에 소프트웨어로 옷을 입히는 사람들 그리고 그 결과물을 누리고 사용하는 사람들이다. 그동안 인류 공통의 미래정보산업과 서비스 생산물의 대부분은 유대인이 만들었다. 이제 우리 차례가 왔다. 유대인이 만들어 놓은 소프트웨어를 우리만의 신비하고 아름다운 색으로 덧입힐 때가 되었다. 지금이 바로 한국인의 시대다. 유대인은 지나친 민족주의로 그들의 상업 능력에도 불구하고 잔인한 명성을 얻었다. 하지만 한국인은 평화를 사랑하며, 의식이 높고, 문화적 창의력이 뛰어난 민족이다. 한국이 세계의 소프트웨어를 새롭게 단장할 때다.

피카소는 어려서부터 "왜 옆얼굴에는 눈과 귀, 콧구멍이 하나밖에 없지? 실제로는 2개씩 있는데, 그림이 사실을 속이는 것이 아닌가?"라는 의문을 품었다. 그런 사고의 전환으로 그린, 입체를 평면에 구사한 〈파란 모자를 쓴 여인〉의 낙찰가는 4천만 달러 이상이다. 아이의 행동을 무시하지 말고 가슴에 담아 두면서 아이의 꿈을 기록하라.

신진서라는 천재 바둑기사 한 명이 이루는 경제적 수익을 아는가? 고전적인 바둑의 정석적 사고를 인공지능식 사고로 바꾼 결과 수십억 원의 상금을 획득했다. 우리 아이도 평범과 상식의 틀을 깨뜨리게 하자. 빗자루를 청소도구로 쓰지 않고, 날아다니는 마법 빗자루라며 장난치는 아이를 유심히 보아라. 래리 페이지가 되고, 스티브 잡스가 될 아이를 위해 한국식 하브루타를 시작해 보자. 이것이 우리가 나아가야 할 방향이다. 아이의 DISC 유형에 맞게 다채로운 질문을 던져야 한다. 창의의 세계를 마음껏 넘나들도록 시야를 넓혀 주어야 한다. 좁은 나라에서 벗어나 더 큰 세계를 보게 하고, 어려서부터 다양한 문화를 보고 만지고 느끼게 하자.

이 글을 쓰는 나도 그렇게 자라나지 못했고, 내 자녀들도 그렇게 가르치지 못했다. 부족함이 더 강렬한 욕구를 만들었다. 지금 자녀를 양육하는 부모한테는 기회가 있다. 이제 더 좋은 세상이 열린다. 자녀와의 대화를 혁명적으로 바꿔 보자. 질문을 현실로 만드는 아이로 성장시키자. 모든 문을 열어 주자. 우리 대한민국 아이들이 새로운 세상을 이끄는 위대한 인물이 되기를 간절히 기도한다.

북소울

영혼을 담은 책 '북소울'은 ㈜거북이북스의 '변화와 성장' 출판 브랜드입니다.